Kohlhammer

Religionspädagogik innovativ

Herausgegeben von

Rita Burrichter
Bernhard Grümme
Hans Mendl
Manfred L. Pirner
Martin Rothgangel
Thomas Schlag

Band 5

Die Reihe „Religionspädagogik innovativ" umfasst sowohl Lehr-, Studien- und Arbeitsbücher als auch besonders qualifizierte Forschungsarbeiten. Sie versteht sich als Forum für die Vernetzung von religionspädagogischer Theorie und religionsunterrichtlicher Praxis, bezieht konfessions- und religionsübergreifende sowie internationale Perspektiven ein und berücksichtigt die unterschiedlichen Phasen der Lehrerbildung. „Religionspädagogik innovativ" greift zentrale Entwicklungen im gesellschaftlichen und bildungspolitischen Bereich sowie im wissenschaftstheoretischen Selbstverständnis der Religionspädagogik der jüngsten Zeit auf und setzt Akzente für eine zukunftsfähige religionspädagogische Forschung und Lehre.

Stefan Heil

Religionsunterricht professionell planen, durchführen und reflektieren

Ein Leitfaden für Studium und Praxis

Verlag W. Kohlhammer

Umschlag: Gestaltungskonzept Peter Horlacher
Gesamtherstellung:
W. Kohlhammer Druckerei GmbH + Co. KG, Stuttgart
Printed in Germany

ISBN 978-3-17-022960-0

Inhaltsverzeichnis

Einführung

Wie kann man Religionsunterricht (RU) professionell planen, durchführen und reflektieren? Welche Alltagsprobleme von Religionslehrerinnen und Religionslehrern werden dadurch gelöst? Diese beiden Fragen will das Buch beantworten.

Professionelle Planung, Durchführung und Reflexion
Zur Beantwortung der ersten Frage entwickelt das Buch für jeden Bereich - Planung, Durchführung, Reflexion - ein eigenes Konzept. Es ist ein Unterschied, ob der Religionslehrer oder die Religionslehrerin zu Hause am Schreibtisch sitzt, schnell in der Klasse auf Schülerverhalten reagieren muss oder ein Gespräch über den Unterricht führt. Jede Lehrkraft steht tagtäglich neu vor der Aufgabe, verschiedenartige professionelle Rollen zu spielen. So sind Religionslehrerinnen und Religionslehrer bei der Planung Theologen, Didaktikerinnen, Medienexpertinnen, Manager - bei der Durchführung Lernhelferinnen, Erzieher, Moderatorinnen, Wertevermittler, Kommunikatorinnen, Seelsorger - bei der Reflexion Verwalter, Notengeber, Beraterinnen, Kolleginnen, um nur einige Beispiele zu nennen.

Das Buch arbeitet die Strukturmerkmale der drei Bereiche heraus und entwickelt von da aus je eigene Konzepte. Dadurch gewinnt die Lehrkraft die Kompetenz, schnell und situationsangemessen RU professionell zu planen, durchzuführen und zu reflektieren.

Alltagsprobleme des RU
Die zweite Frage wird durch Beispiele und Fälle aus der Praxis des Religionsunterrichts beantwortet, was die folgende Grafik zeigt:

Abb. 1: Auswahl Alltagsprobleme des RU

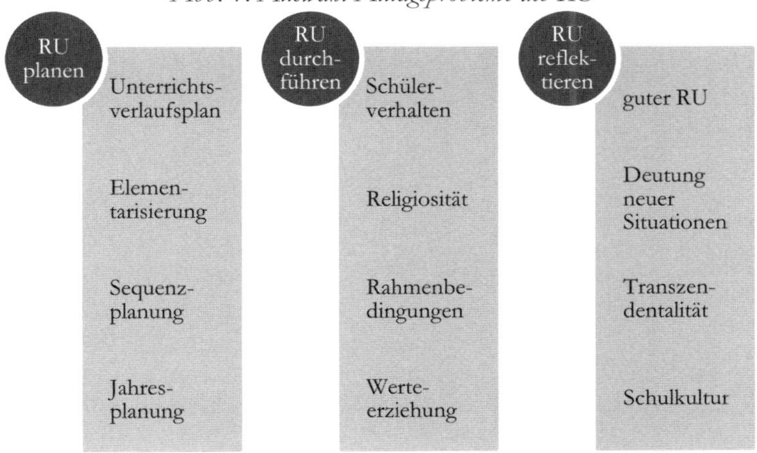

In den drei Bereichen tauchen unterschiedliche alltägliche Probleme auf, die gelöst werden müssen. Das jeweilige Konzept für die Planung, Durchführung und Reflexion dient dazu, diese Alltagsprobleme spezifisch anzugehen - anhand von Beispielen und Fällen aus der Praxis des RU.

Das Buch ist das Ergebnis meiner empirischen Forschungen zur (religions-) pädagogischen Professionalität und „abduktiven Korrelation“ auf der einen sowie praktischen Erfahrungen als Ausbildungsleiter und Lehrkraft im Religionsunterricht auf der anderen Seite. Es intendiert, Theorie und Praxis miteinander zu verbinden mit dem Ziel einer reflektierten Praxis. Werden Strukturmerkmale der unterschiedlichen Handlungsfelder in der Praxis des RU erkannt und reflektiert, bieten sich häufig ganz neue und überraschend einfache Lösungsmöglichkeiten. Dazu werden auch Methoden der empirischen Sozialforschung für den täglichen Unterricht umgesetzt.

Die Konzepte, Beispiele und Fälle bieten fundierte Hilfestellungen für Studierende, Referendarinnen und Referendare, Fortbildnerinnen und Fortbildner sowie erfahrene (Hochschul-) Lehrerinnen und Lehrer (die Schreibweise des Buches wechselt zwischen männlichen und weiblichen grammatikalischen Formen ab oder zählt beide Formen auf). Zahlreiche Schemata und Übersichten dienen der Veranschaulichung. Aufgrund der Unterteilung der Handlungsorte müssen die einzelnen Kapitel nicht chronologisch, sondern können selektiv gelesen werden. Viel Freude und Erkenntnis dabei.

Ich danke der Herausgeberin, den Herausgebern und dem Kohlhammer-Verlag für die Aufnahme des Buches in die Reihe „Religionspädagogik innovativ“; weiterhin danke ich der Diözese Würzburg für die Gewährung eines Druckkostenzuschusseses sowie meiner Frau, StRin Dr. Swantje Heil, für die kritische Durchsicht des Typoskripts.

I. Religionsunterricht professionell planen

„Ich hätte nicht gedacht, was eine gute Planung ausmacht“, so ein Studierender nach der ersten selbst gehaltenen Unterrichtsstunde. Der Satz diente nicht (nur) dem Einschmeicheln beim Seminarleiter, sondern war tatsächlich ein Aha-Erlebnis. Angemessen ausgearbeitete Stunden erleichtern die spätere Durchführung. Viele Probleme im Religionsunterricht resultieren daraus, dass die Stunde vor dem Religionsunterricht nicht angemessen geplant ist: Die Rhythmisierung fehlt, das Unterrichtsgespräch ist zu lang, die Medien sind unleserlich, die technischen Geräte werden nicht beherrscht, die Gruppenarbeit ist unstrukturiert, die Phasen greifen nicht ineinander über, am Ende bleibt zu wenig Zeit für die Transferphase usw. Alle diese späteren Probleme im Unterricht sind hausgemacht und können durch eine gute Planung bereits im Vorfeld beseitigt werden.

Die Planung ist wie ein Puzzle, bei dem die Einzelteile sinnvoll zusammengesetzt werden. Die Technik dieser Zusammensetzung vermittelt das Kapitel. Hier entstehen eigene Probleme, die es zu beachten gilt. Die folgenden Ausführungen dienen daher dazu, eine professionelle Planung durchzuführen, um aus der Planung entstehende Probleme möglichst auszuschließen. Dazu wird zuerst ein Konzept der Planung vorgestellt (1), das dann anhand von Beispielen und einem ausführlichen Praxisfall (2) umgesetzt wird.

1. Konzept

1.1 Korrelative Planung als Grundlage

Das Konzept zur Planung von Religionsunterricht basiert auf dem Prinzip der Korrelation. Korrelation ist ein unverzichtbares allgemeines Prinzip der Religionsdidaktik (Ziebertz/Heil/Prokopf 2003; Englert 2007; Hilger 2010). Als Prinzip ist Korrelation gut begründet - notwendig ist jedoch die Reflexion auf die Anwendung des Prinzips in unterschiedlichen Praxisfeldern wie dem Religionsunterricht. So fordert Hilger z.B. für die abduktive Korrelation: „Die unterrichtliche Realisierbarkeit dieser anspruchsvollen Weiterentwicklung des Korrelationsprinzips und die Konsequenzen für die Professionalisierung von Religionslehrerinnen und -lehrern muss noch untersucht werden“ (Hilger 2010, 353). Korrelation muss für das professionelle Handeln von Religionslehrerinnen und Religionslehrern hinsichtlich ihrer didaktischen und methodischen Implikationen durchbuchstabiert werden. Unter Didaktik wird die Theorie religiösen Lehrens und Lernens verstanden, Methodik reflektiert die dazugehörigen Wege der Realisierung - Didaktik ist demnach der Überbegriff, Methodik ein Operator zur Konkretisierung.

Die folgenden Ausführungen intendieren, die professionelle didaktische und methodische Planung von Religionsunterricht korrelativ durchzuführen. Dadurch wird deutlich, wie Korrelation im täglichen Handeln für die Planung einer Religionsunterrichtsstunde genutzt werden kann. Nach einem ersten theoretischen Durchgang folgt die Konkretisierung anhand von Beispielen und Fällen. Was ist nun genau das religionspädagogische Konzept der Planung? Die folgende Definition gibt darauf eine Antwort:

Korrelative Planung ist der

- professionelle Entwurf von Lehr-Lernprozessen
- hinsichtlich der zeichenvermittelten Beziehung von christlicher Tradition und Lebenswelt der Schülerinnen und Schüler
- für den schulischen Religionsunterricht,
- um religiöse Bildung zu ermöglichen.

Diese auf den ersten Blick etwas komplex wirkende Definition wird im Folgenden in den einzelnen Dimensionen entfaltet.

1.2 Professioneller Entwurf von Lehr-Lernprozessen

Was ist professionell?

Der Begriff „Profi" gehört zu den landläufigen Begriffen im alltäglichen Sprachgebrauch. Am ehesten denkt man bei dieser Abkürzung an den Sport, ist ein Profi doch ein Berufssportler im Unterschied zum Amateur. Doch was ist eigentlich ein Profi? Was zeichnet professionelles Handeln gegenüber anderen Handlungsformen aus? Und warum sind Lehrerinnen und Lehrer Profis? Diese Fragen sind in der Professionalitätsforschung beheimatet, die bis heute eine lange Tradition aufweist (Heil 2008).

Allgemein gesprochen ist Professionalität die Transformation des bisher erworbenen bereichsspezifischen Repertoires auf einen Fall aus der Lebenswelt auf der Grundlage eines Arbeitsbündnisses zwischen Profi und Klienten, um den Fall zu lösen (Heil 2006a; Oevermann 1996; Schön 2000). Oevermann spricht auch von „stellvertretender Deutung" (Oevermann 1996) als Prinzip von Professionalität zur Lösung eines Falls. Drei Strukturen professionellen Handelns sind darin enthalten:

Erstens der Aufbau eines *fachspezifischen Repertoires*, das aus Fachwissen und bisherigen Fällen besteht. Grundlage des Repertoires ist ein fundiertes Fachwissen aus Theorien aus dem jeweiligen Handlungsfeld, die ständig erneuert werden müssen. Fachwissen wird in der Regel durch ein Studium oder eine Akademie erworben und in der Aus-, Fort- und Weiterbildung erweitert. Es ist das in der jeweiligen Disziplin zur Verfügung stehende Wissen. Das Fachwissen allein konstituiert aber noch nicht das Repertoire. Hinzu kommen bisherige Fälle aus der eigenen Praxis; Profis konstituieren ihr professionelles Handeln durch Fälle, die sie selbst erlebt haben; durch dieses Fallwissen erweitert sich das Spektrum des Handelns, bleibt aber auch daran gebunden: „Ich hatte mal eine 8. Klasse, da war es ähnlich" - so argumentieren Lehrerinnen und Lehrer häufig. Fachwissen und bisherige Fälle bilden die Grundlage des Repertoires. Je mehr Fachwissen und je mehr Fälle ein Profi zur Verfügung hat, desto größer ist prinzipiell die Möglichkeit, erfolgreich einen Fall zu lösen. Eine erfahrene Lehrkraft kann auf großes Wissen und eine Vielzahl von Fällen im Handlungsfeld Schule zurückgreifen, die sie sich im Verlauf ihres Berufslebens angeeignet hat; die Lehrkraft hat sich dadurch ein breites Repertoire als Fundament aufgebaut.

Zweitens die *Transformation* des Repertoires auf den jeweils zu behandelnden, neuen Fall. Es reicht nicht, ein Repertoire zu Verfügung zu haben; ein Professioneller muss es fallspezifisch anwenden können, d.h. er muss das Repertoire auf die jeweils neue Situation transformieren, es in eine neue Form bringen. Jede Situation ist anders - zwar gibt es Ähnlichkeiten zu früheren Situationen, aber keine Gleichheit, so dass das Repertoire immer wieder neu ausgerichtet werden muss. Die Professionalitätsforschung spricht hier von Kontinuitäten und Diskontinuitäten. Keine Klasse ist wie die andere - und doch gibt es Ähnlichkeiten. Dieser Umgang mit Neuem ist grundlegend für einen Profi im Unterschied zum mechanistischen Handeln. Dazu gehört, die neue Situation richtig einzuschätzen - im Fußball z.B. wird der Begriff „das Spiel lesen" dafür verwendet - und sein bisheriges Repertoire genau daraufhin zu fokussieren bzw. es zu erweitern. Das Repertoire im Lehrerberuf wie z.B. die bisher in einem digitalen oder realen Ordner gesammelten Arbeitsblätter zu einem bestimmten Thema in einer Jahrgangsstufe, muss immer wieder neu auf die jeweilige Klasse hin justiert werden. Dazu gehören v.a. hermeneutische Fähigkeiten.

Drittens schließlich ein *Arbeitsbündnis* zwischen Professionellem und Klienten. Arbeitsbündnis bedeutet, dass für den jeweiligen Fall eine Beziehung gestiftet wird, die regelgeleitetes Handeln erst ermöglicht. Das Bündnis wird bewusst eingegangen - etwa durch das Aufstellen von Regeln - oder verläuft unbewusst. Aufgrund der Tendenzen der Pluralität und Individualität der Gesellschaft werden Rollenbeziehungen immer mehr zum bewussten Bündnis - jede Lehrkraft erfährt dies tagtäglich. Festgelegte Schemata - der Lehrer spricht, die Klasse hört zu - verlieren ihre Gültigkeit, das Arbeitsbündnis muss immer wieder neu und immer wieder anders konstituiert werden. Im schulischen Bereich besteht die Beziehung zwischen Lehrer oder Lehrerin und Klasse sowie den weiteren im schulischen Umfeld Agierenden wie Vorgesetzte, Kolleginnen und Kollegen, Eltern und außerschulischen Kooperationspartnern. Im Unterschied zu mehr dyadischen Arbeitsbündnissen anderer Professionen wie Arzt-Patient oder Anwalt-Mandant ist im Lehrberuf der Klient primär die jeweilige Klasse in ihrer Gesamtheit, also die 6a oder 9b. Da Unterricht in Lerngruppen stattfindet, muss die Beziehung zur ganzen Klasse aufgebaut werden - das Ganze ist hier mehr als die Summe seiner Teile. Hinzu kommen aber auch dyadische Beziehungen z.B. in Einzelgesprächen, Elternberatung, kollegialem Austausch. Die Fähigkeit, diese unterschiedlichen Beziehungen aufzubauen, gehört grundlegend zum Profi. Nur auf der Grundlage einer für die Transformation funktionierenden Beziehung kann Professionalität gelingen. Beziehung meint hier nicht nur persönliche Beziehung, sondern auch regelgeleitetes Handeln. Die Beziehung legt die Spielregeln fest, mit denen gehandelt werden kann. Hinzu kommen Sozialisation im jeweiligen Feld, persönliche Merkmale und ethische Haltungen. Zum Arbeitsbündnis hinzu muss auch die Fähigkeit und Bereitschaft kommen, den jeweiligen Fall angehen zu wollen. Mit dem Arbeitsbündnis ist das gemeint, was in Unterrichtstheorien Classroom-Management oder präventives Störungsverhalten bezeichnet wird. Darauf wird später noch genauer eingegangen.

Diese drei Strukturen machen professionelles Handeln aus und ermöglichen es, im jeweiligen Feld Fälle zu lösen. Da auch der Lehrerberuf eine Profession ist, sind sie grundlegend für die Beschreibung professionellen

Lehrerhandelns. Nur das Zusammenspiel der Bereiche ermöglicht sicheres und situationsadäquates Handeln im jeweiligen Feld.

Abb. 2 Modell von Professionalität

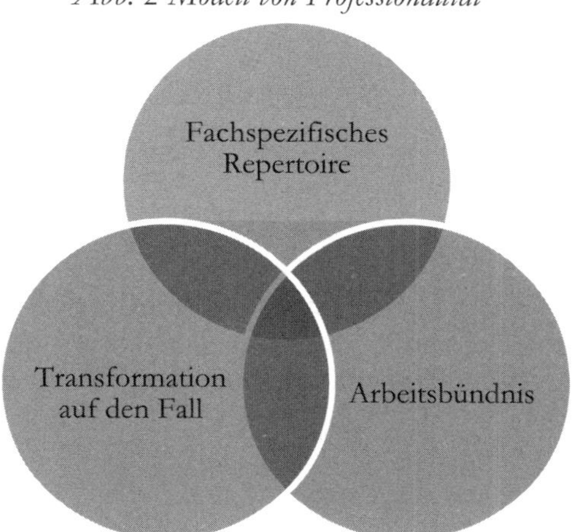

Professioneller Entwurf von Lehr-Lernprozessen

Legt man die bisherige Definition von Professionalität zugrunde, dann besteht Professionalität im Lehrberuf darin, ein fachliches, pädagogisches und didaktisches Repertoire aufzubauen, dieses auf die jeweilige Klasse hin zu transformieren und ein Arbeitsbündnis als Beziehung zur jeweiligen Lerngruppe und zum schulischen Umfeld herzustellen. Für das Planungshandeln bedeutet das, sich ein Repertoire von Planungen aufzubauen, dieses gezielt auf die jeweilige Lerngruppe hin zu transformieren und eine Beziehung zur Gruppe und den einzelnen Schülerinnen und Schülern grundzulegen. Der Entwurf von späteren Lehr-Lernprozessen resultiert also aus dem bisherigen Planungsrepertoire, muss aber auf die jeweilige Lerngruppe hin zugeschnitten sein. Dabei sind drei Determinanten bestimmend: Erstens über ein breites Repertoire zu verfügen; zweitens dieses Repertoire gezielt auf die Lerngruppe hin anzuwenden; drittens eine Basis für das Handeln grundzulegen. Dabei kann es dazu kommen, dass das Repertoire erweitert oder neu kombiniert werden muss. Ähnlich wie der Architekt den Entwurf eines Hauses unter Berücksichtigung der speziellen Wünsche des Kunden vorlegt, sollte auch ein Stundenentwurf oder Unterrichtsverlaufsplan dazu dienen, mögliche spezifische Prozesse in der späteren Praxis zu antizipieren. Der Entwurf nimmt also die spätere Praxis in der konkreten Lerngruppe vorweg, ist natürlich jedoch noch nicht diese Praxis selbst. Jedoch kann und soll der Entwurf konkret auf die spätere Praxis bezogen sein - dadurch können bereits eine Vielzahl an Problemen im Vorfeld ausgeschlossen werden.

Kompetenzen
Um einen solchen professionellen Entwurf anfertigen zu können, sind spezifische Kompetenzen notwendig. Der Kompetenzbegriff ist spätestens seit dem sog. „Bologna-Prozess" im universitären Bereich und der Einführung von Bildungsstandards im schulischen Bereich grundlegend geworden. Daher soll hier kurz geklärt werden, was eine Kompetenz eigentlich ist (vgl. dazu Heil/Ziebertz 2005b).

Kompetenz geht etymologisch zurück auf das lat. Verb competere = zusammentreffen, zutreffen. Darin impliziert sind die zwei Bedeutungen von Kompetenz: Kompetenz als *Fähigkeit* und Kompetenz als *Zuständigkeit*. Der medienkompetente Lehrer kann heißen, dass er fähig ist, mit Medien umzugehen, oder dass er dafür zuständig ist. Kompetent als Fähigkeit bedeutet genauer das Vorhandensein von „habituellen Dispositionen, die in einem Bereich geordnet sind und zur Bewältigung einer spezifischen Praxis befähigen" (Heil/Ziebertz 2005b). Kompetenzen sind demnach „Dispositionen selbstorganisierten Handelns" (Erpenbeck/Rosenstiel 2007, 23). Diese Dispositionen stehen immer zur Verfügung und helfen, eine bestimmte Situation zu meistern. Die kompetente Grundschullehrerin kann nachts aus dem Schlaf gerissen werden und ist imstande, Unterricht planen zu können. Kompetenz ermöglicht Handlung und damit Performanz. Kompetenz und Performanz hängen untrennbar zusammen. In der Hirnforschung wird äquivalent zu Kompetenz der Begriff des „Schemas" verwendet, der zusammenhängende synaptische Verschaltungen zur Weltdeutung verbindet. Schemata bestimmen die Konstruktion der Welt und determinieren die Möglichkeit zum Handeln. Um allgemeine Kompetenzen weiter bestimmen zu können, unterscheidet man zwischen Teilkompetenzen und Qualifikationen. *Teilkompetenz* beschreibt die inhaltliche Konkretisierung einer Kompetenz, z.B. innerhalb der Medien-Kompetenz die Teilkompetenz zum Umgang mit Neuen Medien. Die Teilkompetenzen bestehen nun wiederum aus *Qualifikationen* oder Skills als klar messbarer Bereich einer Teilkompetenz wie z.B. die Bildungsstandards.

Den drei oben beschriebenen professionellen Strukturen können grundlegende Kompetenzbereiche des Menschen zugeordnet werden: Zum Arbeitsbündnis zählen personale sowie sozial-kommunikative Kompetenzen, zur Transformation auf den Fall aktivitäts- und umsetzungsorientierte Kompetenzen, zum fachspezifischen Repertoire fachlich-methodische Kompetenzen (nach Erpenbeck/Rosenstiel 2007, 24). Die grundlegenden professionellen Strukturen und die Kompetenzbereiche bilden einen Orientierungsrahmen bei der Beschreibung professionellen Handelns überhaupt. Diese Bereiche können nun immer weiter mit einzelnen Teilkompetenzen und Qualifikationen gefüllt werden.

Die Frage, was nun die spezifischen professionellen Kompetenzen von (Religions-) Lehrerinnen und Lehrern ausmacht, ist seit dem Paradigmenwechsel hin zu einer kompetenzorientierten Lehrerbildung und den damit verbundenen Kompetenzstrukturmodellen - trotz aller Unterschiedlichkeit - vertieft konzeptualisiert und auch empirisch erforscht worden (z.B. Heil 2006a; Heil/Ziebertz 2005b; Hofmann 2008; Michalke-Leicht 2011). Zwar gibt es im Einzelnen einige Feinheiten und Unterschiede - etwa die Unterscheidung von domänenspezifischen (Perspektiven der Lehrerbildung 2000, Bauer 2002) oder übergreifenden Kompetenzen (Erpenbeck/von Rosenstiel 2007) oder die einzelnen unterschiedlichen Dimensionen der Kompetenzstrukturmodelle; dass Lehrerinnen und Lehrer aber für ihr Fachgebiet bestimmte Kompetenzen benötigen, ist unstrittig. Diese können z.B. Unterrichten, Erziehen, Beraten, Diagnostizieren, Selektieren, Schule entwickeln, Persönlichkeit entwickeln u.a. sein. Alle diese professionellen Kompetenzen machen den Lehrerberuf aus; tendenziell kommen in einer Schule als Lebensraum immer neue Bereiche hinzu wie z.B. Betreuen, Kooperieren, Team entwickeln u.a.

Die Kernkompetenz von (Religions-) Lehrerinnen und Lehrern bleibt aber die professionelle Gestaltung von Lehr-Lernprozessen, um „partizipative Lernsituationen" (Kiper 2001) zu ermöglichen. Diese bedeutet, Lehr-Lernprozesse so zu arrangieren, dass möglichst viele Schülerinnen und Schüler aus einer konkreten Klasse daran teilnehmen können, um etwas zu lernen. Hier wird die korrelative Grundstruktur deutlich, die uns noch näher beschäftigen wird: Auf der einen Seite ein bestimmter Inhalt, auf der anderen die Schülerinnen und Schüler, dazwischen die vermittelnden Lehr-Lernprozesse. Religionspädagogische Professionalität besteht demnach hauptsächlich im Korrelieren, um religiöse Bildung zu ermöglichen. Dies muss im Planungshandeln berücksichtigt werden.

1.3 Hinsichtlich der zeichenvermittelten Beziehung von christlicher Tradition und Lebenswelt der Schülerinnen und Schüler

Korrelation: christliche Tradition und Lebenswelt

Wie kann nun professionelles Planungshandeln als Transformation des jeweiligen Repertoires auf die spezifische Lerngruppe erfolgen? Hier wird Korrelation konkret, müssen doch mindestens die Inhalte aus der christlichen Tradition und die Lernvoraussetzungen der heutigen Schülerinnen und Schüler aufeinander bezogen werden. Dies meint Korrelation.

Über den Begriff Korrelation ist schon viel geschrieben worden. Anfangs noch unter dem Begriff der „Konvergenz" von der Würzburger Synode 1974 grundgelegt und im „Zielfelderplan für den kath. Religionsunterricht an der Grundschule" als Prinzip eingeführt, hat sich Korrelation als Prinzip zumindest in der katholischen Religionsdidaktik sukzessive durchgesetzt. Doch was ist Korrelation eigentlich?

Korrelation bedeutet Wechselbeziehung von zwei oder mehreren Phänomenen. Außerhalb der Theologie wird Korrelation hauptsächlich in der Forschung und der Sprachwissenschaft verwendet. In der Forschung bezeichnet er einen signifikanten Zusammenhang zwischen zwei Variablen, z.B. der Zusammenhang zwischen Schulerfolg und Elternhaus, in der Sprachwissenschaft der sinnvolle Bezug zweier Begriffe z.B. Gatte-Gattin oder Rechte-Pflichten.

In der Theologie wurde der Begriff von Paul Tillich eingeführt. Korrelation bedeutet Wechselbeziehung zwischen theologischen Aussagen und der heutigen Welt. Damit drückt Tillich aus, dass theologische Begriffe immer auf die heutige Welt hin bezogen sein müssen. Dieses Heute ist in der Rezeption des Korrelationsbegriff unterschiedlich benannt worden (siehe Heil 2006a), z.B. „Kultur" (Tillich), „Erfahrung" (Schillebeeckx), „Leben" (Baudler), „Lebenssituation" (Hilger), „Lebenswelt" (Ziebertz/Heil/Prokopf), „Bewusstsein" (Englert). Korrelation bezieht sich damit sowohl auf die theologische Begriffsbildung als auch die christliche Tradition überhaupt - je nach Verwendungskontext. Die unterschiedlichen Bezeichnungen der Bezugsgrößen zur christlichen Tradition deuten an, dass das Heute immer auf die Tradition bezogen sein muss - damit ist die Korrelation untrennbar mit der anthropologischen Wende in der Theologie verbunden. Das „Wie" dieses Heute bedarf jedoch der empirischen Konkretisierung, sonst bleibt es nur spekulativ.

Dreistellige Korrelation

Die auf den ersten Blick scheinbare dyadische Wechselbeziehung zwischen überlieferter Tradition und heutiger Lebenswelt wurde schon früh in der Religionspädagogik durch eine triadische Beziehung erweitert (Lange, Baudler). So unterscheidet Lange zwischen den x,y,z-Dimensionen der Korrelation:

Abb. 3 Existenzielle Korrelation

x = empirische Daseinsdimension
y = religiös-existenzielle Daseinsdimension
z = Welt des biblischen und christlichen Glaubens.

Der Zusammenhang besteht nun darin, dass der Mensch nicht direkt von der x in die z Dimension geführt werden kann, also von seiner Lebenswelt zur biblischen Botschaft, sondern den Umweg über die y Dimensionen religiöser Erfahrungen machen muss: „Der Religionsunterricht hat dann die Aufgabe, den Schüler in der >empirischen< Daseinsdimension abzuholen, ihn durch geeignete Impulse in die allgemein-religiöse, existenzielle Daseinsdimension hineinzuführen und diese, wo es möglich ist, dann mithilfe biblisch-christlicher Tradition zu deuten" (Baudler 2002, 447). Diese Erweiterung des Korrelationsprinzips zu einer dritten, vermittelnden Dimension ist wesentlich für eine Didaktisierung der Korrelation: Nur mit einem vermittelnden Dritten (y zwischen x und z) ist Korrelation möglich! Lebenswelt und Tradition brauchen demnach eine „Verbindung" oder „Verständigung" (Hilger 2010, 344) als gemeinsame Schnittmenge, ohne die Korrelation nicht möglich ist. Sonst blieben sich beide Pole fremd, und das Korrelationsprinzip wäre „in der ihm zugrunde liegenden dialogisch-wechselseitigen Zuordnung von Subjekt und Objekt problematisch" (Grümme 2012, 119). Nur durch die auf Verständigung zielende Gemeinsamkeit beider Pole ist Kommunikation überhaupt möglich - (übrigens die Grundlage einer transzendentalen Pragmatik als Theorie der Möglichkeit von Kommunikation).

Das vermittelnde Dritte kann wie im obigen Beispiel die religiöse oder existentielle Erfahrung sein. Die Verbindung über die Erfahrung im Religionsunterricht ist ein Zugang zu einer Konkretisierung der Korrelation. Eine andere Möglichkeit ist es, als Verbindung von Tradition und Lebenswelt die gemeinsame Verwendung von Zeichen in den Blick zu nehmen - also Zeichen auszuwählen, die in beiden Bereichen vorkommen, so dass folgendes Modell entsteht:

Abb. 4 Semiotische Korrelation

x = empirische Daseinsdimension (Lebenswelt)
y = vermittelndes Zeichen
z = Welt des biblischen und christlichen Glaubens (christliche Tradition).

Zeichen werden im Religionsunterricht sowohl bei der Planung als auch der Durchführung ständig verwendet. Zeichen (oder Medien) sind immer vorhanden, sei es verbal durch die Sprache oder nonverbal durch Texte, Bilder, Gestik u.a. Die semiotische Bestimmung des Korrelationsprinzips neben der religiös-existenziellen nimmt daher den schulischen Kontext und die Bedeutung der Medien stärker in den Blick. Über die religiös-existenzielle Erfahrung hinaus kann also das Zeichen als vermittelndes Drittes genommen werden. Das semiotische Modell ist als Ergänzung zum bisher gängigen Modell zu sehen. Beide Modelle existieren alternativ nebeneinander oder können komplementär sein - je nach Thema.

Zeichen vermitteln den Stoff auf der einen und die Lebenswelt der Schülerinnen und Schüler auf der anderen Seite. Korrelation ist daher im Kern ein auf Verständigung und Vermittlung zielendes Ringen um Bedeutung von Zeichen, als „Aushandeln von Bedeutung" (Combe/Helsper 2002) von Zeichen.

Korrelation als Aufspüren und Aushandeln von Zeichenbedeutungen

Dazu ist es notwendig, einen gemeinsamen Zeichenvorrat aus Tradition und Lebenswelt aufzuspüren und auf die Suche zu gehen, wie diese Zeichen in der Lebenswelt und der Tradition Bedeutungen bekommen. Meyer-Blanck nennt diesen semiotischen Prozess auch „Religion zeigen als Aufgabe der Lehrerinnen und Lehrer" (Meyer-Blanck 2012, 45). Von da aus können dann Lernprozesse arrangiert werden.

Wie funktioniert eigentlich die Bedeutungszuschreibung von Zeichen? Ein kurzer Blick auf die Semiotik kann dazu hilfreich sein: Jeder Religionslehrer und jede Religionslehrerin kennt das: Ein Begriff fällt und sofort kommen - gewollt oder ungewollt - von Seiten der Schülerinnen und Schüler Bemerkungen und Assoziationen zu dem Begriff. Beim Begriff „Abraham" z.B. denken die Schülerinnen und Schüler vielleicht an einen Boxer, Sänger oder stören sich am unbekannten Namen. Bei dem Begriff „Sara" fällt Ihnen bestimmt nicht gleich die Frau Abrahams ein, sondern unwillkürlich eine ihnen bekannte Sara oder Sarah, sie denken vielleicht an die Schwester, an eine Freundin, eine Prominente oder an eine Sarah in der Klasse. Wenn die Disziplin nicht so hoch ist, äußern sich die Schülerinnen und Schüler dazu auch spontan und assoziieren zu der ästhetischen Form des Namens „Abraham", was ihnen gerade einfällt.

Woher kommt dieser Vorgang? Hier hilft eine semiotische Theorie weiter, wie sie im Anschluss an Charles Sanders Peirce entwickelt worden ist. Im Zentrum der Semiotik steht die semiotische Triade, innerhalb derer ein Zeichen vorkommt. Ein Zeichen ist ein Repräsentamen in Bezug zu einem Objekt, das einen Interpretanten in einem Subjekt auslösen kann. In folgendem Dreieck kann dies veranschaulicht werden:

Abb. 5 Semiotische Zeichentriade

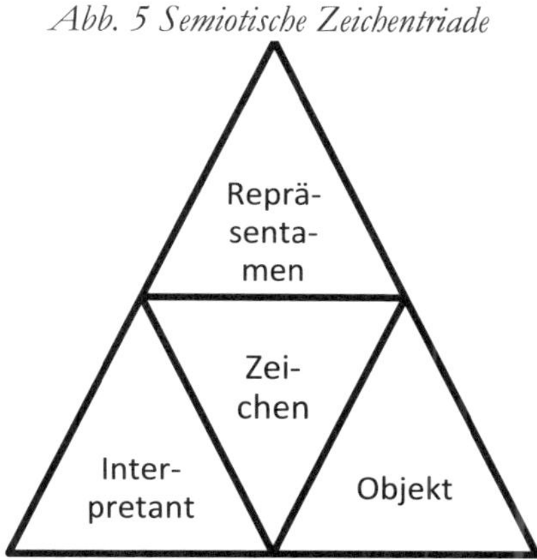

„Ein Zeichen, oder Repräsentamen, ist etwas, das für jemanden in einer gewisser Hinsicht oder Fähigkeit für etwas steht. Es richtet sich an jemanden, d.h. es erzeugt im Bewußtsein jener Person ein äquivalentes oder vielleicht ein weiter entwickeltes Zeichen. Das Zeichen, welches es erzeugt, nenne ich den Interpretanten des ersten Zeichens. Das Zeichen steht für etwas, sein Objekt. Es steht für das Objekt nicht in jeder Hinsicht, sondern in bezug auf eine Art von Idee" (Peirce, CP 2.228). Die Zeichentheorie nach Peirce kann noch weiter differenziert werden. Die Verbindung von Zeichen und Objekt ist also nicht automatisch, wie von selbst her, hergestellt, sondern verläuft durch einen Interpreten, bei dem diese Beziehung etwas auslöst. Der Zuweisung von Bedeutung liegt also keine kausale Automatik einer dyadischen Beziehung von Zeichen und Objekt zugrunde, sondern bezieht sich auf eine offene Interpretationsleistung der beteiligten Menschen.

Für die schulische Situation und v.a. die Korrelation im Religionsunterricht kann das allgemeine semiotische Modell konkretisiert werden (vgl. zum Folgenden Heil 2012a):

Abb. 6 Zeichentriade im Religionsunterricht

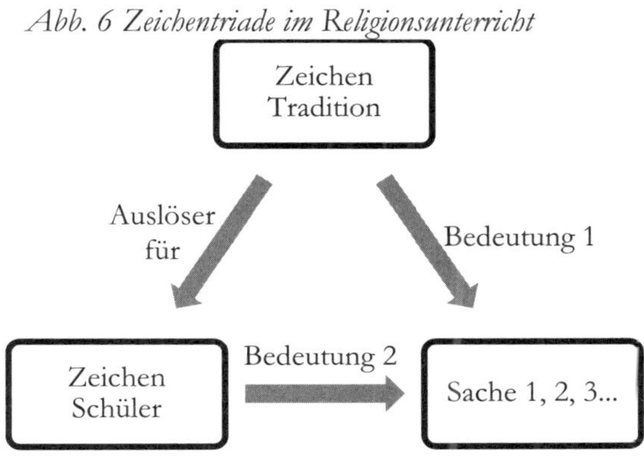

Am Beginn der Kommunikation steht ein Zeichen aus der Tradition, das im Unterricht vorkommt. Das Zeichen hat eine Bedeutung 1, die auf eine Sache 1 hinweist. Diese Bedeutung stammt aus dem bisher üblichen Gebrauch der Zeichen in seinem kulturellen Kontext. Das Zeichen kann jedoch bei der Schülerin ein neues Zeichen auslösen, das mit dem Zeichen aus der Tradition identisch sein kann, aber nicht muss. Dieses Schülerzeichen bezieht sich wiederum auf eine dahinter stehende Sache. Diese kann nun identisch mit der Sache 1 sein, muss aber nicht. Dadurch kann es zu Kommunikations- und Verständigungsproblemen im Unterricht kommen. Man sieht: Die Verwendung von Zeichen bedarf der sorgfältigen Analyse als Ringen um Bedeutung. Ein Beispiel kann diesen Zeichenprozess illustrieren:

Um beim Zeichen „Abraham" zu bleiben: Das Zeichen aus der Tradition bezieht sich auf den biblischen Urvater Abraham (Bedeutung 1). Es löst jedoch beim Schüler ein neues Zeichen aus, vielleicht auch Abraham oder Aberham oder Ähnliches. Daher ist es nicht verwunderlich, dass allein die Nennung eines bestimmten Zeichens wie „Abraham" etwas bei den Schülerinnen und Schülern auslöst (Zeichen Schüler), das für etwas steht. Dies muss nun nicht das sein, was der Lehrer oder die Lehrerin intendiert hat, es kann genau anders verlaufen (Bedeutung 2). Im Idealfall bringt der Lehrer das Zeichen zu seiner gemeinten Sache, also das Zeichen Abraham zur Sache des biblischen Abrahams und nicht auf etwas anderes. Dies muss aber ausgehandelt werden. Vor dem Hintergrund konstruktivistischer Ansätze (vgl. Mendl 2011, 174) wird deutlich, wie kompliziert das „Aushandeln von Bedeutung" von Zeichen im Unterricht sein kann.

Das Ringen um Bedeutung hat aber noch eine weitere Dimension: die Handlung. Die Art und Weise der Beziehung, wie wir sie für professionelles Handelns ausgemacht haben, konstituiert sich hier, wie ich um Bedeutung ringe. Lässt der Lehrer oder die Lehrerin nur die eigene Bedeutung gelten, oder werden die Schülerbedeutungen einbezogen? Die Beziehung zwischen Lehrer und Lehrerin sowie Schülerinnen und Schüler wird dadurch konstituiert. Religionsunterricht kann hier im Idealfall „kommunikatives Handeln" (DBK 1996) sein.

Folgen für die Planung

Was bedeutet dies nun für die korrelative Planung von Religionsunterricht? Korrelationen vollziehen sich über Zeichen. Korrelation ist dann die zeichenvermittelte Beziehung von christlicher Tradition und Lebenswelt der Schülerinnen und Schüler. Für eine korrelative Planung ist es „bedeutend", welche Zeichen ausgewählt werden und was sie auslösen können. Je mehr Zeichen im Unterricht verwendet werden, desto größer ist die Gefahr, dass andere Bedeutungen bei den Schülerinnen und Schülern hinzukommen und die intendierte christliche Bedeutung aus dem Auge verloren wird. Eine didaktische Reduktion auf wenige Zeichen ist daher vor dem Hintergrund dieser Theorie sinnvoll, um nicht eine Vielzahl an neuen Bedeutungen entstehen zu lassen (vgl. dazu Schmid 2008). Weiterhin muss dem nachgegangen werden, was Schülerinnen und Schüler mit den Zeichen verbinden, welche Bedeutung es bei Ihnen auslöst. Die mögliche Verwendung der Zeichen als konkreter Vollzug des Religionsunterrichts muss hier berücksichtigt werden: Dabei lassen sich folgende Fragen stellen:

- Kommen zu viele unbekannte Zeichen vor (Fremdwörter, Ortsangaben, fremde Namen u.a.)?
- Wird an bekannte Zeichen aus der Lebenswelt der Schülerinnen und Schüler angeschlossen?
- Können die verwendeten Zeichen unterschiedliche Bedeutungen haben oder bei Schülerinnen und Schülern auslösen?
- Kann das Verhältnis von Zeichen und Bedeutung in der unterrichtlichen Kommunikation aufgedeckt werden?

Solche und ähnliche Fragen sind an die verwendeten Zeichen bei der Unterrichtsvorbereitung zu stellen. Häufig besteht dabei die Gefahr, diese Fragen außer Acht zu lassen und vorschnell auf die Bedeutungen, auf die Inhalte zu kommen. Wie gesehen vollzieht sich Bedeutung aber nur auf der Grundlage von Zeichen, kann nicht von diesen abgekoppelt werden. Die Planung der Zeichenverwendung ist daher von großer Bedeutung, um spätere Unklarheiten, Lernschwierigkeiten oder Störungen zu vermeiden. Durch die Reflexion auf die verwendeten Zeichen lassen sich Probleme der Durchführung von RU im Ansatz ausschalten.

Modi der Korrelation: deduktiv - induktiv - abduktiv - Nicht-Schließen

Korrelation wird über Zeichen hergestellt als verbindendes Drittes von Tradition und Lebenswelt. Ohne diese Verbindung blieben sich beide Pole fremd. Die Art und Weise dieser Verbindung kann noch weiter differenziert werden durch die vier Modi des Schließens auf Bedeutung. Diese Modi sind deduktiv, induktiv, abduktiv und Nicht-Schließen.

Dies sind vier Modi oder Möglichkeiten um zu klären, wie, auf welche Art und Weise, Tradition und Lebenswelt der Schülerinnen und Schüler miteinander verbunden werden können (zur Vertiefung: Ziebertz/Heil/Prokopf 2003; Heil 2006a; Heil 2012a). Mittels dieser vier Modi ist es für den Lehrer oder die Lehrerin prinzipiell möglich, auf die Bedeutung der Zeichenverwendung von Schülerinnen und Schülern zu schließen. Die Modi beschreiben demnach die Art und Weise der im jeweiligen Unterricht stattfindenden Korrelation und lassen dieses allgemeine Prinzip für die unterrichtliche Kommunikation konkret werden. Die einzelnen Modi haben folgende Bedeutung:

Abb. 7 Modi der Korrelation

- *Deduktiv* bedeutet Ableiten. Deduktive Korrelation ist die Ableitung der Lebenswelt aus der christlichen Tradition. Für das Ringen um die Bedeutung von Zeichen heißt dies, dass die Bedeutungen von Zeichen aus der christlichen Tradition in die Lebenswelt übertragen werden. Modus operandi ist eine „So ist es"-Didaktik: Abraham hat seine Heimat verlassen und ist Gott gefolgt. Im Modell wird die Bedeutung 1 auf die Bedeutung 2 übertragen.
- *Induktiv* bedeutet Zuordnen. Induktive Korrelation ist die Zuordnung der Lebenswelt zur christlichen Tradition. Für das Ringen um Bedeutung von Zeichen heißt dies, dass der Ausgangpunkt Zeichen aus der Lebenswelt sind, die dann zu Bedeutungen der christlichen Tradition verlängert werden. Modus operandi ist eine „So wie"-Didaktik: So wie du schon mal umgezogen bist - so musste auch Abraham schon umziehen. Im Modell wird die Bedeutung 2 der Bedeutung 1 zugeordnet.
- *Abduktiv* bedeutet Erklären. Abduktive Korrelation ist die Erklärung der Lebenswelt mittels der christlichen Tradition durch gewagte Hypothesen. Für das Ringen um Bedeutung von Zeichen heißt dies, dass der Ausgangpunkt Bedeutungen von Zeichen aus der Lebenswelt sind, die dann durch Hypothesen aufgedeckt werden. Modus operandi ist eine „Was ist es?"-Didaktik: Was bedeutet dein Verständnis von Abraham - kann es etwa das unbedingte Vertrauen zu Gott meinen? Im Modell wird die Bedeutung 2 mittels der Bedeutung 1 erklärt.
- *Nicht-Schließen* bedeutet, dass kein Modus angewendet wird. Es kommt zu keiner Form der Korrelation. Für das Ringen um Bedeutung von Zeichen heißt es, dass die Korrelation entweder verschoben wird („Das machen wir später") oder nicht zustande kommt („Das passt jetzt nicht hierher"). Im Modell kommt es zu keiner Verbindung der Bedeutungsebenen.

Die einzelnen Modi haben je nach situativer Verwendung Vor- und Nachteile für die unterrichtliche Kommunikation (siehe Heil 2012a, 58):

Deduktiv Korrelieren hat den Vorteil, möglichst viel Inhalt in wenig Zeit zu vermitteln, der Nachteil ist, mögliche Anknüpfungspunkte für die Inhalte bei Schülerinnen und Schülern nicht zu finden. Induktiv Korrelieren hat den Vorteil, bei der Lebenswelt und den dazu passenden Äußerungen der Schülerinnen und Schüler anzusetzen; diese Ansatzpunkte müssen jedoch qua definitionem immer in die christliche Tradition münden, was häufig zu Passungsproblemen führt. Abduktiv Korrelieren hat den Vorteil herauszufinden, welche Bedeutungen hinter Schüleräußerungen stehen und sie daher ernst zu nehmen; dies kostet jedoch Zeit, ist z.T. auf wenige Einzelne bezogen, die Klasse kann aus dem Blick geraten. Nicht-Schließen erlaubt es, schnell weiterzumachen, der Einzelne kann sich jedoch übergangen fühlen.

Sinnvoll ist auch eine Kombination der Modi, z.B. erst das Aufdecken von Bedeutungen, dann das Zuordnen oder das Ableiten. Wenn deutlich wird, dass Bedeutungen von Zeichen zwischen der Lebenswelt und der Tradition stark differieren - z.B. beim Thema Leben nach dem Tod - dann kann es sinnvoll sein, erst die Bedeutungen der Schülerinnen und Schüler aufzudecken und dann von der christlichen Tradition her die Bedeutung abzuleiten, um das christliche Verständnis des Lebens nach dem Tod einzubringen. Der Einsatz der Modi und ihrer Kombination hängt also von der Situation ab - dies wird bei der Planung, Durchführung und Reflexion noch deutlich.

Die vier Modi sind daher keine normative, sondern eine phänomenologische Unterscheidung, d.h. kein Modus ist besser oder schlechter als der andere. Es hängt von der Professionalität der Lehrerin oder des Lehrers ab, welcher Modus situativ geeignet ist. Wichtig für professionelle Religionslehrerinnen und Religionslehrer ist es, über alle vier Modi zu verfügen. In früheren Ansätzen (Berger 1980) wurde noch eine Hierarchie gebildet; es zeigt sich jedoch im praktischen professionellen Handeln, dass alle Modi situationsgerecht eingesetzt werden können. Wenn wir uns noch einmal die Definition von Professionalität vergegenwärtigen - Transformation des bisher erworbenen Repertoires auf den jeweiligen Fall auf der Grundlage einer Beziehung, um den Fall zu lösen - dann wird deutlich, dass es von der Situation abhängig ist, welcher Modus zu Einsatz kommt. Vor einer Klausur kann z.B. der deduktive Modus wichtig sein, als schnelle Hinführung zum Thema der induktive Modus, als Vertiefung der abduktive Modus, bei Störungen das Nicht-Schließen. Professionalität besteht also darin, die Modi variabel einzusetzen, je nach Situation (Nolting/Paulus 2004, 128). Der Wechsel von Routine und Variabilität zeichnet Professionalität aus. Im Kapitel 5 wird dies noch deutlich werden. Bei der Planung von Unterricht kann die spätere Kommunikation im Unterricht wenigstens ansatzweise antizipiert werden (vgl. dazu Heil 2006a; Heil 2011).

Korrelative Struktur der Modi

Die vier Modi basieren auf unterschiedlichen Voraussetzungen, die modellhaft wie folgt veranschaulicht werden können.

Abb. 8 Korrelative Struktur 1

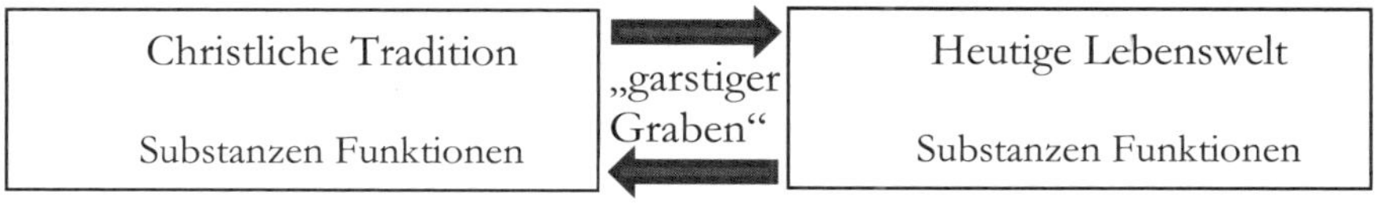

Christliche Tradition	→	Heutige Lebenswelt
	„garstiger Graben“	
Substanzen Funktionen	←	Substanzen Funktionen

Die korrelative Struktur der einzelnen Modi setzt sich aus folgenden modellhaften Elementen zusammen:

Auf der einen Seite steht die christliche Tradition mit ihren überlieferten Substanzen und Funktionen. Substanzen sind feststehende Zeichen und Semantiken des Glaubens im Sinne eines „Depositum Fidei“ wie christliche Personen, Glaubensbekenntnis, Grundgebete, Zehn Gebote etc. Funktionen sind Wirkungen des Glaubens für das eigene Leben und das Zusammenleben wie Transzendierung, Kontingenzbewältigung, ethisches Handeln oder Solidarität.

Auf der anderen Seite steht die heutige Lebenswelt von Menschen mit ihren eigenen pluralen Substanzen und Funktionen. Die bildungstheoretische Frage ist nun: Wie kann die Vermittlung der christlichen Tradition zur heutigen Lebenswelt vonstattengehen? Vor einer Antwort dieser Frage muss jedoch ein zusätzliches Problem beachtet werden: Zwischen beiden Bereichen liegt ein Graben, ein sog. „garstiger Graben“, wie Gotthold Ephraim Lessing dieses Problem bereits vor mehr als 200 Jahren benannt hat (vgl. Heil 2007a). Die alliterative Metapher des „garstigen Grabens“ stammt aus dem Brief Lessings „Über den Beweis des Geistes und der Kraft“ von 1777. Lessing verwendet die Metapher um zu zeigen, dass die Überlieferungen des Christentums zu seiner Zeit weder Geist noch Kraft hätten, eben weil sie nur Überlieferungen und keine Anschauungen seien - eine Anspielung auf 1 Kor 2,4. In der fehlenden Erfahrung läge der Graben zwischen früher und heute. Lessing dazu im Originalton: „Daran liegt es: dass dieser Beweis des Geistes und der Kraft itzt weder Geist noch Kraft mehr hat…Dass Nachrichten von Wundern nicht Wunder sind...Das, das ist der garstige breite Graben, über den ich nicht kommen kann, so oft und ernstlich ich auch den Sprung versucht habe.“ (Lessing 1777, 440.443). Lessing fehlt die Erfahrungsbasis. „Garstig“ und immer garstiger wird der Graben im Säkularisierungsparadigma. Säkularisierung bedeutet, dass der Glaube entweder durch säkulare Elemente sukzessive substituiert oder zur Privatsache wird. Zwar ist der christliche Glaube noch unbestreitbar in der heutigen Situation vorhanden, v.a. auf der Mesoebene der Institutionen. Nach der Graben-Struktur haben christliche Substanzen und Funktionen immer weniger Konvergenzen mit heutigen. Wie kann dem entgegengewirkt und der Graben überbrückt werden? Hier setzen die beiden Modi an:

Deduktiv Korrelieren heißt, die christliche Tradition über den Graben zur heutigen Situation zu tragen. Die Tradition wird daher quasi über die Gaben gehievt, um zur heutigen Lebenswelt zu gelangen.

Induktiv Korrelieren meint, die heutige Lebenswelt der christlichen Tradition zuzuordnen. Die Lebenswelt wird hier als Anknüpfungspunkt dazu verwendet, um einen Ansatzpunkt zu finden, der dann der Tradition parallel zu finden ist.

Auch der Modus des Nicht-Schließens ist hier zu finden, da Elemente der christlichen Tradition und heutigen Lebenswelt unverbunden nebeneinander stehen bleiben.

Der vierte Modus, das abduktive Korrelieren, geht nun von einer anderen korrelativen Struktur aus, wie das folgende Schaubild zeigt:

Abb. 9 Korrelative Struktur 2

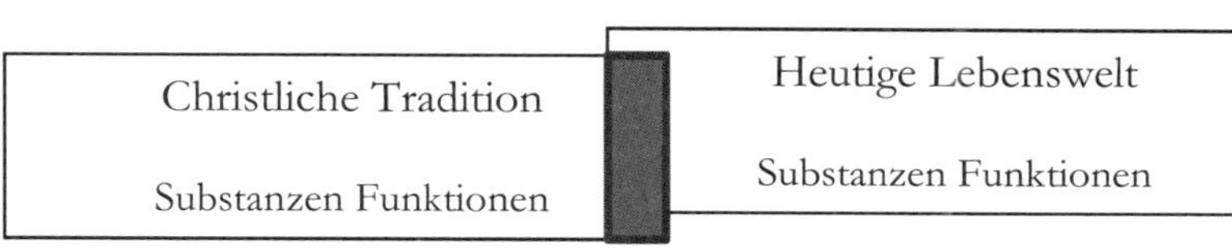

Die korrelative Struktur des abduktiven Korrelierens geht davon aus, dass es zwischen beiden Bereichen ein verbindendes Drittes gibt, das quasi den Graben füllt. Es gibt hier gar keinen Graben, sondern eine Schnittmenge zwischen beiden Bereichen. Freilich besteht dieses Schnittmenge auch aus Verändertem, Neuem, das aufgespürt und korrigiert werden muss. Die beiden Bereiche bleiben in ihrer Grundstruktur unverändert - es finden sich aber Verbindungen, an die angeschlossen werden kann. Dies heißt nicht, dabei stehenzubleiben (Grümme 2012) - es wird durch dieses verbindende Dritte aber ein kommunikativer Prozess eröffnet, der religiöses Lernen ermöglichen kann.

Wie gesagt ist der Einsatz der Modi von der jeweiligen Lernsituation abhängig. Es geht darum, die Modi variabel einzusetzen. Bei der Planung muss man sich nur bewusst sein, auf welchem korrelativen Modell der Einsatz der Modi fußt, z.B. hinsichtlich der Auswahl der Medien.

Folgen für die Planung

Professionelles Planen von RU besteht nun darin, den richtigen Modus bzw. eine Kombination für die jeweilige Lernsituation herauszufinden. Folgendes Schaubild kann dies veranschaulichen:

Abb. 10 Korrelation und Lehr-Lernprozessen

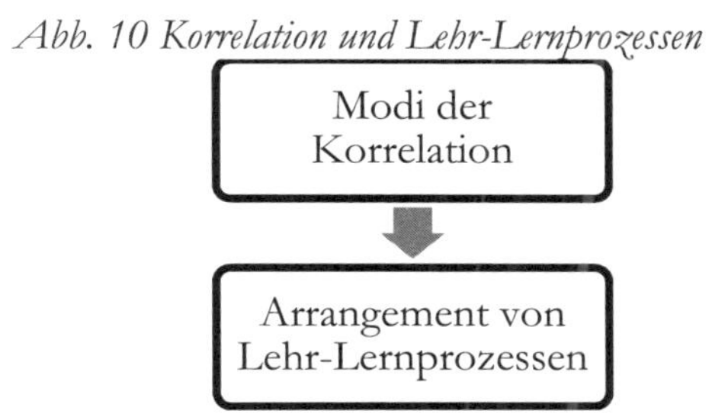

Die einzelnen Modi der Korrelation bedürfen bestimmter didaktischer Arrangements in Bezug zur Lerngruppe, um wirken zu können. Bei der Planung von Unterricht sind folgende Beziehungen feststellbar:

Hinsichtlich der Phasenabfolge im Unterricht wird in der Motivations- oder Impulsphase häufig die induktive Korrelation verwendet, um von den Schülern auszugehen, aber auch schnell zum Thema zu führen; in der Phase der Themenkonstitution, der Erarbeitungs- und Sicherungsphase eher die deduktive Korrelation, in der Transferphase die abduktive Korrelation, um auf den Einzelnen eingehen zu können.

Hinsichtlich der Sozialformen z.B. verwenden deduktive Korrelationen den Lehrervortrag oder die Lehrererzählung, induktive Korrelationen bedürfen aufgrund ihrer Fragilität und Moderationsbedürftigkeit des Lehrer-Schüler-Gesprächs, abduktive Korrelationen zielen auf individuelle Aufdeckung und verwenden daher Einzelarbeit oder Partnerarbeit und kurzes erläuterndes Lehrer-Schüler-Gespräch.

Hinsichtlich der Medien stehen deduktive Korrelation immer in Verbindung mit dem Originalmedium wie z.B. einer biblischen Perikope, einer Stelle aus dem Katechismus oder weiteren theologischen Texten aus der christlichen Tradition. Induktive Korrelationen nehmen eine eher lebensweltlich abstrakten Ausgang bei Grunderfahrung; der induktive Ansatz wird konkretisiert in Grundlagenplänen wie dem Zielfelderplan und Schulbüchern, die sich am Strukturgitteransatz orientieren: auf der einen Seite stehen Erfahrungen aus der Lebenswelt der Schülerinnen und Schüler, auf der anderen die damit zu verbindende christliche Religion (vgl. Baudler 1984). Die Erfahrung des Umzugs und das Verlassen der Heimat z.B. werden thematisiert und dann mit Abraham in Verbindung gebracht. Abduktive Korrelation sucht nach der Bedeutung des Zeichens aus der christlichen Tradition in der Lebenswelt und seiner Verwendung, inwiefern das Originalzeichen mit einer bestimmten Bedeutung verbunden ist, z.B. in aktuellen Liedern, Filmen, im Internet o.Ä. Der abduktive Ansatz forscht direkt nach der Transformation christlicher Zeichen in der Lebenswelt oder nach der Bedeutung, die mit Abraham verbunden wird. Beispielsweise kann ein Bild betrachtet und gefragt werden, was es auslöst.

Eine kurze Vorausschau: Bei der Durchführung von Unterricht kann sich die Religionslehrerin fragen, welchen Modus sie als Reaktion auf ein Schülerzeichen anwenden will. Ein Beispiel kann dies verdeutlichen: In einer 7. Hauptschulklasse zum Thema „Engel" sagt die Schülerin Anna zur Lehrerin: „Engel sind die Sklaven von Gott." Die Lehrerin kann nun mittels der vier Modi reagieren: Deduktiv sagt sie: „Sklave ist falsch, Engel bedeutet Bote Gottes." Induktiv kann sie versuchen, die Schüleräußerungen ihrer Bedeutung zuzuordnen: „Sklave ist ein guter Begriff, du meinst bestimmt etwas Untergeordnetes, etwa wie einen Boten von Gott." Abduktiv kann sie erst fragen: „Was meinst Du mit Sklave von Gott?" und evtl. Bedeutungskontexte anbieten: „In welcher Beziehung steht Sklave zu Gott? Ist es eine einseitige Beziehung?". Wenn sie nicht schließt, kann sie etwa entgegnen:

„Thomas, was meinst Du dazu?". Mittels dieser vier Modi können Korrelationen im Unterricht realisiert werden (siehe Kap. II.).

Auch bei der Reflexion von Unterricht stellt sich die Frage, welche Modi angewendet werden sollen. Ist z.B. im Beratungsgespräch der deduktive Aspekt im Vordergrund, wird das Gespräch hauptsächlich belehrend sein; wird induktiv gehandelt, ist zwar die Erfahrung der Ausgangspunkt - sie führt aber ebenso zum normativen Handeln. Abduktiv bedeutet nachzuspüren, warum so gehandelt wurde.

Die vier Modi hängen demnach mit dem Arrangement von Lehr-Lernprozessen genuin zusammen. Sinnvoll erscheint eine situationsangemessene Kombination der Modi zum professionellen Handeln. Eine professionelle Planung gibt sich genau darüber Rechenschaft.

1.4 Für den schulischen Religionsunterricht

Schulischer Religionsunterricht

Die Planung von RU findet nicht im luftleeren Raum statt, sondern ist auf die Institution Schule bezogen. Diese institutionelle Brechung von Lehr-Lernprozessen muss bei der Planung immer berücksichtigt werden. In der Jugendgruppe oder im privaten Bereich herrschen andere Regeln als am Ort Schule. Grundlegend für die Schule ist ihre antinomische Struktur (Combe/Helsper 2002) von Schule als Ort des „Lernens" versus Schule als Ort der „Selektion". Auf der einen Seite ist Schule dazu da, bestimmte Kompetenzen und Qualifikationen oder „Bildung" zu vermitteln; auf der anderen aber, nach bestimmten Bildungsabschlüssen zu selektieren. Dies wissen die Schülerinnen und Schüler und verhalten sich (zumeist) entsprechend - dies muss aber auch beim Arrangement von Lehr-Lernprozessen berücksichtigt werden. Weiterhin zeigt die Diskussion um die Ganztagsschule, dass Schule immer mehr zum Lebensraum werden kann. Findet die meiste Zeit des Tages an der Schule statt, dann muss dies die Planung ebenfalls berücksichtigen.

Ein weiteres kontextuelles Spezifikum ist der Religionsunterricht selbst. Er ist in den meisten Bundesländern ordentliches Lehrfach an öffentlichen Schulen, der „in Übereinstimmung mit den Grundsätzen der Religionsgemeinschaft" (Art. 7.3 GG) erteilt wird. Diese staatskirchenrechtliche Grundlegung des Religionsunterrichts beruht auf der Zusammenarbeit zwischen Staat und Kirche beim Religionsunterricht als „gemeinsamer Angelegenheit" (res mixta). Der Religionsunterricht ist daher fest im Fächerkanon der Schulen verankert, bleibt aber an die jeweiligen Religionsgemeinschaft rückgebunden. Ausnahme davon ist die sog. „Bremer Klausel" (Art. 141 GG), die landesrechtliche Abweichungen zulässt, sofern am 1.1.1949 andere landesrechtliche Regelungen Bestand hatten. Aufgrund des föderal gegliederten Bildungssystems in Deutschland müssen weiterhin landesrechtliche Vorgaben zur Beschreibung des weltanschaulichen Charakters des Schulwesens berücksichtigt werden. In der „Verfassung des Freistaates Bayern" z.B. wird als oberstes Bildungsziel die „Ehrfurcht vor Gott" (Art. 131 BayVerf) genannt und die Schülerinnen und Schüler werden „nach den Grundsätzen der christlichen Bekenntnisse unterrichtet und erzogen" (Art. 135 BayVerf). Weiterhin gilt z.T. ein Konkordat zwischen dem Heiligen Stuhl und Ländern, das grundlegende Regelungen enthält. Konkretisiert werden die Umsetzungen des rechtlichen Rahmens des Religionsunterrichts in den jeweiligen Bildungs- und Erziehungsgesetzen sowie Schulordnungen und Rahmenplänen der Länder (siehe auch Kalbheim/Ziebertz 2010).

Neben den rechtlichen Grundlagen hat der Religionsunterricht natürlich auch theologische, anthropologische, kulturelle, pädagogische, didaktische und schulorganisatorische Begründungen, die alle dessen Legitimation und bildungstheoretische Funktion in der Institution Schule beschreiben (Putz 1999; Kalbheim/Ziebertz 2010). Der Religionsunterricht ist daher ein unverzichtbarer Bestandteil im Fächerkanon der öffentlichen Schulen.

Die Folge der rechtlichen und bildungstheoretischen Begründung des Religionsunterrichts für das Planungshandeln ist, dass diese Bereiche im Religionsunterricht immer berücksichtigt werden müssen. Aufgrund dieser institutionellen Verortung ist der Religionsunterricht ordentliches Lehrfach wie jedes andere Fach auch und daher kein Exotenfach. Dies bedeutet, dass Inhalte auch so geplant werden müssen, dass sie zu diesem Ort Schule passen.

1.5 Um religiöse Bildung zu ermöglichen

Religiöse Bildung
Was ist das Ziel der Professionalität von Religionslehrerinnen und Religionslehrern? Es ist die Ermöglichung religiöser Bildung bei Schülerinnen und Schülern. Der komplexe Begriff der Bildung (Kunstmann 2002) kann natürlich auch durch Kompetenzen und Qualifikationen ergänzt werden - gleichwohl wird jenseits der Begrifflichkeit etwas angesprochen, was andere Fächer nicht leisten. Der Religionsunterricht soll dazu befähigen, die „religiöse Dimension der Wirklichkeit" zu erschließen. Dieser Bereich ist dem Religionsunterricht eigen und macht sein professionelles Alleinstellungsmerkmal aus. Dieses Ziel darf bei allen Reformbemühungen nicht aus den Augen verloren werden und bildet den Kern professionellen Handelns und professioneller Planung.

Der Begriff „religiöse Bildung" kann durch unterschiedliche Aufgabenbereiche operationalisiert werden (vgl. DBK 2005, 18):

- „der Vermittlung von strukturiertem und lebensbedeutsamem Grundwissen über den Glauben der Kirche,
- dem Vertrautmachen mit Formen gelebten Glaubens und
- der Förderung religiöser Dialog- und Urteilsfähigkeit."

Die Evangelische Kirche kommt hier zu ähnlichen Bereichen religiöser Bildung (EKD 2006, 3; vgl. auch Heil 2008):

- „eigene Verwurzelung und Identität,
- religiöse Urteilsfähigkeit,
- Sinnfindung,
- Orientierung in der Welt,
- Verständigungsfähigkeit und Toleranz".

An beiden Übersichten wird deutlich, dass der Religionsunterricht ein eigenes professionelles Feld bearbeitet, das andere Fächer so nicht im Blick haben.

Neben den inhaltlichen Kernpunkten religiöser Bildung sind formale Bereiche „Kenntnisse, Fähigkeiten und Haltungen" (DBK 2004, 9). Religionsunterricht versteht sich im Sinne Pestalozzis als Unterricht mit „Kopf, Herz und Hand" und ist daher per se ganzheitlich angelegt. Die didaktische Konkretisierung innerhalb der Sequenzplanung mit den vier didaktischen Schwerpunkten (Wissen, Können, Produktiv Denken und Gestalten, Werteorientierung) trägt dem Rechnung. Religiöse Bildung ist daher umfassend angelegt.

Bildungsstandards für den RU

Diese allgemeinen Schwerpunkte religiöser Bildung werden im Anschluss an die PISA-Studien durch Bildungsstandards auch für den Religionsunterricht - wenn auch (noch) nicht auf KMK-Ebene - konkretisiert (Sajak 2007). Zur Erinnerung: „PISA untersucht, inwieweit Schülerinnen und Schüler gegen Ende ihrer Pflichtschulzeit, also im Alter von durchschnittlich fünfzehn Jahren, über grundlegende Kompetenzen verfügen" (Jude/Klieme 2010, 13). Die PISA-Studie (Programme for International Student Assessment) ist also eine empirische Vergleichsstudie, die Kompetenzen aus den Bereichen Lesekompetenz, Mathematik und Naturwissenschaften misst - aufgrund der Ergebnisse der Studie wurden in Deutschland Bildungsstandards von der Kultusministerkonferenz eingeführt, und zwar für die Fächer Deutsch, Mathematik, Fremdsprache, Naturwissenschaften. Für das Fach Evangelische Religion sind Bildungsstandards von der EKD, für das Fach Katholische Religionslehre von der Deutschen Bischofskonferenz eingeführt. Um sich darüber ein genaueres Bild zu machen, was Bildungsstandards eigentlich sind, kann die Konzeption von Bildungsstandards nach folgendem Muster veranschaulicht werden (Heil/Ziebertz 2005d):

Abb. 11 Konzeption von Bildungsstandards

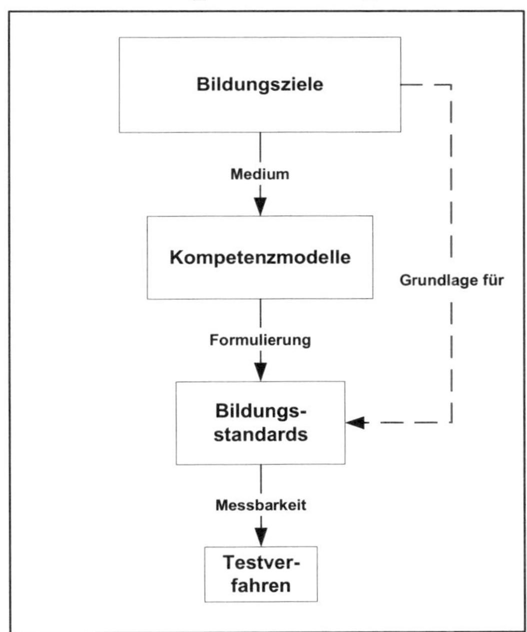

Das Modell gliedert sich in vier Bereiche:

1. Am Beginn der Konzeption stehen allgemein formulierte Bildungsziele. Sie umfassen das, was die Schule vermitteln soll, wie es z.B. auf der Lehrplanebene 1 vorkommt. Die Bildungsziele sind möglichst allgemein gehalten, auch für das jeweilige Fach. Die Zielformulierungen der beiden christlichen Kirchen wurden oben aufgeführt.
2. Um diese Ziele genauer fassen zu können, werden als Medium bereichsspezifische Kompetenzmodelle dazwischengeschaltet. Diese Modelle konkretisieren die Ziele für das jeweilige Fach durch Formulierung für das Fach prägende Kompetenzen, ähnlich der Lehrplanebene 2. Kompetenzmodelle können sein: Kompetenzstrukturmodelle (grundlegende Kompetenzen in einem Fach), Kompetenzstufenmodelle (skalierte Niveaustufen der einzelnen Kompetenzen) oder Kompetenzentwicklungsmodelle (prozessorientierte Aneignung der Kompetenzen). Je nach Komplexität können alle Kompetenzmodelle in ihrem Zusammenhang oder nur eines berücksichtigt werden.
3. Um die Kompetenzmodelle weiter spezifizieren zu können, werden Bildungsstandards formuliert. Bildungsstandards beschreiben „Kompetenzanforderungen“ (BMBF 2003, 21) an Schülerinnen und Schüler und setzen damit die Kompetenzmodelle in Aussagesätze um. Die Grundlage hierfür sind letztlich die Bildungsziele, vermittelt durch Kompetenzmodelle. Bildungsstandards sind also nicht losgelöst von Bildungszielen zu betrachten.
4. Die Messbarkeit von Bildungsstandards soll gesichert werden durch Testverfahren. Die Testverfahren müssen so angelegt sein, dass sie in einer größeren Stichprobe miteinander vergleichbar sind. Es können qualitative und quantitative Verfahren eingesetzt werden.

Das Konzept verläuft vom Allgemeinen (Bildungsziele) zum Besonderen (Testverfahren). Zwischen beiden Variablen gibt es keine direkte Verbindung. Allgemeine Ziele werden durch Kompetenzmodelle und Bildungsstandards „gefiltert“, um sie für Testverfahren aufzubereiten.

Hinter diesem Modell steht die in der empirischen Sozialwissenschaft bekannte Unterscheidung von Konzeptualisierung und Operationalisierung. Konzeptualisierung bedeutet, ein allgemeines Strukturkonzept zu entwickeln, das theoretischer Art ist (hier Bildungsziele und Kompetenzmodelle). Die Operationalisierung setzt dieses Konzept zur empirischen Erforschbarkeit um (hier Bildungsstandards und Testverfahren). Wichtig hierbei ist die Passgenauigkeit von Konzeptualisierung und Operationalisierung; Die Testverfahren müssen zu den anfänglichen Zielen passen, sonst sind sie losgelöst davon und messen etwas anderes, als sie eigentlich sollen.

Auch die Bildungsstandards für den Religionsunterricht funktionieren nach diesem Modell. Die allgemeinen Bildungsziele werden im Kompetenzmodelle gefasst, die wiederum Grundlage für die Formulierung von

Bildungsstandards sind. Die Bildungsstandards sind als inhaltliche Kompetenzstandards formuliert, d.h. sie sind nicht abstrakt, sondern konkret auf die Inhalte des Religionsunterrichts bezogen und als Kompetenzen in drei Stufen taxonomisiert („reproduzieren - Zusammenhänge herstellen - beurteilen und reflektieren"). Diese Bildungsstandards sind hauptsächlich, aber im Unterschied zu Bildungsstandards der KMK nicht ausschließlich (DBK 2004, 13; DBK 2006; EKD 2010; EKD 2011) im Schwerpunkt Wissen angesiedelt (vgl. auch BMBF 2003).

Die Bildungsstandards für den Katholischen Religionsunterricht werden hier beispielhaft herangezogen. Sie fußen auf zwei unterschiedlichen Kompetenzstrukturmodellen für die Primar- und die Sekundarstufe, die an sechs nahezu gleichen theologischen Kompetenzbereichen in Bildungsstandards auf der Folie von Kompetenzstufenmodellen („reproduzieren - Zusammenhänge herstellen - beurteilen und reflektieren" DBK 2004, 17) in zweierlei Weise umgesetzt werden: „Die inhaltsbezogenen Kernkompetenzen" sind der Ebene zwei und drei zugeordnet, die „Konkretisierungen" beziehen sich auf die drei Bereiche des Stufenmodells.

Ein Beispiel aus den kirchlichen Richtlinien für die Sekundarstufe I aus dem Gegenstandsbereich „Die Frage nach Gott":

- Inhaltsbezogene Kernkompetenz: „Die Schülerinnen und Schüler können zu alltäglichen Gottesvorstellungen Stellung nehmen";
- Konkretisierung: „Die Schülerinnen und Schüler erläutern und beurteilen gängige Gottesbilder (z.B. Gott als Mann, Gott als Alleskönner) und die dazu gehörigen Attribute (`gut´, `lieb´, `allmächtig´); zeigen an Beispielen, dass Gottesbilder sich aufgrund von Erfahrungen verändern können; wissen, dass jede menschliche Rede von Gott analog zu verstehen ist." (DBK 2004, 20).

Die Gesamtheit der Bildungsstandards für die Primarstufe und die Sekundarstufe lässt sich in folgender Übersicht veranschaulichen:

Abb. 12 Bildungsstandards Primarstufe und Sekundarstufe

Gegenstandsbereich Primarstufe	Kernkompetenzen (Anzahl)	Konkretisierungen (Anzahl)
Mensch und Welt	3	10
Die Frage nach Gott	4	12
Biblische Botschaft	4	15
Jesus Christus	5	18
Kirche und Gemeinde	4	16
Andere Religionen	2	6
Summe	22	77

Gegenstandsbereich Sekundarstufe	Kernkompetenzen (Anzahl)	Konkretisierungen (Anzahl)
Mensch und Welt	5	19
Die Frage nach Gott	5	15
Bibel und Tradition	4	16
Jesus Christus	4	19
Kirche	4	23
Religionen und Weltanschauungen	4	17
Summe	26	109

Die Übersicht zeigt: Die Bildungsstandards für den Religionsunterricht als inhaltliche Kompetenzstandards intendieren, taxonomisierte Kompetenzformulierungen und inhaltliche Konkretisierungen zu verbinden. Sie sind damit konkreter als allgemeine Kompetenzanforderungen für religiöse Bildung wie z.B. „religiös sprachfähig werden" oder „religiöse Urteile fällen können". Die folgende Grafik zeigt den Unterschied zu anderen Formulierungsmöglichkeiten auf:

Abb. 13 Typologie von Bildungsstandards

		Outcome	
		standardisiert	nicht standardisiert
Input	vorgegeben	inhaltliche Kompetenzstandards	Inhaltsstandards
	nicht vorgegeben	formale Kompetenzstandards	keine Standards

Eine Typologie setzt sich zusammen aus zwei (oder mehreren) Vergleichsdimensionen. Die hier gewählten Vergleichsdimensionen sind aus der Diskussion um Bildungsstandards entnommen und sind Input und Outcome (Klieme 2003). Input kann vorgegeben oder nicht vorgegeben sein, Outcome kann standardisiert oder nicht standardisiert werden. Anhand dieser Typologie entstehen vier Typen (vgl. dazu Heil/Ziebertz 2005d):

- Inhaltliche Kompetenzstandards setzen sich zusammen aus vorgegebenem Input und standardisiertem Outcome. Input und Outcome sind aufeinander bezogen - mit vorgegebenen Inhalten werden dazu adäquate Kompetenzen angezielt, die vergleichbar sein müssen.
- Inhaltsstandards bestehen aus vorgegebenem Input und nicht standardisiertem Outcome. Darunter fallen die klassischen Lehrpläne, die bestimmte Inhalte vorgeben, aber die dazu adäquaten Kompetenzen nicht ausdrücklich benennen.

- Formale Kompetenzstandards zeichnen sich aus durch nicht vorgegebenen Input und standardisierten Outcome. Im Unterschied zu inhaltsbezogenen Kompetenzstandards werden hier formale Kompetenzen ohne inhaltliche Vorgaben angezielt.
- Keine Standards setzen sich zusammen aus nicht vorgegebenem Input und nicht standardisiertem Outcome. Dieser Typ ist gekennzeichnet durch fehlende inhaltliche und kompetenzorientierte Vorgaben. Dies ist theoretisch denkbar, ergibt jedoch praktisch wenig Sinn.

Wie aus der Übersicht deutlich wird, sind inhaltliche Kompetenzstandards konkreter als andere Typen von Bildungsstandards. Die Bildungs- und Lehrpläne müssen sich entscheiden, zu welcher Form von Bildungsstandards sie tendieren.

Merkmale eines kompetenzorientierten RU

Nach der Einführung und Konzeptualisierung der Bildungsstandards folgt als nächster Schritt die Umsetzung im Unterricht. Klieme u.a. konstatieren, „dass Bildungsstandards und andere Instrumente zentraler Steuerung letztlich der Qualität des Unterrichts dienen müssen“ (Klieme u.a. 2010, 289). Für diesen Schritt haben sich die Stichwörter „Kompetenzorientierung des Unterrichts“ oder „kompetenzorientiert unterrichten“ durchgesetzt (z.B. Michalke-Leicht 2011; Pfeufer 2011; Ziener 2008). Mit der Einführung von Bildungsstandards einher geht demnach die Kompetenzorientierung in den einzelnen Unterrichtsfächern, auch im Religionsunterricht. Der Begriff „Kompetenz“ wurde oben bereits innerhalb der Professionstheorie geklärt. Was meint nun Kompetenzorientierung?

Kompetenzorientierung bedeutet, fachspezifische (professionstheoretisch gesprochen domänenspezifische) Kompetenzmodelle im Unterricht umzusetzen und die erworbenen Kompetenzen der Schülerinnen und Schüler anhand dazu passender Aufgaben zu evaluieren. Mindestens vier Merkmale sind nach dieser Definition für einen kompetenzorientierten Unterricht besonders prägend: die Entwicklung von Kompetenzstrukturmodellen (als bestimmte Kompetenzmodelle) für das jeweilige Fach, die Operationalisierung der einzelnen Kompetenzen des Kompetenzstrukturmodells, die Ausrichtung des Unterrichts an den einzelnen Kompetenzen aus dem Kompetenzstrukturmodell sowie die Entwicklung von genau dazu passenden Aufgabentypen, um die erreichten Kompetenzen messen zu können (wobei das Verb „messen“ in einem umfassenden Sinn verstanden wird). Diese vier Merkmale strukturieren einen kompetenzorientierten Unterricht und sollen im Folgenden kurz betrachtet werden.

Orientierung an Kompetenzstrukturmodellen

Das erste Merkmal ist die Entwicklung von Kompetenzstrukturmodellen (siehe Grafik „Konzeption von Bildungsstandards“) als Aufgabe des jeweiligen Fachs. Kompetenzstrukturmodelle beschreiben Kompetenzen, die in einem jeweiligen Fach wie Deutsch, Mathematik oder Religion vermittelt werden sollen und können. Hierzu existieren je nach Fach ganz unterschiedliche Ansätze - und auch in einem Fach selbst können diese Ansätze divergieren. Generell lassen sich zwei Formen von Kompetenzstrukturmodellen unterscheiden: Zum einen Modelle, die die gesamte Bildungsleistung eines Fachs abdecken. Dazu zählen kognitive, affektive, psychomotorische und z.T. auch soziale Kompetenzen. Das Kompetenzstrukturmodell setzt sich aus diesen umfassenden Kompetenzen zusammen, wobei wie gesagt prinzipiell alle Bereiche später messbar sein müssen.

Zum anderen Modelle, die nur einen Teilbereich des Bildungsangebots eines Faches abdecken. Die Kompetenzstrukturmodelle sind dann hauptsächlich auf kognitive Kompetenzen beschränkt, andere Kompetenzen kommen in dieser Form des Kompetenzstrukturmodells nicht oder nur am Rande vor, gleichwohl gehören sie jedoch zur Bandbreite der Bildung in einem Fach.

Ohne hier ins Detail gehen zu wollen, gibt es auch für den Religionsunterricht unterschiedliche Kompetenzstrukturmodelle, die entweder das gesamte Fach abbilden oder sich auf kognitive Kompetenzen beschränken (zur Übersicht Obst 2008; DBK 2011; EKD 2008). Wie das obige Modell zur „Konzeption von Bildungsstandards" gezeigt hat, stehen die Kompetenzstrukturmodelle aber nicht isoliert, sondern sind in einer Reihe zu sehen mit allgemeinen Bildungszielen bis hin zu Testverfahren. Die Frage, welche Kompetenzen überhaupt grundgelegt werden sollen, wird dadurch bestimmt - durch die bildungstheoretische Ausrichtung des Fachs, aber auch durch die Messbarkeit der Kompetenzen.

Operationalisierung der einzelnen Kompetenzen

Das zweite Merkmal ist die Operationalisierung der einzelnen Kompetenzen aus dem Kompetenzstrukturmodell in Form von Aussagesätzen, die sich auf die Kompetenzen beziehen und diese erklären. Besteht das Kompetenzstrukturmodell in der Regel aus eher allgemein formulierten Sätzen, so werden hier konkretere Sätze formuliert, die die einzelnen Kompetenzen beschreiben. Dies ist im KMK-Modell die Aufgabe der Bildungsstandards - wie oben beschrieben, muss aber auch hier unterschieden werden, welche Form der Bildungsstandards gewählt wird - inhaltliche Kompetenzstandards, Inhaltsstandards oder formale Kompetenzstandards.

Die Operationalisierung muss aber nicht notwendig in Bildungsstandards münden, sondern kann die einzelnen Kompetenzen aus dem Kompetenzstrukturmodell auch so entfalten. Wichtig dabei ist, dass die Konkretisierungen tatsächlich die einzelnen Kompetenzen erklären und für ein späteres Testverfahren messbar machen lassen.

Didaktische Ausrichtung des RU

Das dritte Merkmal ist die didaktische Ausrichtung des Unterrichts auf die Kompetenzstrukturmodelle hin. Hat sich ein Modell durchgesetzt, dann muss ein kompetenzorientierter Unterricht daraufhin konzipiert sein. Zuerst einige formale Unterscheidungen: Die didaktische Ausrichtung ist davon abhängig, welches Kompetenzstrukturmodell gewählt worden ist. Wird ein Modell gewählt, das alle Kompetenzen in einem Fach abbildet, dann muss auch der Unterricht daraufhin ausgerichtet sein, alle Kompetenzen messbar werden zu lassen. Wird jedoch ein Modell gewählt, das nur kognitive Kompetenzen enthält, dann wird ein Teil des Unterrichts daraufhin ausgerichtet - der andere Teil ist dann nicht dezidiert kompetenzorientiert und umfasst Bereiche der Bildungsziele, die nicht unter das Modell fallen.

Weiterhin ist zu berücksichtigen, wie viele Kompetenzen das Kompetenzstrukturmodell enthält. Auch daran orientiert sich die Ausrichtung des Unterrichts. Besteht das Kompetenzstrukturmodell z.B. aus fünf Kompetenzen, dann bekommt die Sequenzplanung und das stundenübergreifende Lernen eine zentrale Funktion, zielen dann die Einzelstunden in der Summe auf die zu erwerbende Kompetenz. Werden jedoch im Kompetenzstrukturmodell eine Vielzahl an Kompetenzen grundgelegt, dann zielt die Einzelstunde auf bestimmte Kompetenzen ab - bei einem Durchschnitt von 38 Wochen Fachunterricht und zwei Stunden wären das 76 Stunden RU, die auf die einzelnen Kompetenzen verteilt werden können. Die Gestaltung des Unterrichts hängt also auch von der Zahl der formulierten Kompetenzen ab.

Ein kompetenzorientierter Unterricht folgt inhaltlich bestimmten Gütekriterien. Michalke-Leicht spricht hier von einem „didaktischen Perspektivenwechsel“ (Michalke-Leicht 2011, 10). Diese sind in der religionspädagogischen Diskussion unterschiedlich benannt und rekonstruiert worden und sollen an dieser Stelle nicht einzeln miteinander verglichen werden. (zur Vertiefung vgl. Obst 2008; Feindt u.a. 2009; Michalke-Leicht 2011). Gemeinsam ist jedoch in den Ansätzen, dass der Selbstorganisation der Schülerinnen und Schüler (SuS) im Sinne eines eigenständigen Lernens eine zentrale Rolle beikommt: „Es stellen sich z.B. erstaunliche Konsequenzen ein, wenn Lehrerinnen und Lehrer nicht zuerst danach fragen, was sie selbst im Unterricht tun wollen oder müssen, sondern danach, was ihre Schülerinnen und Schüler im Unterricht tun sollen oder können, damit diese die von ihnen erwarteten Kompetenzen erwerben können“ (Michalke-Leicht 2011, 7). Entscheidend bei dieser Definition ist aber die Konjunktion „damit“ - der Unterricht verändert sich dahingehend, dass die Folgen, die Zielorientierung des Lehr-Lernprozesses stärker in den Blick genommen werden, ohne jedoch den Unterrichtsprozess zu vernachlässigen.

Anwendungsorientierte Aufgabentypen
Das vierte Merkmal eines kompetenzorientierten Unterrichts schließlich ist - wie auch bei der Einführung der Bildungsstandards - die Entwicklung von Aufgabentypen, die die jeweilige erworbene Kompetenz tatsächlich messen. Ohne diese Evaluation bleibt der kompetenzorientierte Unterricht nur Behauptung. Neu an der Kompetenzorientierung ist der Fokus auf bestimmte Aufgabentypen auf der Grundlage bestimmter Kompetenzstrukturmodelle in den einzelnen Fächern, die das erworbene Wissen in „Anwendungssituationen" (Eyrainer 2012, 37) transformieren. Der Entwicklung von geeigneten Aufgabentypen im jeweiligen (z.B. Hildebrand-Mallitsch 2012) kommt eine zentrale Bedeutung zu, um Wissen zu transformieren.

Die vier Merkmale prägen einen kompetenzorientierten Unterricht. Die griffige Formel hierfür ist „vom Input zum Outcome". Doch diese scheinbare Umorientierung greift für einen komplexen Prozess Lernen in der Institution Schule zu kurz. Denn ein Outcome ohne didaktisch aufbereiteten Input ist nicht möglich, werden doch auch formale Kompetenzen immer an Inhalten erworben (Heil/Ziebertz 2005d, Sajak 2011, 42) - und ein Outcome war auch im bisherigen Schulsystem zweifelsohne vorhanden. Die Formel lenkt vielmehr den Blick auf zwei Formen des kompetenzorientierten Unterrichts: Orientierung an Bildungsstandards (wofür die Formel griffig wäre) sowie Orientierung an der Unterrichtsentwicklung. Damit steht die Formel für eine bestimmte Form des kompetenzorientierten Unterrichts, was im Folgenden deutlich wird:

Kompetenzorientiert unterrichten I: Orientierung an Bildungsstandards
Das erste Modell des kompetenzorientierten Unterrichtens ist an der Konzeption der Bildungsstandards ausgerichtet. Es sollen vergleichbare, standardisierte Kompetenzen in einem bestimmten Zeitraum grundgelegt werden, und zwar übergreifend für eine größere Population. Im Hintergrund stehen inhaltsbezogene Kompetenzstandards. Sie werden sich eher an der Konzeption der Bildungsstandards orientieren, da es hier um vergleichbare Kompetenzen geht. Diese Kompetenzen können prinzipiell in Testverfahren überprüft werden. Sind die Bildungsstandards hauptsächlich eingeführt worden, um sog. Bildungsmonitoring, d.h. vergleichende Studien zu ermöglichen, dann können auch die Bildungsstandards für den Religionsunterricht als diagnostisches Element dienen. Es kann z.B. durch standardisierte Testverfahren herausgefunden werden, ob Standards in bestimmten Regionen erreicht oder nicht erreicht werden können. Im Zuge der Bildungsstandards hin zu einem kompetenzorientierten Unterricht wird häufig übersehen, dass Bildungsstandards - wie der Name „Standard" schon suggeriert - der Vergleichbarkeit einer größeren Stichprobe dienen. Kompetenzorientiert unterrichten heißt dann nicht nur, innerhalb der Lerngruppe die einzelnen Schülerinnen und Schüler im Blick zu haben, sondern sie auch mit anderen Lern-

gruppen zu vergleichen. Dazu notwendig sind die Entwicklung von Messinstrumenten wie etwa ein „Religionsunterricht-PISA“ für den Religionsunterricht, die die Kompetenzen einer größeren Stichprobe übergreifend messen. Daneben müssen aber auch Instrumente entwickelt werden, die über Monitoringstudien hinausgehen und der Eigenart des Fachs gerecht werden wie z.B. simulierte Praxissituationen (Urteils- und Dialogfähigkeit), Portfolio oder Interviews (Identitätsbildung). Diese Testverfahren sind aber noch in der Entwicklung.

Kompetenzorientiert unterrichten II: Orientierung an der Unterrichtsentwicklung

Das zweite Modell ist die Orientierung an der Unterrichtsentwicklung losgelöst von Bildungsstandards. Unterrichtsentwicklung meint die Orientierung an den einzelnen Schülerinnen und Schülern im Sinne eines differenzierten und selbstorganisierten Lernens. Es handelt sich bei der Kompetenzorientierung in diesem Modell um eine veränderte Blickrichtung auf den Unterricht wie oben unter Merkmal drei beschrieben. Die Kompetenzorientierung dient daher nicht wie im ersten Modell der Vergleichbarkeit, sondern der Prozesshaftigkeit des Unterrichts, ohne jedoch das Ziel aus den Augen zu verlieren. Kompetenzorientierung will dadurch verstärkt die Lernprozesse der einzelnen SuS in den Blick bekommen, d.h. die Fragen, warum und wie eine bestimmte Kompetenz erreicht worden ist oder warum und wie nicht. Dadurch können differenzierte Lernwege hin zu Kompetenzen rekonstruiert und das didaktische Handeln kann danach ausgerichtet werden.

Fazit

Kompetenzorientierung ist nicht gleich Kompetenzorientierung. In den vorgeschlagenen vier Merkmalen eines kompetenzorientierten RU stecken Entscheidungen, die jeweils getroffen und begründet werden müssen. Durch diese Wahl können ganz unterschiedliche Formen des RU entstehen, die mit dem gleichen Label der Kompetenzorientierung versehen sind. Die folgenden Ausführungen sollten dazu dienen, unterscheiden zu helfen, in welche Richtung der RU gehen soll. Es hängt von den Entscheidungen für das eine oder andere Modell oder auch einer Synthese ab, wie sich der Religionsunterricht in Zukunft entwickelt. Für das hier vorgestellte Thema der professionellen Unterrichtsplanung ist die Aufnahme von Kompetenzen in den Planungsprozess jedoch unabdingbar.

1.6 Zusammenfassung

Der Ausgangspunkt der Überlegungen ist die Definition von Planungshandeln auf der Grundlage des Korrelationsprinzips. Danach ist korrelative Planung der professionelle Entwurf von Lehr-Lernprozessen hinsichtlich der zeichenvermittelten Beziehung von christlicher Tradition und Lebenswelt der Schülerinnen und Schüler für den schulischen Religionsunterricht, um religiöse Bildung zu ermöglichen. Was damit genauer gemeint ist, wurde im theoretischen Konzept beschrieben. An einem Beispiel aus dem Schulalltag kann gezeigt werden, um was es einer korrelativen Planung geht:

Frau Schneider unterrichtet Katholische Religion an einem Gymnasium. Sie hat heute drei sechste Klassen, die 6a, 6b und 6c. In allen Klassen ist das Thema „Mose empfängt die Zehn Gebote" innerhalb der Sequenz „Befreiung und Rettung". Frau Schneider hat kurz überlegt, aus ökonomischen Gründen die gleiche Stunde in allen Klassen zu halten; da die Klassen jedoch zu unterschiedlich sind, bleibt sie zwar beim gleichen zu erarbeitenden Text (Ex 20), wählt zum Einstieg unterschiedliche Modi der Korrelation. Da die Klasse 6a auf visuelle Elemente reagiert, zeigt sie in der 6a einen Ausschnitt aus dem Film „Der Prinz von Ägypten" - alternativ plant sie eine Bildbetrachtung mit dem berühmten Chagall-Bild, falls kein Fernseher vorhanden sein sollte; in der 6b lässt Frau Schneider in einem Rollenspiel eine Szene aus der Klasse nachspielen, in der es um das Lügen geht, da in dieser Klasse gegenseitiges Anlügen häufig vorkommt. Durch diesen Weg will Frau Schneider dann auf die Erarbeitung der Zehn Gebote und v.a. des achten Gebots kommen. In der kreativen Klasse 6c beginnt Frau Schneider mit einem stummen Schreibgespräch zum Thema Abraham, die Schülerinnen und Schüler sollen ihre Bedeutungen zu den Zehn Geboten ausdrücken, danach kommt sie auf die Zehn Gebote zu sprechen.

Was hat Frau Schneider gemacht? Sie hat unterschiedliche Modi der Planung vorgenommen: die erste Planung ist deduktiv, die zweite induktiv, die dritte abduktiv.

Was bedeutet diese kurze stilisierte Szene, wie sie jeden Tag in der Schule vorkommt, für eine professionelle korrelative Planung? Frau Schneider hat versucht, die christliche Tradition auf der einen (Zehn Gebote) sowie die Lebenswelt der Schülerinnen und Schüler (Film, Bild, Rollenspiel, Schreibgespräch) auf der anderen in Beziehung zu bringen, und zwar mit didaktisch-methodischen Mitteln im schulischen Kontext. Dabei spielt vor allem die Verwendung von Zeichen eine Rolle. Je nachdem, welche Zeichen - hier Film, Bild, Spiel, Blatt - in einer bestimmten Situation verwendet werden, entscheidet sich der Erfolg dieser Beziehung.. Hätte Frau Schneider das Schreibgespräch in der 6b eingesetzt, wäre wohl nicht viel herausgekommen, d.h. christliche Bildung wäre nicht möglich gewesen. Frau Schneider hat also die triadische Beziehung von Zeichen, Lebenswelt und Tradition professionell geplant und dann auch durchgeführt, wodurch sie Einiges an Problemen vermieden hat.

Die folgenden Überlegungen dienen dazu, dies näher für die Planung des Religionsunterrichts zu konkretisieren. Dabei wird von gängigen Instrumenten der Planung ausgegangen, die dann aber auf ihre korrelative Planungsstruktur hin untersucht und vorgestellt werden.

2. Alltagsprobleme: Beispiele und Fälle

2.1 Unterrichtsverlaufsplan

Die Planung der einzelnen Unterrichtsstunde bildet das Zentrum des Lehrerhandelns. Die tägliche systematische oder intuitive, beiläufige oder zeitaufwendige Vorbereitung - die Zugänge hierzu sind je nach professionellem Habitus unterschiedlich - zählt zu den Kernaufgaben von Religionslehrerinnen und Religionslehrern. An der Planung der Unterrichtsstunde wird die korrelative Didaktik als Korrelation von Lebenswelt und lehrplanmäßigem Inhalt mittels adäquater Zeichen konkret. Im Folgenden wird ein Konzept zur Planung einer Stunde anhand eines Verlaufsplans vorgestellt.

Religionsunterrichtsstunde und Unterrichtsverlaufsplan
Die Unterrichtsstunde ist ein zeitliche begrenzte Einheit innerhalb des Systems Schule, in dem Lehrerinnen und Schüler an einem lehrplangemäßen Thema arbeiten. Die Einzelstunde und ihre Planung nehmen die meiste Zeit im professionellen Handeln von Religionslehrerinnen und Religionslehrern ein. Diese Stunde ist eingebettet in die Jahres- und Sequenzplanung; die tägliche Arbeit von Religionslehrerinnen und Religionslehrern vollzieht sich jedoch innerhalb eines bestimmten Stundentaktes - meist sind es 45 Minuten.

Da es sich hier immer um Menschen handelt, ist die Unterrichtsstunde ein komplexes Geschehen, die nur begrenzt planbar ist. Gleichwohl haben sich Strukturen der Unterrichtsstunde herausgebildet, die in unterschiedliche didaktische Entwürfe eingegangen sind.

Ein Entwurf für einen Unterrichtsverlaufsplan wird im Folgenden vorgestellt. Er bezieht sich auf die Einzelstunde, kann aber auch in dreifacher Form für Doppelstunden verwendet werden: als verlängerte Einzelstunde, als zwei aufeinander folgende Einzelstunden oder als Mischform der Phasen (z.B. zwei Erarbeitungsphasen). Grundsätzlich ist hier aber die Einzelstunde im Blick. Dabei wird auch der energetischen Struktur der Einzelstunde Rechnung getragen (Schmid 2012).

Unterrichtsverlaufsplan
Seit der sog. Berliner Didaktik hat sich ein Unterrichtsverlaufsplan in übersichtlicher Form zum festen und übersichtlichen Bestandteil der Planung einer Unterrichtsstunde entwickelt. Hier wird folgender Plan verwendet, an dem die korrelative didaktische Struktur einer Stunde deutlich wird:

Abb. 14 Unterrichtsverlaufsplan einer Unterrichtsstunde

Statistische Angaben

Klasse: Datum/Uhrzeit: Lehrplanbezug/Stundenthema:	Logo der Institution

Geplanter Lernzuwachs (Kompetenzen)

Bildungsstandard (Kompetenz): Hinweis auf den Bildungsstandard		
Stundenziel: Formulierung eines zentralen Ziels		
Didaktische(r) Schwerpunkt(e): Wissen - Können - Produktiv Denken und Gestalten - Werteorientierung		
Teilziele (TZ)		
kognitiv	affektiv	psychomotorisch
Nummerierung (1-5) aus dem jeweiligen Bereich, ca. 4-5 TZ		

Unterrichtsverlaufsplan

Zeit	TZ	Phase	Inhalt (Interaktion)		Sozial-formen	Medien
8.00		Beginn	Lehrerimpulse an Schnittstellen der Phasen wörtlich formulieren	erwartete Schüleraktionen paraphrasieren	LSG, EA, PA, GA, LV, LE u.a.	OHP, DVD, AB, CD, Beamer u.a.
8.03	1	Aufmerksamkeit				
8.10	2	Themenkonstitution				
8.13	3	Erarbeitung Begegnung Kenntnis/ Sensibilisierung Verständnis/ Internalisierung (Bewertung) Zusammenfassung				
8.27		Sicherung				
8.32	4	Transfer/ Anwendung				
8.43		Beendigung				

Die einzelnen Elemente des Unterrichtsverlaufsplans bedeuten Folgendes:

Statistische Angaben
Um eine Übersicht über den Kontext zu erhalten, werden statistische Angaben gemacht wie z.B. der Klassenname 6a, Datum und Uhrzeit der Einzelstunde, der Bezug zum Lehrplan (z.B. 6.1) sowie das konkrete Stundenthema (Die Zehn Gebote). Diese Angaben dienen dazu, eine erste Orientierung und kontextuelle Einbettung der Stunde zu gewährleisten.

Geplanter Lernzuwachs (Kompetenzen)

Bildungsstandard (Kompetenz)
Diese Angabe rekurriert auf Bildungsstandards für den RU. Da ein Bildungsstandard auf Kompetenzen fußt, erfordert der angezielte Standard einen längeren Lernprozess und kann mit einer Stunde nicht erreicht werden - sonst wäre es keine Kompetenz im eigentlichen Wortsinn. Es soll aber deutlich werden, dass die Stunde einen Beitrag zur Realisierung des Bildungsstandards leisten soll und damit kompetenzorientiert ist.

Stundenziel
Diese Spalte enthält das zentrale Stundenziel, das in dieser Stunde erreicht werden sollen. Ungeachtet der weiten Semantik des Kompetenzbegriffs wird der Begriff verwendet um anzuzeigen, dass in der Stunde ein bestimmter Lernzuwachs vorhanden sein muss. Genauer kann man dies so fassen: Kompetenz - Teilkompetenz - Qualifikation. Es steht in der Einzelstunde eine bestimmte Qualifikation im Vordergrund, in der Sequenz eine Kompetenz oder wenigstens eine Teilkompetenz.

Didaktischer Schwerpunkt:
Eine Stunde hat immer einen Schwerpunkt, auf den sie hinführt. Angelehnt an den Lehrplan für die Grundschule in Bayern haben sich vier didaktische Schwerpunkte herauskristallisiert, die sich auch auf die Lernzielebenen beziehen (Gandlau 2011):

- Wissen
- Können
- Produktiv Denken und Gestalten
- Werteorientierung.

Wissen hat den Schwerpunkt im kognitiven Bereich, Werteorientierung im affektiven, Können im psychomotorischen, Produktiv Denken und Gestalten ist eine Kombination von allen. Eine Stunde kann höchstens zwei Didaktische Schwerpunkte besitzen, alles andere würde dem Gedanken des Schwerpunktes widersprechen. Zwar können alle Lerndimensionen vorkommen (kognitiv, affektiv, psychomotorisch), jedoch im Dienste des

Schwerpunktes. Ein Schwerpunkt zeigt die Richtung an, in die es gehen soll - die Dimensionen und dann später die dazugehöre Umsetzung mit Inhalten, Medien und Sozialformen stehen im Dienste dieser Ausrichtung. Eine Stunde zu den Zehn Geboten z.B. kann in unterschiedlichen Schwerpunkten stattfinden. In einer Sequenz sollten möglichst alle Schwerpunkte mindestens einmal vorkommen. In der Unterrichtsstunde können die noch zu besprechenden Teilziele aus den Bereichen kognitiv, affektiv und psychomotorisch sinnvoll kombiniert werden im Hinblick auf den gewählten Didaktischen Schwerpunkt. Ist der Schwerpunkt z.B. Wissen, dann heißt das nicht, dass nur kognitive Teilziele verwendet werden sollen - im Gegenteil: Gerade die Kombination der Teilziele kann sinnvoll sein, um diesen Schwerpunkt auch zu realisieren, z.B. durch Aufnahme affektiver und/oder psychomotorischer Teilziele. Ein verbreitetes Missverständnis ist es, beim Schwerpunkt Wissen nur kognitive Elemente anzuwenden - die Stunde würde schnell langweilig werden. Jedoch stehen affektive oder psychomotorische Elemente im Dienste des Wissens, sonst würden sie einen anderen Schwerpunkt bilden und umgekehrt. Gleichwohl sollten die Teilziele aus einem Bereich - hier dem kognitiven im Schwerpunkt Wissen - überwiegen.

Teilziele

Der Begriff Teilziel drückt aus, dass in einer Unterrichtsstunde mehrere Ziele vorkommen, die zusammen das Stundenziel bilden. Teilziel wird gegenüber dem älteren Begriff des Feinziels bevorzugt, weil hier ausgedrückt wird, dass das Stundenziel - die Qualifikation - in bestimmten Teilschritten angegangen wird. Ein äquivalenter Begriff ist auch das „Phasenziel", da mit jeder neuen Phase eine bestimmte Teilqualifikation grundgelegt werden soll. Diese können aus den Bereichen kognitiv, affektiv und psychomotorisch stammen und werden - je nach Schwerpunkt - ausgewählt und angeordnet. Die Teilziele zielen in ihrer Summe auf das Stundenziel und den Schwerpunkt. Sie sollten aus mindestens zwei Dimensionen in einer Stunde stammen (kognitiv, affektiv oder psychomotorisch), um Abwechslung zu erzielen, jedoch den Schwerpunkt beachten. Dies schlägt sich auch in der Zahl nieder, z.B. beim Schwerpunkt Wissen durch vier kognitive und ein affektives Teilziel. Da es sich um Phasenziele handelt, sollte die Anzahl der Teilziele in einer Stunde vier oder fünf sein. Dabei muss ihre sinnvolle Abfolge in der Unterrichtsstunde berücksichtigt werden.

Bei den Teilzielen kann zwischen Prozess- und Produktzielen unterschieden werden. Prozessziele geben den Arbeitsverlauf an, den die Schülerinnen und Schüler vornehmen sollen, z.B. „SuS lesen den biblischen Text Ex 20 durch". Produktziele hingegen fragen nach dem Ergebnis, dem „Warum" des Prozesses, z.B. „SuS erkennen den Sinn der Zehn Gebote". Ein kompetenzorientierter Unterricht orientiert sich eher an Produktzielen, um das überprüfbare Ergebnis des Lernprozesses in den Blick zu bekommen.

Im Verlauf der Einzelstunde kommt die taxonomische Gliederung der Ziele zur Geltung. Taxonomisch bedeutet die sinnvolle Aufeinanderfolge der Ziele im Sinne eines notwendig aufeinander aufbauenden Lernens (von griech. taxis = Ordnung und nomos = Gesetz).

Kognitive Taxonomien bauen auf dem Modell von Bloom u.a. auf. Bloom unterscheidet sechs Ebenen kognitiver Leistungen: Wissen, Verstehen, Anwendung, Analyse, Synthese, Bewertung (vgl. dazu auch Nolting/Paulus 2004; Riegel 2010). Diese Sechserzahl der Taxonomien wird neuerdings im Rahmen von PISA als Kompetenzstufen in Bereichen Lesekompetenz, Mathematik und Naturwissenschaften verwendet (siehe Klieme u.a. 2010), z.T. mit einer immer kleinschrittigeren Verfeinerung wie im Bereich der Messung der Lesekompetenz (siehe Naumann u.a. 2010, 28). Nolting und Paulus argumentieren dagegen, denn „empirische Befunde legen nahe, dass von Stufe 1 bis 4 die Komplexität tatsächlich ansteigt, die Stufen 4, 5 und 6 darin aber gleichwertig sind“ (Nolting/Paulus 2004, 128). Sie kommen damit zu einer Vierer-Taxonomie, die sich auch im schulischen Kontext als praktikabel herausgebildet hat. Die Vierer-Taxonomie ist z.B. in der taxonomischen Konzeption von Leistungstests zu finden unter der Bezeichnung Reproduktion, Reorganisation, Transfer, Problemlösendes Denken (RPZ Heilsbronn/RPZ in Bayern 2011, 10). Aufgrund der empirischen Messbarkeit sowie der bewährten schulischen Praktikabilität wird im Folgenden durchgängig auf die Vierer-Form der Taxonomien zurückgegriffen, die im Wesentlichen die Stufen 4-6 der Sechser-Taxonomie zusammenfasst. Daraus entstehen im Bereich der kognitiven Taxonomien folgende Stufen:

1. Wissen: Wissen von Fakten, Begriffen, Regeln „SuS kennen die Zehn Gebote; SuS können die Zehn Gebote nennen“.
2. Verstehen: Zusammenfassen von Informationen „SuS verstehen den Sinn der Zehn Gebote; SuS können die Bedeutung der Zehn Gebote zusammenfassen”.
3. Anwenden: Reorganisation des Wissens auf andere Situationen „SuS können die Bedeutung der Zehn Gebote für heute erklären; SuS können heutige Fälle den Zehn Geboten zuordnen”.
4. Reflektieren: Analyse, Synthese, Beurteilung „SuS erkennen das Prinzip der Zehn Gebote; SuS können begründet zu den Zehn Geboten Stellung beziehen“.

Die Lernzieldimensionen bauen stufenförmig aufeinander auf - ohne Wissen ist kein Verstehen möglich, ohne Verstehen kein Anwenden usw. Ein Fehler, der häufig im Unterricht gemacht wird, ist diese Abfolge zu wenig zu reflektieren. Gerade im Religionsunterricht erfolgt vielmals eine vorschnelle Anwendung auf das eigene Leben, ohne den Grundgehalt beispielsweise einer biblischen Perikope verstanden zu haben. Das folgende Bild der Treppe kann diesen Prozess veranschaulichen, wobei die Treppenstufen immer einzeln gegangen werden müssen und nicht übersprungen werden dürfen:

Abb. 15 Kognitive Lernzieltaxonomie

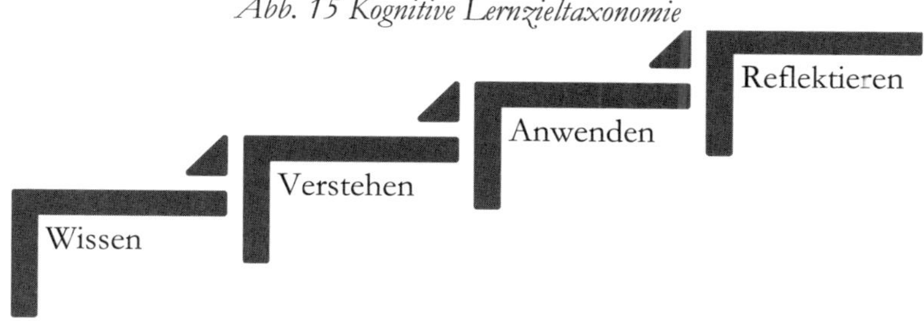

Die kognitive Taxonomie baut aufeinander auf - ohne Wissen kein Verstehen, ohne Verstehen keine Anwendung und ohne Anwendung keine Reflexion. Es muss daher sichergestellt werden, dass die einzelnen Stufen auch erreicht werden; eine vorschnelle Anwendung sollte vermieden werden. Die einzelnen Stufen lassen sich sinnvoll der Phasenabfolge im Unterricht zuordnen und sollten auch so realisiert werden.

Affektive Taxonomien bauen auf dem Modell von Krathwohl u.a. auf, sind aber wie die kognitive Taxonomie auf vier Dimensionen reduziert (Nolting/Paulus 2004):

1. Aufnehmen: Aufmerksamkeit, Bereitschaft für das Thema „SuS sind aufmerksam für das Problem der Zehn Gebote".
2. Reagieren: Einwilligung und Bereitschaft, sich auf das Thema einzulassen „SuS reagieren auf einen Impuls zu den Zehn Geboten".
3. Einstellungen und Werte bilden: Akzeptanz und Bevorzugung des Vorgegebenen „SuS entwickeln einen Standpunkt zu den Zehn Geboten".
4. Werte internalisieren und handeln: Wertordnung und Weltanschauung bilden hinsichtlich des Themas „SuS integrieren die Zehn Gebote in ihr Weltbild".

Abb. 16 Affektive Lernzieltaxonomie

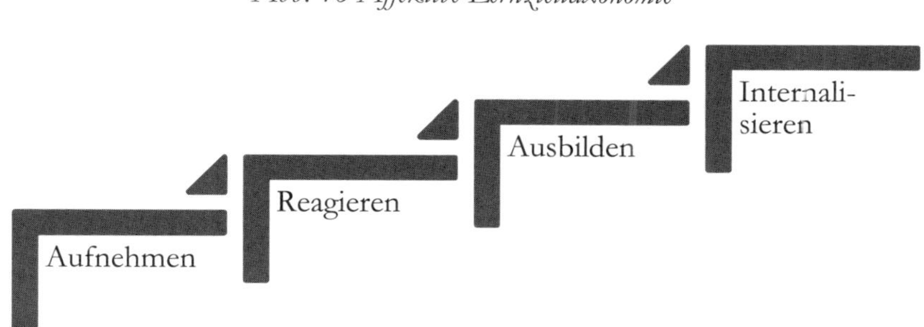

Die affektive Taxonomie baut ebenfalls aufeinander auf, was besonders für den Einstieg in die Stunde von Bedeutung ist. Nur wer aufmerksam und bereit ist, sich auf ein Thema einzulassen, kann auch davon betroffen werden - dies braucht entsprechend Zeit in der Unterrichtsstunde.

Die psychomotorische Taxonomie z.B. nach Dave hat ebenfalls vier Dimensionen (vgl. Gonschorek/Schneider 2010)

1. Imitieren: Nachahmung beobachtbarer Handlungen „SuS können in der Bibel blättern".
2. Manipulieren: Festigung des Handlungsablaufs „SuS können in der Bibel Perikopen suchen".
3. Präzisieren: Festigung ohne Modell „SuS finden flüssig in der Bibel Perikopen".
4. Integrieren: koordinierte Bewegungsabläufe „SuS können die Suche nach biblische Perikopen mit anderen Handlungen verbinden".

Abb. 17 Psychomotorische Lernzieltaxonomie

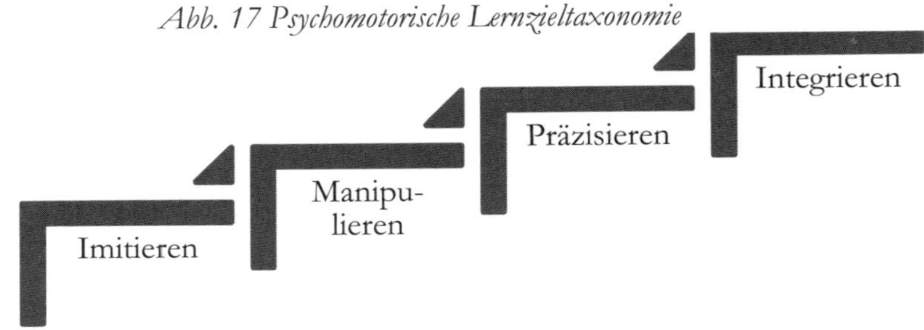

Psychomotorische Taxonomien sind im Religionsunterricht dann sinnvoll, wenn bestimmte Bewegungsabläufe gelernt werden sollen, z.B. Haltungen innerhalb des performativen Religionsunterrichts.

Zu den bisherigen Lernzieltaxonomien kognitiv, affektiv und psychomotorisch kann noch die soziale Dimension des Lernens als eigenständiger Bereich des Lernbegriffs hinzukommen, was jedoch in der Lerntheorie umstritten ist und hier auch nicht weiter taxonomisiert wird (Porzelt 2009, 35).

Bei der Formulierung der Teilziele sollten folgende Regeln beachtet werden:

- Angabe eines beobachtbaren Verhaltens (in Form von Verben)
- Angabe der inhaltlichen Konkretisierung
- evtl. Angabe der Rahmenbedingungen.

Ein Beispiel: „SuS können die Zehn Gebote in der richtigen Reihenfolge wiedergeben (in 3 Minuten)".

Die exakte Formulierung der Teilziele, besonders die Auswahl der Verben, hat sich in der Praxis als schwierig erwiesen. Hilfreich können hier die Bildungsstandards sein, die nichts anderes als nachprüfbare Kompetenzen sein wollen (Kap 1).

Korrelative Struktur

Es gibt viele unterschiedliche Formulierungen für den Plan einer Unterrichtsstunde, z.B. Artikulationsschema, Stundenverlauf, Unterrichtsverlaufsplan u.a. Hier wird der Begriff Unterrichtsverlaufsplan bevorzugt, um deutlich zu machen, dass der Gang des Unterrichts planbar ist, was eine zentrale didaktische Kompetenz darstellt und in der Ausbildung erlernbar ist. Der Unterrichtsverlaufsplan setzt die Teilziele mit zentralen Elementen des Unterrichts in Beziehung. Je nach Ausrichtung sind die Kategorien des Unterrichtsverlaufsplans unterschiedlich. Der Unterrichtsverlaufsplan soll im professionellen Handeln etwa so sein wie eine Patientenkartei beim Arzt - übersichtlich und schnell begreifbar für die tägliche Arbeit. Bei einem Schultag mit sechs (oder mehr) Schulstunden in unterschiedlichen Klassen soll der Unterrichtsverlaufsplan helfen, schnell aber genau eine Übersicht über die Planung zu gewährleisten. Folgende sechs Spalten haben sich in der eigenen Praxis als Lehrer und Berater als geeignet erwiesen:

Abb. 18 Struktur Sequenzplanung

Zeit	Teilziele	Phasen	Interaktion	Sozialformen	Medien

In dieser Spaltenplanung impliziert ist die triadische korrelative Struktur:

- Sache: Teilziele und Interaktion/Lehrer.
- Schülerinnen und Schüler: Phasen, Interaktion/Schüler, Sozialform.
- Vermittlung: Medien, Zeit.

Anhand dieser Dimensionen kann die Korrelation im Unterrichtsplan und auch im Unterrichtsgeschehen genauer erfasst und beschrieben werden. Im Einzelnen bedeuten die Dimensionen Folgendes:

Zeit

Die Zeit gibt den chronologischen Verlauf der Stunde an. Um eine möglichst authentische Darstellung zu gewährleisten, ist es sinnvoll, die genaue Uhrzeit anzugeben, z.B. 8.00 Uhr. Als weniger hilfreich hat sich eine Darstellung im Minutentakt erwiesen, die dann bis zu 45 Minuten fortschreitet, z.B. 1 Minute, 6 Minuten ..., da hier während des Unterrichts immer umgerechnet werden muss. Die Darstellung der Zeit sollte sich also auf die tatsächliche Uhrzeit beziehen.

Teilziele

Hier tauchen die oben formulierten Teilziele wieder auf. Die Teilziele geben an, welche inhaltsbezogenen Kompetenzen erworben werden sollen und beziehen sich damit eher auf die Inhaltsseite. Sie werden mit den anderen

Dimensionen als Lernschritte in Beziehung gesetzt und müssten eigentlich am Anfang der Tabelle stehen. Aufgrund der Übersichtlichkeit ist hier jedoch besser die Zeit zu finden.

Phasen

Die Phasenstruktur des Unterrichts ist kompetenzorientiert aus Schülerperspektive beschrieben und beschreibt den taxonomisch gegliederten Lernzuwachs innerhalb der Stunde. Es soll deutlich werden, dass die Abfolge der Phasen einem bewussten Muster folgt, das wiederum eine taxonomische Struktur aufweist.

Beginn

Beginn bezeichnet den tatsächlichen Anfang der Stunde, die Vorphase vor dem eigentlichen Thema. Die Stunde beginnt nach der Uhr, dann folgt die Ankunft des Lehrers, falls er noch nicht in der Klasse ist. Die Art und Weise, wie Lehrerinnen und Lehrer in die Klasse gehen, ist eine eigene Studie wert. Gehen sie z.B. direkt zum Pult, ohne nach links und rechts zu schauen, oder werden sie bereits an der Tür von einer Menge von Schülerinnen und Schülern abgefangen, oder gehen sie erst zu Einzelnen hin - dies dürfte je nach Typ unterschiedlich sein. Zum Beginn gehören auch die Begrüßung, evtl. die Rechenschaftsablage oder Hausaufgabenkontrolle und liturgische Einheiten wie gemeinsames Gebet, Bildung eines Stehkreises, Anzünden einer Kerze o.Ä. All dies spielt sich noch vor der thematischen Setzung der Unterrichtsstunde ab, könnte aber auch schon auf das Thema der Stunde hinführen. Wie der Beginn ritualisiert gestaltet wird ist aufschlussreich für die Beziehung zur Klasse.

Aufmerksamkeit

In der nächsten Phase geht es darum, die Aufmerksamkeit der Schülerinnen und Schüler für das Thema zu gewinnen. Diese häufig auch als Motivations- oder Impulsphase bezeichnete Phase ist entscheidend für die Themenplatzierung. Hier sollte mindestens ein affektives Teilziel platziert sein, um die Aufmerksamkeit der Schülerinnen und Schüler zu bekommen. Das Teilziel kann direkt zum Thema hinlenken (deduktiv), von der Lebenswelt ausgehend auf das Thema zielen (induktiv) oder das Thema in der Lebenswelt aufspüren helfen (abduktiv). Alle drei korrelativen Methoden sind vorstellbar, je nach Kontext der Stunde. Innerhalb der Lernzieltaxonomie können die Stufen 1 und ggf. 2 vorkommen, mehr aber noch nicht.

Themenkonstitution

Die Themenkonstitution bildet das Scharnier zwischen der Aufmerksamkeits- und der Erarbeitungsphase. Hier wird deutlich, worum es in der Stunde schwerpunktmäßig gehen soll. Dies kann als Themensetzung durch die

Lehrerin oder als Themenfindung durch die Schülerinnen und Schüler geschehen. Wichtig ist, dass den Schülerinnen und Schülern klar wird, worum es in der Stunde gehen soll. Eine Ausnahme hierbei ist das entdeckende Lernen, bei dem erst am Ende der Stunde in einer sog. „Disclosure Situation" einem „Aha-Effekt", deutlich wird, worum es eigentlich ging. Dies ist v.a. im Schwerpunkt Werteorientierung möglich.

Erarbeitung

Die Phase der Erarbeitung ist die zentrale Phase im Unterricht, die am längsten dauert. Sie kann in vier Teilphasen unterteilt werden, je nach eher kognitiver oder affektiver Ausrichtung mit anschließender Zusammenfassung. Bei der mehr kognitiven Ausrichtung ist die Abfolge „Kenntnis-Verständnis-Bewertung" im Sinne der taxonomischen Gliederung. Dabei kann die Phase des Bewertens entfallen. Zur Kenntnis gehören die Zugänglichkeit zum Medium und die Klarheit des Arbeitsauftrags; nur dadurch kann Verständnis erreicht werden. Ein Arbeitsauftrag sollte grundsätzlich visualisiert werden, am besten auf dem Arbeitsblatt selbst. Bei der mehr affektiven Ausrichtung ist die Abfolge „Sensibilisierung-Internalisierung-Bewertung". Es geht darum, für ein Thema sensibel zu machen und dies dann zu internalisieren, um es bewerten zu können. Auch diese Abfolge braucht Zeit und funktioniert ähnlich wie die kognitive Ausrichtung. Insgesamt sollte in die Erarbeitungsphase aus energetischer Sicht (Schmid 2012) möglichst der neue Inhalt hineingepackt werden, der hier erarbeitet werden kann. Am Ende der Erarbeitung sollte noch eine kurze Zusammenfassung - durch den Lehrer oder die Schüler - erfolgen, um das Gelernte prägnant und kompakt präsent zu haben. Die Zusammenfassung dient - ähnlich wie die Themenkonstitution - als Scharnier zur nächsten Phase, um auf dem bisher Gelernten aufzubauen.

Sicherung

Die Phase der Sicherung dient dem Speichern des Gelernten in Form von allen gleich zugänglich gemachten Daten. Sicherung bedeutet, dass das Gelernte mit nach Hause genommen und jederzeit wieder nachgeschaut werden kann - und zwar für alle Schülerinnen und Schüler gleichermaßen.

Transfer/Anwendung

In der letzten inhaltlichen Phase der Unterrichtsstunde soll das Gelernte nun auf der Matrix der taxonomischen Gliederung auf neue Situationen angewendet werden. Dies kann als sachlicher oder personaler Transfer vollzogen werden. Ein sachlicher Transfer ist die Anwendung auf fremde Kontexte, z.B. die Übertragung eine biblischen Aussage auf einen heutigen Fall. Der personale Transfer ist die Übertragung auf die eigene Person, z.B. die

Bedeutung einer biblischen Aussage für die Schülerin oder den Schüler. Beides ist alternativ möglich.

Beendigung

Am Ende der Unterrichtsstunde steht ein - latenter oder bewusster - Schlusspunkt, etwa die Hausaufgabenstellung, die Verabschiedung, vielleicht ein „take-away" Spiel (Was habe ich heute gelernt?), oder auch der abrupte Schluss der Stunde.

Interaktion

Die Spalte der Interaktion beschreibt das erwartete (Sprech-) Handeln von Lehrern und Schülern im Unterrichtsgeschehen. In der didaktischen Situation findet immer Interaktion statt - bewusst oder latent. Ziel der Unterrichtsplanung ist es, möglichst viele Interaktionen bewusst zu machen, um professionelles Handeln zu ermöglichen. Interaktion geschieht wie gesehen immer über Zeichen, nie direkt zwischen zwei oder mehreren Handelnden. Die verwendeten Zeichen konstituieren die Interaktion. Es ist daher im Religionsunterricht von großer Bedeutung, welche Zeichen durch die Lehrkraft (aber auch durch die Schülerinnen und Schüler) in den Unterricht eingebracht werden. Die Interaktion setzt nicht beim subjektiven Sinn an („Ich wollte aber…"), sondern bei der Verständigung von zwei oder mehr Interaktionspartner über ein verbindendes Drittes, das Zeichen. Durch das Zusammenwirken dieser Bereiche entsteht eine latente Sinnstruktur, die es zu berücksichtigen gilt. Jeder Lehrer oder jede Lehrerin kennt die Situation: Wenn ein bestimmter Schüler oder eine Schülerin fehlt, entsteht eine neue Form der Interaktion mit neuen Sinnstrukturen. Dies kommt aber nur dadurch zustande, da durch die Interaktionspartner neue Situationen entstehen. Interaktion bezieht sich nie nur auf den einzelnen und seine noch so guten Absichten, sondern auf die Beziehung zweier oder mehrerer Partner über Zeichen. Aufgrund dieser Interaktionsbeziehung werden zwei Bereiche unterschieden: Lehrerimpulse werden neben Lehrerhandlungen an Schnittstellen der Phasen wörtlich formuliert: Die Lehrerin zeigt ein Fallbeispiel am Beamer und formuliert: „Notiere bitte während der Präsentation mit, was Markus zu seinen Eltern sagt". Lehrerin schreibt den Arbeitsauftrag (AA) an die Tafel. Erwartete Schüleraktionen werden jedoch nicht ausformuliert, sondern paraphrasiert, z.B. SuS notieren sich, was Markus zu seinen Eltern sagt. Drei Gründe sind für dieses Verfahren leitend: Genauigkeit, Flexibilität und Übersichtlichkeit:

- Genauigkeit ist dann notwendig, wenn Lehrerimpulse an zentralen Phasen platziert werden. Um Arbeitsaufträge, Anweisungen, Anregungen, Impulse etc. möglichst exakt zu formulieren und am besten auch zu visualisieren, sollten sie im Unterrichtsverlaufsplan ausformuliert werden. Dadurch wird ein „Schwimmen" im Unterrichtsgeschehen vermieden.

- Flexibilität bedeutet, auf Schülerbeiträge angemessen in der Situation reagieren zu können. Deshalb werden erwartete Schülerantworten nicht ausformuliert, sondern nur ihre Handlungen paraphrasiert. Eine Ausformulierung der erwarteten Antwort - was bei bis zu 30 Schülerinnen und Schülern in einer konkreten Situation ohnehin fast unmöglich ist - würde die Reaktion der Lehrer und der Schüler darauf einschränken, ein flexibles Handeln wäre unmöglich. Daher werden die Schülerhandlungen paraphrasiert.
- Übersichtlichkeit schließlich ist ein zentrales Kriterium des Unterrichtsverlaufsplans. Wird der Plan 3-5 Seiten lang, ist eine schnelle Orientierung vor oder im Unterrichtsgeschehen nicht möglich. Lehrerinnen und Lehrer können nicht lange auf den Plan schauen, sondern müssen in der Situation schnell handeln. Daher auch wird dieses verkürzte Verfahren angewendet.

Sozialformen

Die Sozialformen bezeichnen die Art und Weise der Unterrichtskommunikation. Sie sind klassenbezogen (polylogisch), partnerbezogen (dialogisch oder trialogisch) oder einzelbezogen (monologisch). Es lassen sich folgende Formen unterscheiden:

Klassenbezogen
- Lehrer-Schüler-Gespräch (LSG
- Schüler-Schüler-Gespräch (SSG)
- Lehrervortrag (LV)
- Schülervortrag (SV)
- Steh- oder Sitzkreis (SK)
- Rundgespräch (RG)
- Kreisgespräch (KG)

Einzelbezogen
- Einzelarbeit (EA)
- Stationenlernen (ST)
- Freiarbeit

Partnerbezogen
- Partnerarbeit (PA)
- Gruppenarbeit (GA)

In einer Unterrichtseinheit sollte eine sinnvolle Rhythmisierung, d.h. ein adäquater Wechsel der Sozialformen erfolgen. Typologisch können Zusammenhänge zwischen der Klassendiagnostik und der Verwendung der Sozialformen unterschieden werden:

Abb. 19 Typen des Sozialformeinsatzes

		Aufmerksamkeit	
		hoch	niedrig
Leistung	hoch	klassenbezogener RU	partnerbezogener RU
	niedrig	methodisch-kreisender RU	einzelbezogener RU

Klassenbezogener RU

Hier sind die Leistung und die Aufmerksamkeit hoch. Die Klasse oder Lerngruppe ist daher homogen. Dies heißt, dass die einzelnen Schülerinnen und Schüler möglichst ähnliche kognitive, affektive und psychomotorische Kompetenzen zu einer bestimmten Zeit haben. Dazu zählen z.B. Aufnahme- und Verarbeitungsfähigkeit, Interesse, Wahrnehmungsfähigkeit, einstudierte Gesprächs- und Verhaltensregeln, religiöse Sozialisation u.a. In der Folge für den RU bedeutet dies, dass Sozialformen gewählt werden können, die die Lerngruppe als Ganzes im Blick behält. Dazu passende Sozialformen sind z.B. die Bildbetrachtung im LSG, Lehrervortrag, LSG u.a. Die Vorteile dieser Formen sind, dass möglichst mehrere taxonomische Lernzielebenen - kognitiv, affektiv oder psychomotorisch - angegangen werden können ohne größeren Zeitverlust. Da die Aufmerksamkeit und das Leistungsvermögen gegeben sind, sind hier auch selbständige Lernformen (Stationenlernen, selbständiges Ausfüllen von Arbeitsblättern, Internetrecherche etc.) möglich.

Methodisch-kreisender RU

In diesem Typ ist die Aufmerksamkeit hoch, die Leistung ist jedoch gering. Die Bereitschaft zum Arbeiten und die Kapazität zur Aufnahme von Lerninhalten sind zwar vorhanden; es werden taxonomisch gesprochen jedoch höchstens die Anwendung, eher jedoch nur das Verstehen möglich sein. Daher sollte hier ein methodisch kreisender RU angezielt werden. Methodisch kreisend bedeutet, dass mit unterschiedlichen Medien und Sozialformen das gleiche Lernziel angestrebt wird. Der Wechsel der Methoden kreist um das eine Ziel, ohne taxonomisch auf eine höhere Stufe zu gelangen. Gerade in leistungsschwachen Lerngruppen ist das Verweilen bei einem Lernziel mit mehreren anregenden Methoden notwendig. Erst darauf aufbauend können dann höhere Stufen der Taxonomie angegangen werden.

Partnerbezogener RU

Ist das Leistungsvermögen hoch, die Aufmerksamkeit jedoch niedrig, empfiehlt sich ein partnerbezogener RU. Dies bedeutet, dass die Lerngruppe durch eher extrinsische Motivationen angeregt werden kann - bis sie evtl. eine hohe Aufmerksamkeit hat. Da die Aufmerksamkeit und damit die Bereitschaft zur Partizipation im RU jedoch zum Zeitpunkt der Diagnostik noch wenig stark ausgeprägt sind, ist die Partizipation eher durch Leistung zu erreichen, z.B. durch Rechenschaftsablage, Tests etc. Gerade hier dürfte ein Lernerfolg zu spüren sein. Da es um produktorientierte Lernformen geht, sind z.B. PA oder GA geeignete Sozialformen.

Einzelbezogener RU
Sind beide Dimensionen der Aufmerksamkeit und der Leistung eher niedrig ausgeprägt, ist ein einzelbezogener Religionsunterricht unumgänglich. Individuell bedeutet, dass Sozialformen gezielt auf den einzelnen Schüler oder die einzelne Schülerin abgestimmt werden - klassenbezogene Formen treten hierbei in den Hintergrund (evtl. noch in der Impulsphase des Unterrichts). Es überwiegen fördernde Formen wie individuelle EA - immer in Unterstützung durch die Lehrerin oder den Lehrer. In diesen Formen ist eine individuelle Förderung möglich - sei es kollegial durch Schülerinnen und Schüler oder durch die Lehrkraft. Auch die Korrektur muss nicht im Klassenrahmen erfolgen, sondern kann individuell erfolgen. Wichtig ist hierbei, den Einzelnen nicht aus dem Blick zu verlieren. Auch ist der reguläre 45-Minutentakt nur schwer einzuhalten.

Mischtypen
Die bisher beschriebenen Typen sind Idealtypen. In einer regulären Klasse dürften sich hauptsächlich Mischtypen aus einzelnen Schülergruppen finden. Dies bedeutet, dass die Schülerinnen und Schüler unterschiedliche kognitive, affektive und psychomotorische Kompetenzen zu einer bestimmten Zeit haben. Doch auch hier kann helfen, die Tendenz in der Lerngruppe herauszufinden und ggf. einzelne Formen gezielt einzusetzen.

Abduktiv-korrelative Sozialformen
Um abduktiv-korrelativ vorzugehen, werden einige Sozialformen in Verbindung mit der schulischen Situation aufgelistet. Die abduktive, erklärende Form kann neben dem Unterrichtsgespräch auch in anderen Sozialformen im Religionsunterricht verwendet werden. Die folgende Typologie hilft dies zu unterscheiden (siehe auch Heil 2012a, 62):

Abb. 20 Typen abduktiv-korrelativer Lernformen

		Interaktionsform	
		verbal	nonverbal
Lernsetting (Organisationsform)	klassenbezogen	explorative Diskussion	aufdeckende gleiche Aufgaben
	gruppenbezogen	moderierendes Gespräch	aufdeckende spezifische Aufgaben
	individuell	sokratischer Dialog	Portfolio

Abduktiv-korrelative Lernformen bestehen aus den beiden Dimensionen Interaktionsform und Lernsetting. Die Interaktionsform kann verbal oder nonverbal, das Lernsetting dabei klassenbezogen, gruppenbezogen oder individuell sein. Aus diesen Dimensionen ergeben sich sechs Typen der Lernformen: verbal/klassenbezogen (explorative Diskussion), verbal/gruppenbezogen (moderierendes Gespräch), verbal/individuell (sokratischer Dialog), nonverbal/klassenbezogen (aufdeckende gleiche Aufgaben), nonverbal/gruppenbezogen (aufdeckende spezifische Aufgaben) sowie nonverbal/individuell (Portfolio). Diese Typen können gezielt eingesetzt werden, um bei bestimmten Klassen abduktiv korrelieren zu können. Es hat sich hier bereits gezeigt, dass die Verwendung der Lehrformen von bestimmten Klassentypen abhängt (vgl. dazu Heil 2011)

Medien

Medien sind die zentralen „Vermittler" - so auch die etymologische Herleitung von lat. Mitte, Mittelpunkt - zwischen Inhalt und SuS. Sie stehen in der Mitte zwischen diesen beiden Polen. Ohne Medien - oder Zeichen - keine Vermittlung. Gerade in der heutigen, ästhetisch geprägten Zeit kommt den verwendeten Medien eine besondere Bedeutung zu (vgl. Pirner 2004). Natürlich müssen sie zur Sache, zum Lehrer und zu den Schülerinnen und Schülern passen - dies ist eine Frage der Didaktik. Gleichwohl muss dem Lehrer oder der Lehrerin ein großes Repertoire an Medien zu Verfügung stehen.

Unterteilungskriterien für Medien können ganz unterschiedlich sein, z.B. nach den einzelnen Sinneskanälen des Menschen:

- visuell (sehen): z.B. Buch, Texte, Bilder, Internet
- auditiv (hören): z.B. Sprache, Lieder, Erzählung
- haptisch (fühlen): z.B. Bälle, Bewegungen, auch inneres Nachspüren und verschiedene Arten des Körpergefühls (Temperatur, Gleichgewicht, Störungen u.a.)
- gustatorisch (schmecken): z.B. Essen, Trinken
- olfaktorisch (riechen): z.B. Realien, Gewürze, Weihrauch
- kombinatorisch, z.B. audiovisuell wie Filme, Videos.

Die äußeren Reize werden in diesen Sinneskanälen durch Sensoren (Rezeptoren) aufgenommen und mittels Nervenbahnen ans Gehirn weitergeleitet und verarbeitet. Wie die Hirnforschung festgestellt hat, entstehen aus der Verarbeitung äußerer Reize bestimmte synaptische Schaltungen, sog. „Schemata", die wiederum dafür sorgen, dass neue Reize auf eine bestimmte, je eigene Art und Weise verarbeitet werden. Didaktisch bedeutsam ist, dass bei jedem Menschen ein neuronales Netzwerk vorhanden ist, an das angeschlossen werden kann. Es macht daher wenig Sinn, die gewohnheitsmäßigen Sensoren der Schülerinnen und Schüler zu missachten - gerade im heutigen Kontext der Ikonisierung der Lebenswelt ist dies notwendig. Im religiösen Bereich kommt noch ein weiterer Sinn dazu, der jedoch quer zu den anderen steht, der Sinn für die Transzendenz. Dieser ist aber nicht zusätzlich zu verstehen, sondern transzendental, d.h. als Möglichkeitsbedingung und Mit-Erfahrung, damit die anderen Sinne überhaupt funktionieren können. Der Sinn für die Transzendenz bedeutet, die Mit-Erfahrung bewusst zu machen, aber nicht losgelöst von den anderen Sinnen, sondern quasi dahinter oder darin. Durch den auditiven Sinn der Erzählung kann z.B. deutlich werden, dass etwas darin steckt, das diesen Sinn erst ermöglicht (siehe Kap. 6.3).

Ein weiteres Kriterium zur Unterteilung der Medien ist ihre stoffliche Form. So kann man grob zwischen alten und neuen Medien unterscheiden. „Alte" Medien sind nicht elektronische Medien wie Arbeitsblatt, Overheadfolie, Buch, Mappe, Tafel u.a. „Neue" Medien sind elektronische und meist digitale Medien wie DVD, CD, Internet, Beamer, Visualizer u.a. Eine etwas feinere Unterscheidung nach stofflichen Medienarten ist folgende:

- Printmedien (Bücher, Zeitschriften, Zeitungen, Arbeitsblätter)
- klassische elektronische Medien (Fernseher, Radio)
- elektronische Speichermedien (DVD, CD, MP3)
- hypertextuelle elektronische Medien (Webseiten im Internet, Whiteboard im Klassenraum)
- digitale elektronische Medien mit interaktivem und selbstaktivem Charakter (das sog. Web 2.0 oder 3.0).

Allein die Auswahl dieser Medien, z.B. die Bibel als Printmedium oder die Bibel digital, kann eine hohe Auswirkung auf den Lernerfolg haben, v.a. in motivatorischer Hinsicht. Ein weiteres Kriterium ist das Ziel der Vermittlung durch Medien hinsichtlich der Teilziele kognitiv, affektiv oder psychomotorisch. Vom Teilziel her können Medien unterteilt werden:

- kognitive Medien wie Texte
- affektive Medien wie Lieder
- psychomotorische Medien wie alle Formen der Bewegungsaktivierung.

Diese Einteilung ist jedoch problematisch, da unterschiedliche Medien immer ganzheitlich betrachtet werden müssen. Ein Film ist z.B. nie nur informativ (kognitiv), sondern kann spannend oder langweilig sein (affektiv) und wird in einer bestimmten Haltung angeschaut (psychomotorisch). Ähnlich das Bild sowie die dazu gehörige Methode der Bildbetrachtung als ganzheitliche Methode (Burrichter 207, 220f.) mit den fünf Stufen Wahrnehmung des Bildes („Was sehe ich?"), Beschreibung („Wie ist die Bildfläche organisiert?"), Gefühle und Assoziationen („Was löst das Bild in mir aus?"), Be-Deutung („Was hat das Bild zu bedeuten?"), subjektiver Anschluss („Was bedeutet das Bild für mich?"; zur Vertiefung der didaktischen Möglichkeiten des Umgang mit Kunst unter Bewahrung der Dignität der Kunstwerke vgl. Burrichter 2007; Rendle 2007). Durch diese Kombination der Sinne wird das Bild nicht gleich unter Bekanntes subsumiert, sondern versucht, in seiner Eigenheit beachtet zu werden. Die drei Bereiche kognitiv, affektiv und psychomotorisch sind bei dem Einsatz von Medien immer vorhanden und können nie nur auf eine Ebene reduziert werden, gleichwohl haben sie natürlich Schwerpunkte (s.o.).

Die drei Einteilungsmöglichkeiten nach den Sinnen (vom Menschen aus), nach der stofflichen Eigenschaft (vom Medium aus) und nach den Zielen (von der Didaktik aus) liefern ein Raster, um ein bestimmtes Medium auswählen zu können. Die didaktische Entscheidung hängt aber von vielen Faktoren ab, z.B. Ausstattung der Schule, Benutzerkompetenz des Lehrers, Voraussetzungen der Klasse u.a. Gleichwohl sollten sich Lehrerinnen ein möglichst breites Repertoire an Medien anlegen, um überhaupt auswählen zu können. Wichtig dabei ist, dass das Medium zur Klasse passt. Wie auch der Arzt, der bei einem Symptom das gleiche Rezept verschreibt, so sollte auch der Lehrer nicht immer nur das gleiche Arbeitsblatt zur Verfügung haben - eine Bandbreite auf den Fall der Klasse bezogen ist notwendig.

Vom Unterrichtsverlaufsplan zur didaktisch-methodischen Begründung des unterrichtlichen Vorgehens

Der Unterrichtsverlaufsplan dient der schnellen Orientierung, das Vorgehen im Unterricht bedarf jedoch noch einer ausführlichen Begründung. Das Begründen-Können, warum genau diese Lernschritte (Interaktion-Sozialformen-Medien) zu einer bestimmten Zeit (Phase) mit einem konkreten Ziel (Teilziele) für diese Klasse vorgenommen werden, gehört zum professionellen Repertoire von Lehrerinnen und Lehrern - sowohl in antizipatorischer als auch reflektorischer Hinsicht. Lehrerinnen und Lehrer müssen sowohl die didaktische Situation vorwegnehmen können, um bestimmte Schritte zu unternehmen, als auch nachträglich Auskunft geben können, warum ein bestimmter Lernschritt funktioniert hat und warum nicht, um den „Lernfall" zu lösen. Konnte die Klasse durch die didaktisch-methodischen Maßnahmen an partizipativen Lernsituationen teilnehmen oder nicht? Dies ist die entscheidende Frage. Zu der didaktisch-methodischen Begründung gehören daher im Einzelnen:

- chronologische Reflexion des geplanten Vorgehens in der Stunde
- begründete Relation von Lernschritten (Interaktion-Sozialformen-Medien) zu einer bestimmten Zeit (Phase) mit einem konkreten Ziel (Teilziele)
- ausführliche Ausformulierung der Begründung mit Konsekutivsätzen (um zu)
- Begründung sinnvoller Überleitungen (Unterrichtsfluss) zwischen den einzelnen Phasen
- Orientierung an der Elementarisierung, v.a. den elementaren Lernformen.

Die didaktisch-methodische Begründung ist somit die Artikulation des Unterrichtsverlaufsplans in einem Fließtext.

Alltagsprobleme des Unterrichtsverlaufsplans

Planung des Unplanbaren

Der Unterrichtsverlaufsplan ist - wie der Name schon sagt - lediglich ein Plan, ein Entwurf, wie die Religionsunterrichtsstunde sein kann. Praktisches Handeln kann per se nicht vollständig routinisiert und antizipiert werden, dazu sind die Determinanten von Praxis zu komplex. Gleichwohl bedarf es einer Richtung, in der gehandelt werden soll, sonst wäre Willkür vorhanden. Die Möglichkeiten des Unterrichtsverlaufsplans sind demnach der Vorgriff auf mögliche Praxis und damit ihre Strukturierung - die Grenzen bestehen auf der prinzipiellen Nichteinholbarkeit von Praxis. Dies impliziert bereits die korrelative Struktur, da die Schülerinnen und Schüler als Subjekte des Unterrichts konstitutiv sind - und wer kann sie schon vollständig einholen? Der Unterrichtsverlaufsplan gibt eine Landkarte - den Weg muss jeder selbst gehen und dabei flexibel handeln.

Rhythmus

Der Unterrichtsverlaufsplan folgt einem bestimmten Rhythmus des Lernens, der sich an der sinnvollen Nutzung einer Dreiviertelstunde orientiert. Durch diese zeitliche Beschränkung wird eine bestimmte Form der Dramaturgie gesetzt: Anfangs wird die Aufmerksamkeit auf etwas gelenkt, danach folgt eine intensive Auseinandersetzung mit einem neuen Thema, das dann am Ende vertieft und angewendet werden soll. Die Struktur des Stundenrhythmus ergibt sich also aus der taxonomischen Stufung der Stunde. Der Rhythmus wird z.B. durch folgende Fehler gestört: Zu geringer Impuls an Anfang, zu viele neue Inhalte nach der Erarbeitung, zu wenig Herausforderung in der Erarbeitung, zu wenig Zeit in der Transferphase u.a. Die Stunde darf also nicht zu voll mit Medien, „guten Ideen" und zu vielen neuen Inhalten sein, da sonst die taxonomische Struktur des Rhythmus konterkariert würde. Eine didaktische Reduktion auf Medien, Interaktionen und Methoden, die dem entspricht, ist sinnvoll.

Doppelstunde/Wochenplan
Ein weiteres Alltagsproblem der Rhythmisierung ist die Erweiterung auf mehrere Stunden wie Doppelstunde oder Wochenplan. Gerade der Religionsunterricht wird häufig auf eine Doppelstunde gelegt. Dabei gibt es drei Möglichkeiten, den Unterrichtsverlaufsplan einzusetzen: Erstens als Aneinanderreihung zweier Einzelstunden. Dies ist z.B. dann sinnvoll, wenn eine längere Pause zwischen den beiden Stunden liegt. Daher kann es sinnvoll sein, eine Doppelstunde nicht wie üblich in der ersten und zweiten oder fünften und sechsten Stunde als einen Block zusammenzufassen, sondern eine größere Pause dazwischen zu legen, z.B. zweite und dritte Stunde oder vierte und fünfte mit dazwischenliegender großer Pause oder als Nachmittagsunterricht in der sechsten und siebten Stunde mit einer Essenspause dazwischen. Dadurch erscheint die Doppelstunde wie zwei aufeinander folgende Einzelstunden. Zweitens als Verlängerung der einzelnen Phasen. Die Struktur des Unterrichtsverlaufsplans bleibt gleich, die Phasen werden jedoch verlängert. Z.B. kann in der Erarbeitungsphase eine längere Beschäftigung mit einem Medium erfolgen oder in der Transferphase erhält der Ausdruck des Gelernten mit anschließender Präsentation eine gesteigerte Dignität. Bei der Verlängerung der Phasen bleibt so die Abfolge gleich - die Phasen werden nur zeitlich ausgedehnt. Drittens eine Neu-Kombination der Phasen; so kann es z.B. mehrere Impulsphasen geben, um die Aufmerksamkeit aufrechtzuerhalten, oder es gibt mehrere Erarbeitungsphasen mit einer Transferphase oder mehrerer Transferphasen z.B. als sachlicher und persönlicher Transfer usw. Wichtig ist hier eine sinnvolle und nicht nur eine zeitfüllende Kombination der Phasen zu kreieren.

Der Wochenplan wie z.B. der Marchtaler Plan oder die Konzeption über mehrere Stunden z.B. als Freiarbeit bedeutet, die Struktur der Einzelstunde zu verlassen und auch das Phasenschema aufzugeben. Der Ablauf ist üblicherweise ein kurzer Input im Plenum, danach Einzel-, Partner- oder Gruppenarbeit anhand eines vorgegebenen Plans unter Begleitung der Lehrkraft ohne das Plenum, zum Ende wieder eine Sammlung, Auswertung oder Präsentation im Plenum. Dies setzt eine erhöhte Schülereigenaktivität voraus. Das Thema muss von den Schülerinnen und Schülern selbstständig wieder aufgenommen und weitergeführt werden. Dies bedarf einer intensiveren Planung seitens der Lehrkraft in der Vorbereitung und einer individuellen Begleitung während der Erarbeitung. Der Rhythmus wird hier von den Schülerinnen und Schülern selbst bestimmt, muss jedoch in der Planung durch eine v.a. geeignete Auswahl und Aufbereitung von Medien vorbereitet werden.

Habitus/Stil

Der Unterrichtsverlaufsplan ist ein technisches Instrument zur Planung von Religionsunterricht. Eine weitere Determinante dieses Instruments ist der Habitus der Lehrkraft. Jede und jeder hat seinen eigenen Stil des Unterrichtens. Zur Struktur eines Religionslehrerhabitus siehe Kapitel III.

Störungen

Jede noch so gute Planung kann durch Störungen im Religionsunterricht ad absurdum geführt werden. Was als Störung empfunden wird, hängt vom jeweiligen Habitus ab. Für die einen ist ein leises Gemurmel eine Störung, für die anderen erst lautes Dazwischenrufen. Der Umgang mit Störungen ist ein zentraler Punkt des sog. Classroom-Management, d.h. des Schaffens und Aufrechterhaltens einer effektiven Lernumwelt, der auch bereits bei der Planung berücksichtigt werden sollte. Beim Umgang mit Störungen sind drei Bereiche zu unterscheiden: die Prävention von Störungen, der akute Umgang mit Störungen sowie systemische Störungen. Dies wird im Kap. 4.1 ausführlich bei der Durchführung von Unterricht behandelt, sollte aber auch in der Planung angesprochen werden. Für die Planung ist es wichtig, mögliche Störungen frühzeitig zu antizipieren, sowohl thematisch als auch interaktiv.

Kommunikation im Unterricht

In der Spalte „Interaktion" im Unterrichtsverlaufsplan wurde bereits auf die nötige Flexibilität im Unterricht hingewiesen. Diese Flexibilität ist zum Teil erlernbar und hängt mit den vorhandenen Routinen zusammen - je mehr Repertoire vorhanden ist, d.h. je mehr unterschiedliche Schulstunden gehalten worden sind, umso eher kann flexibel reagiert werden. Es gibt jedoch vier Strukturmuster, die man bereits bei der Planung beachten kann, um die Kommunikation im Unterricht zu strukturieren: deduktiv, induktiv, abduktiv und Nicht-Schließen. Dies bedeutet, in einer bestimmten Art und Weise auf Schülerbeiträge einzugehen und so Kommunikation zu steuern.

2.2 Elementarisierung

Der Unterrichtsplan fokussiert die Einzelstunde als Kulminationspunkt der Planung. Um dorthin zu kommen, bedarf es aber einer umfassenderen Sicht auf den Unterricht und dessen spezifische Kontexte. Diese Perspektive liefert die Elementarisierung. Elementarisierung ist ein Verfahren zur Planung von Religionsunterricht. Sie wurde von Karl Ernst Nipkow und Friedrich Schweitzer in Auseinandersetzung mit der klassischen Didaktischen Analyse speziell für den Religionsunterricht entwickelt und sukzessive verfeinert. Im Kern besteht die Elementarisierung aus fünf aufeinander bezogenen Dimensionen, in denen das vorgestellte dreigliedrige Korrelationsprinzip strukturell enthalten ist.

Konzept der Elementarisierung

Begriff
Der Begriff elementar bedeutet etymologisch so viel wie grundlegend, urwüchsig, naturbedingt. Eine Elementartheologie ist eine grundlegende Theologie, die sich auf das Wesentliche bezieht. Die Elementarisierung ist ein grundlegendes Verfahren zur Planung von Religionsunterricht - am besten geeignet zur Planung einer Einzelstunde, auch wenn das Modell viel weiter gefasst ist (Schweitzer 2011a; Kliemann/Schweitzer 2007; Schweitzer 2003.2011). Vor dem Hintergrund der Didaktischen Analyse nach Klafki entwickelt sie eigene, für den Religionsunterricht spezifische Verfahren, die über die Didaktische Analyse hinausgehen. So wird im Unterschied zur Didaktischen Analyse die Abfolge in bestimmte Schritte aufgegeben und es wurden für den Religionsunterricht relevante Fragen hinsichtlich des Wahrheitsgehalts gestellt.

Was ist die Elementarisierung nun genau? Schweitzer formuliert dies so: „Elementarisierung bezeichnet ein religionsdidaktisches Modell für die Vorbereitung und Gestaltung von (Religions-)Unterricht, das eine Konzentration auf pädagogisch elementare - also von den Inhalten ebenso wie von den Kindern und Jugendlichen (oder Erwachsenen) her grundlegend bedeutsame und für sie zugängliche - Lernvollzüge unterstützen soll" (Schweitzer 2003, 10). Elementarisierung ist also ein Verfahren, um theologische Inhalte mit den Schülerinnen und Schüler durch Lernvollzüge zu verbinden, eine Technik der korrelativen Vermittlung.

Fünf Dimensionen
Die Elementarisierung nach Nipkow bestand ursprünglich aus vier Dimensionen, je zwei auf Seiten der Inhalte (elementare Strukturen und elementare Wahrheiten) sowie der Schülerinnen und Schüler (elementare Erfahrungen und elementare Zugänge). Durch Schweitzer kam noch die fünfte Dimensi-

on hinzu, die elementaren Lernformen, um den semiotischen Aspekt der Vermittlung zu betonen. Mittels dieser fünf Dimensionen wird die Elementarisierung durchgeführt. Ausgehend von Nipkow entwickeln Schweitzer u.a. die Elementarisierung auch hinsichtlich ihrer empirischen Forschungen zur religiösen Entwicklung von Kindern und Jugendlichen (Faust-Siehl 1995) weiter. Die empirischen Ergebnisse gehen unmittelbar in das Konzept der Elementarisierung als „elementare Zugänge" ein.

Die fünf Dimensionen sollen nicht wie bei der Didaktischen Analyse aufeinander aufbauen, sondern sich gegenseitig bedingen. Nur im Zusammenspiel der einzelnen Dimensionen wird der jeweilige Punkt folgerichtig bearbeitet. Durch diese gegenseitige Durchdringung ist der Beginn egal, d.h. es spielt keine Rolle, bei welcher Dimension begonnen wird. Das folgende Schaubild kann dies illustrieren:

Abb. 21 Beliebigkeit des Beginns

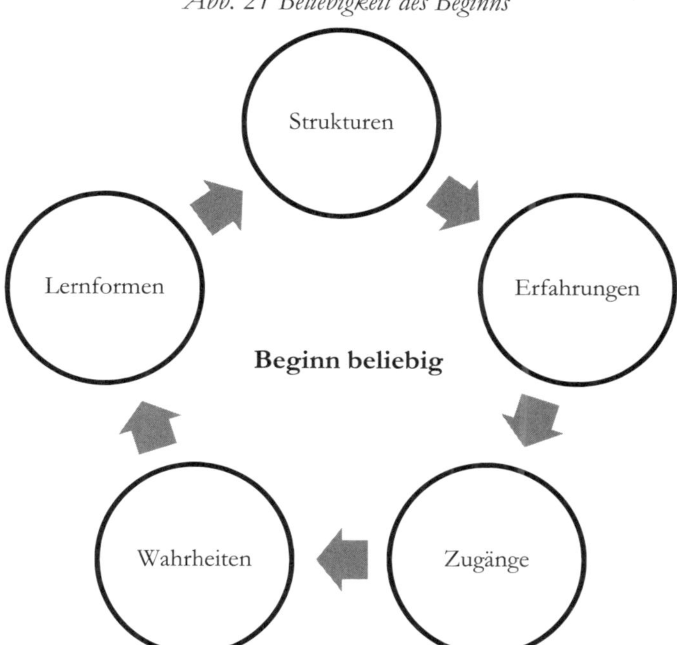

Alle fünf elementaren Dimensionen hängen miteinander zusammen, bedingen sich gegenseitig. So kann zwar auch - wie bei der klassischen didaktischen Analyse - mit einer wissenschaftlichen Aufbereitung des Themas begonnen werden; diese muss aber mit den anderen Dimensionen in Beziehung stehen und dadurch ständig überarbeitet werden, um keinen vom Übrigen abgelösten Exkurs zu vollbringen.

Der Vorteil der Elementarisierung gegenüber anderen Formen der Unterrichtsvorbereitung ist, dass man überall beginnen kann. Meist beginnt der

Unterrichtsplan nämlich gerade nicht systematisch, sondern mit einer guten Idee, einem Gedanken, der wie ein „abduktiver Blitz“ plötzlich auftaucht, einem einfach so durch den Kopf geht (siehe Peirce CP; auch beschrieben z.B. bei Platon im „Siebenten Brief“). Die Elementarisierung erlaubt es, diesen Gedanken oder das Medium aufzunehmen und in Beziehung zu den anderen Dimensionen zu setzen. Erst hier entscheidet sich, ob das Medium passt oder nicht. Es kann also bei einer Dimension begonnen werden - diese muss jedoch zu den anderen passen, wird beibehalten, verworfen oder verändert. Die Beliebigkeit des Beginns und die ständige Beziehung der Dimensionen untereinander sind die Stärken der Elementarisierung.

Was sind nun die einzelnen Dimensionen genauer? Die folgende Darstellung orientiert sich an den von Schweitzer u.a. erarbeiteten fünf Dimensionen. Sie ergänzt und differenziert jedoch an einigen Stellen die Dimensionen, z.B. bei den elementaren Erfahrungen hinsichtlich der Unterscheidung von Klassendiagnose und thematischen Erfahrungen und Zeichen oder bei den elementaren Lernformen hinsichtlich der Methoden und Medien, die grundsätzlich in der Klasse funktionieren (Schweitzer 2003).

Elementare Strukturen
Elementare Strukturen bezeichnet die wissenschaftliche Aufarbeitung des Themas. Dies kann theologisch (exegetisch, kirchengeschichtlich, systematisch oder praktisch-theologisch) im Sinne einer Elementartheologie und als Ergänzung auch humanwissenschaftlich (psychologisch, soziologisch, pädagogisch, medizinisch etc.) erfolgen, je nach Thema. Die Auswahl und Aufarbeitung des Themas bleibt jedoch nicht dabei stehen - wie anfangs bei der Sachanalyse in der Didaktischen Analyse - sondern bezieht bereits hier die Relevanz für die Schülerinnen und Schüler ein. Dadurch sollen von der jeweiligen Einzelstunde abgehobene Exkurse bereits im Ansatz vermieden werden.
Fragen an die Elementarisierung:
- *Welche Auswahl hinsichtlich des Themas ist zu treffen?*
- *Wie ist das ausgewählte Thema wissenschaftlich strukturiert, aber im Hinblick auf die Adressaten?*
- *Was sind die notwendigen theologischen und humanwissenschaftlichen Gehalte?*

Elementare Zugänge
Die elementaren Zugänge beachten die entwicklungsbezogenen Verstehens- und Deutungsweisen der Schülerinnen und Schüler. Sie beziehen sich auf grundsätzliche Merkmale einer Jahrgangsstufe, z.B. welche Merkmale hinsichtlich der kognitiven, affektiven, psychomotorischen oder auch religiösen Entwicklung für die jeweilige Jahrgangsstufe gelten. Hierzu werden empirische entwicklungspsychologische Modelle herangezogen wie z.B. Piaget,

Kohlberg, Sodian, Fowler, Oser/Gmünder, Ziebertz/Kalbheim/Riegel, Bucher).

Wichtig ist hier, dass die bereichsspezifische Entwicklung beachtet wird: Ein Schüler oder eine Schülerin ist kein Typ im Entwicklungsmodell, sondern kann sich situativ verändern. Ein Typ ist eine Kombination von Merkmalen anhand bestimmter, vorher festgelegter Dimensionen; Menschen können in bestimmten Situationen auf typologische Muster zurückgreifen - in anderen wiederum auf andere. So kann z.B. beim Thema Bioethik eine andere Einstellung vorhanden sein als beim Thema Tod. Die These, dass ein Typ konstant einem Menschen entspricht, ist daher nicht haltbar; vielmehr ist davon auszugehen, dass dies situativ variabel ist. Für Religionslehrerinnen und Religionslehrer bedeutet dies, immer wieder neu bei jedem Thema die Religion und Religiosität der Klasse auszuloten und zu diagnostizieren. Dafür können die Typen helfen.

Fragen an die Elementarisierung:

- *Welche Lernvoraussetzungen bringen die Schülerinnen und Schüler mit?*
- *Welche kognitiven, affektiven und psychomotorischen Bedingungen bringen sie mit?*
- *Was ist typisch für die Klassenstufe?*
- *Welche religiösen Voraussetzungen können erwartet werden (synchron und diachron)?*

Elementare Erfahrungen

Durch die elementaren Erfahrungen soll die konkrete Klasse in ihren lebensweltlichen Zusammenhängen wahrgenommen und analysiert werden. Inhalte der elementaren Erfahrungen sind zum einen die Klassendiagnose als Zusammensetzung der Lerngruppe, zum anderen die gezielte Suche nach Entsprechungen und Anknüpfungspunkten des Themas in der Lebenswelt von Lehrer und Schülerinnen. Hinsichtlich der Klassendiagnose können z.B. Bereiche wie Leistung, Haltung, Kommunikation, religiöse Sozialisation u.a. verwendet werden. Es wird gefragt, welche Gruppen (Cluster) sich bilden.

Fragen an die Elementarisierung:

- *In welchem lebensweltlichen Zusammenhang steht das Thema im Hinblick auf die Lerngruppe (einschließlich des Lehrenden)?*
- *Was ist der „Sitz im Leben" des Themas?*
- *Welche Anknüpfungspunkte für das Thema gibt es (Erfahrungen oder Zeichen)?*
- *Was kann das Thema bei der Lerngruppe auslösen?*
- *Wie ist die Lerngruppe zusammengesetzt?*
- *Welche Kategorien hinsichtlich Leistung, Haltung, Kommunikation und religiöse Sozialisation lassen sich bilden?*

Elementare Wahrheiten

Da der Religionsunterricht kein rein religionskundlicher, informierender Unterricht wie z.B. LER in Brandenburg ist, sondern eine standortgebundene Vermittlung der Wahrheit des Glaubens anzielt, sollen hier die Kernanliegen des Christentums zur Sprache kommen. Der darin verwendete Wahrheitsbegriff ist kein naturwissenschaftlicher, sondern ein existenzieller, auf Gott bezogener Wahrheitsbegriff. Die elementaren Wahrheiten fragen nach dem Bildungsgehalt der christlichen Wahrheit für Schülerinnen und Schüler. Dadurch soll deutlich werden, wie sich das Kernanliegen des Christentums in dem jeweiligen Einzelthema spiegelt.

Fragen an die Elementarisierung:

- *Was ist die christliche Kernaussage des Themas (für Lehrer und Schülerinnen)?*
- *Wo liegt sein zentraler Bildungsgehalt?*
- *Welche Sicht von Mensch und Wirklichkeit wird vermittelt und wie steht dies in Bezug zum Glauben bzw. zum Evangelium?*

Elementare Lernformen

Elementare Lernformen sind Methoden und Medien, die grundsätzlich zu den anderen elementaren Dimensionen passen. Es wird nach einem inneren Zusammenhang zu den anderen vier Dimensionen gesucht. Die elementaren Lernformen sind daher nicht nachträglich eingefügt, sondern stehen in Beziehung zu den vorherigen Dimensionen. Dabei muss das System Schule und die didaktische Inszenierung beachtet werden.

Fragen an die Elementarisierung:

- *Welche Sozialformen und Medien passen generell zu den bisherigen elementaren Dimensionen?*
- *Wie sind diese Methoden lernfördernd?*
- *Inwiefern spielt das System Schule eine Rolle?*

Korrelative Struktur

Diese Definition der Elementarisierung hat eine korrelative Dreierstruktur: Inhalt - Lernvollzüge - Schülerinnen und Schüler. Diese Struktur wird an einem Zitat deutlich: „Der wichtigste Anstoß für den Elementarisierungsansatz erwächst aus der Frage, wie Religionsunterricht so gestaltet werden kann, dass er eine fruchtbare, authentische und lebensbezogene Begegnung zwischen Inhalten oder Themen einerseits und den Kindern und Jugendlichen andererseits ermöglichen kann“ (Schweitzer 2003, 11). Hier ist das Korrelationsdenken als Struktur grundlegend und für die Planung von Religionsunterricht konkretisiert. Nicht nur die Definition, auch die Entfaltung in den fünf Dimensionen hat eine dreigliedrige korrelative Grundstruktur.

Abb. 22 Korrelative Grundstruktur der fünf Dimensionen

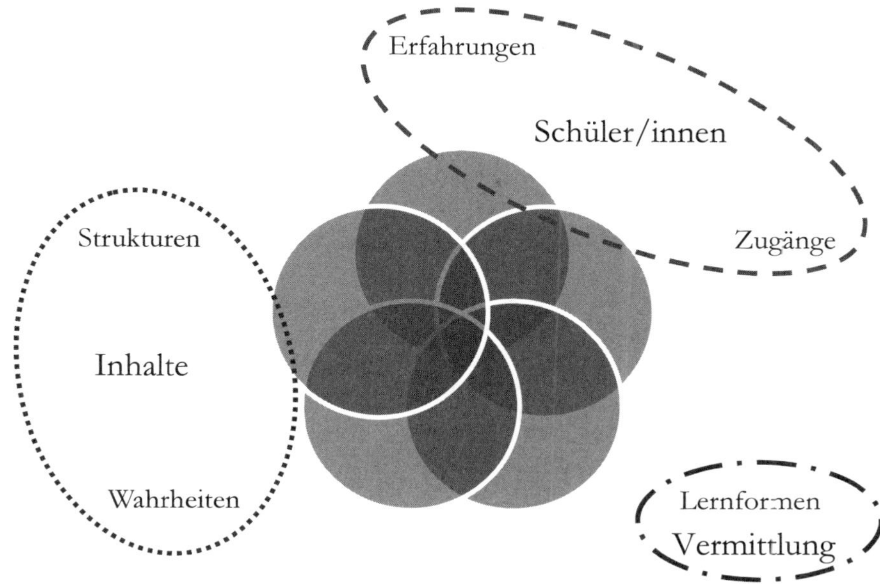

Die fünf ineinander verwobenen Dimensionen der Elementarisierung bilden eine dreistellige korrelative Relation. Darin lässt sich die bisher erarbeitete Erweiterung des Korrelationsprinzips sehr gut abbilden (Hilger 2010). Strukturen und Wahrheiten sind auf der Seite der Inhalte, Erfahrungen und Zugänge auf der der Adressaten, der Schülerinnen und Schüler, Lernformen schließlich sprechen die Vermittlung an, hauptsächlich die semiotische Seite des Unterrichts.

2.3 Sequenzplan, stundenübergreifendes Lernen und Jahresplan

Die einzelne Unterrichtsstunde und ihre Bedingungsfaktoren stehen nie isoliert, sondern sind immer in einen größeren Kontext eingeordnet, die Stunde hat in der Regel eine vorherige und einen nachfolgende Stunde. Die Sequenzplanung verhilft dazu, die Einzelstunde in einen sinnvollen Kontext zu stellen. Die Sequenz steht wiederum im größeren Kontext des gesamten Schuljahres, wozu der Stoffverteilungsplan hilft. Diese Begriffe und Beziehungen werden im Kapitel geklärt.

Lehrplanbezug

Die Elementarisierung ist ein religionsdidaktisches Verfahren zur Planung einer Einzelstunde. Was dem vorausgeht ist der Lehrplanbezug. Die Einzelstunde muss im Lehrplan vorkommen. Hier kann man drei Ebenen des Bezugs des Themas zum Lehrplan unterscheiden:

Auf der ersten Ebene des Lehrplanbezugs wird die Relevanz des Themas für allgemeine Bildungsziele der Schule und auch der jeweiligen Landesverfassungen beschrieben wie z.B. Ehrfurcht vor Gott, interreligiöser Dialog, Persönlichkeitsbildung, soziales Miteinander, Umweltbewusstsein, Medienerziehung u.a. Hier soll deutlich werden, wie das Thema allgemein bildend ist.

Auf der zweiten Ebene des Lehrplanbezugs wird die Relevanz des Themas für das Fachprofil des Religionsunterrichts hinterfragt. Einzelne Inhalte werden hier grundlegenden Lernbereichen zugeordnet, z.B. „Persönlichkeitsbildung und christlicher Glaube, Lebensdeutung und biblische Botschaft, kirchliches Leben und Befähigung zum Dialog mit den Religionen" (Lehrplan für Katholische Religionslehre an den bayerischen Hauptschulen 2004). Diese Formulierungen variieren von Schulform und Bundesland. Im Kern steckt dahinter jedoch die Unterteilung in klassische Fächer der Theologie in ihrem Bezug zu den Schülerinnen.

Auf der dritten Ebene des Lehrplanbezugs wird die Relevanz des Themas hinsichtlich der einzelnen Fachlehrpläne oder Bildungspläne (Bildungsstandards) konkretisiert. Diese können inhalts- oder kompetenzbezogen oder kombiniert sein, auch wieder je nach Schulform und Bundesland.

Mittels dieser drei Ebenen wird das Thema in den Rahmen des Fachlehrplans gestellt und erhält hier seinen bildungsrechtlichen Rahmen.

Sequenzplanung und Stoffverteilungsplan

Korrelative Elemente der Sequenzplanung

Die Sequenzplanung dient dazu, einen Themenbereich aus der Lehrplanebene drei in einzelne Unterrichtseinheiten zu gliedern. Die Unterrichtseinheiten sollen so gestaltet werden, dass sie sinnvoll aufeinander folgen (lat.

sequi = folgen). Diese Folge zu gestalten dient die Sequenzplanung. Das Kriterium hierzu ist, den Lehrplanstoff sinnvoll und adäquat auf die Schülerinnen und Schüler zu beziehen; hier sind wiederum die Elemente der korrelativen Didaktik zu finden: Inhalt-Zeichen-Schüler. Um dies genauer vornehmen zu können, ist eine Rhythmisierung des Unterrichts notwendig, um keine Monotonie aufkommen zu lassen. Aus diesen Überlegungen haben sich fünf Dimensionen gebildet: Nummer der Unterrichtseinheit (Nr.), Datum, Lehrplanbezug/Inhalt, Didaktischer Schwerpunkt/Stundenziel sowie Zeichen/Medien. Die Sequenzplanung ist in eine Tabelle integriert, um wie auch beim Unterrichtsverlaufsplan schnell eine Übersicht zu bekommen.

Abb. 23 Beispiel Sequenzplanung

Unterrichtseinheit	**Datum**	**Lehrplanbezug**	**Didaktischer Schwerpunkt/ Stundenziel**	**Zeichen Medien**

Die Einzelnen Dimensionen bedeuten Folgendes:

Die *Unterrichtseinheit* gibt die Anzahl der benötigten Unterrichtsstunden an; dies kann eine Einzelstunde, eine Doppelstunde oder auch mehrere Einzelstunden umfassen. Die Einteilung der Stunden in die Unterrichtseinheit bleibt in der didaktischen Verantwortung der Lehrkraft.

Dazu wird in der Dimension *Datum* das jeweilige Datum der Stunde eingetragen, um eine exakte Verteilung zu ermöglichen. Berücksichtigt werden müssen neben dem kalendarischen Datum auch die sonstigen schulischen Veranstaltungen; es ist zu klären, ob die Unterrichtseinheit tatsächlich stattfinden kann oder ob andere Termine an diesem Tag dem entgegenstehen. Außerdem ist ein notwendiger Puffer am Ende einzuplanen, um den Stoff zu wiederholen oder evtl. Versäumnisse aufzufangen. Auch sollte ausreichend Gelegenheit für Leistungsnachweise und auch ggf. abweichende Interessen der Schülerinnen und Schüler eingeplant werden.

In der Dimension *Lehrplanbezug* soll deutlich werden, welches Thema in der Unterrichtseinheit vorkommt und wo dies im Lehrplan verankert ist. Dies kommt überwiegend in inhaltsbezogenen Lehrplänen auf der Lehrplanebene drei vor, in der die Fachlehrpläne für den Religionsunterricht abgedruckt sind bzw. in komplett kompetenzorientierten Bildungsplänen zielt dies auf die inhaltsbezogenen Fachkompetenzen. Zu berücksichtigen sind aber auch die Lehrplanebene zwei (Fachprofil) und eins (Grundlagen), z.B. hinsichtlich der Integration des Kirchenjahrs oder performativer Elemente in die Sequenzplanung. Weiterhin verfügen einige Lehrpläne über eine Zusammenfassung von Kernkompetenzen oder Grundwissen - auch dies sollte berücksichtigt werden. Insgesamt müssen die Inhalte aber so ausgewählt werden, dass der Lehrplan und seine Anforderungen in der Sequenz abgedeckt werden.

Die Dimensionen *Didaktischer Schwerpunkt/Stundenziel* und *Zeichen/Medien* nehmen die Schülerinnen und Schüler stärker in den Blick. Es sollten bei der Sequenzplanung möglichst alle vier Didaktischen Schwerpunkte (Wissen-Können-Produktiv Denken und Gestalten-Werteorientierung) vorkommen, wobei einer natürlich - je nach Thema - überwiegen kann. Eine sinnvolle Rhythmisierung sollte aber vorgenommen werden, um Monotonie zu vermeiden. Geht man von 8-12 Unterrichtseinheiten für einen Themenbereich aus, dann können alle Schwerpunkte durchaus vorkommen. Dazu sollte das jeweilige Stundenziel für die Unterrichtseinheit angegeben werden, um sich der Ausrichtung nochmals genauer zu vergewissern. Die dazu notwendigen Zeichen/Medien sollen hier aufgeführt werde um zu helfen, das Vermittlungsgeschehen zu strukturieren und auch vorzuplanen.

Insgesamt dienen die fünf Dimension der Sequenzplanung dazu, einen Themenbereich aus dem Lehrplan zu strukturieren und im Hinblick auf die jeweilige Lerngruppe Stück für Stück zu planen. Dabei kann natürlich von der Planung in der Sequenz abgewichen werden; trotzdem bleibt es sinnvoll, dies auch zu planen, sonst bliebe die Verteilung willkürlich. Die Sequenzplanung soll deshalb kein starres, sondern ein flexibles Instrument zur Unterrichtsplanung sein.

Abb. 24 Beispiel Sequenzplanung (Lehrplan Gymnasium Bayern 7.2)

UE	Datum	Lehrplanbezug	Didaktischer Schwerpunkt/ Stundenziel	Zeichen Medien
1	09.11.	7.2.1 Erfahrungen von Unheil und Träume von einer besseren Welt	We SuS werden sich der Thematik bewusst	Fragebogen
2	11.11.	7.2.1 Beispiele aus Film und Literatur	We SuS können sich in Beispiele einfühlen	Film, Legende (St. Martin)
3	16.11.	7.2.2 Frohbotschaft vom anbrechenden Reich Gottes: das erste Evangelium	PDG SuS können einen Text auf Papyrus gestalten	Papyrus Wasser

UE	Datum	Lehrplanbezug	Didaktischer Schwerpunkt/ Stundenziel	Zeichen Medien
4	18.11.	7.2.2 Komposition von Einzelüberlieferungen zu einer fortlaufenden Erzählung	Wi SuS verstehen die Technik der Komposition von Einzeltexten	Film
5	23.11.	7.2.2 Geographisch angelegter Aufbau	Wi SuS können an Beispielen den geographischen Aufbau des Ev zeigen	Karte
6	25.11.	7.2.2 Keine Biographie Jesu, sondern Glaubenszeugnis früher Christen	Wi - We SuS verstehen und verinnerlichen, dass das Ev ein Glaubenszeugnis ist	Buch
7	30.11.	7.2.3 Kursorische Lektüre des MK-Evangeliums: Hoffnungsbilder	We SuS internalisieren die Hoffnungsbotschaft des Ev	Handbibel
8	02.12.	7.2.3 Reich-Gottes-Gleichnis	Wi SuS kennen die Gleichnis-Struktur	Digitale Bibel
9	07.12.	7.2.3 Einführung in die synoptische Frage	Wi SuS verstehen die synoptische Frage	Power-Point
10	09.12.	7.2.4 Eigene Hoffnungsbilder gestalten	PDG - Kö SuS können kreativ eigene Hoffnungsbilder entwerfen	Gestaltungsmaterialien Visualizer
11	14.12.	Wiederholung		
12	16.12.	Test		

Wi = Wissen We = Werteorientierung PDG = Produktiv Denken und Gestalten Kö = Können

Das Beispiel zeigt, wie die einzelnen Lehrplaninhalte in eine Sequenz gebracht werden; wichtig ist im Bereich der Didaktischen Schwerpunkte und der Medien die Rhythmisierung. Es wird nicht immer nur in der Sequenz ein Schwerpunkt angesprochen werden, sondern alle vier kommen vor - natürlich unterschiedlich gewichtet.

Jahresplanung: Stoffverteilungsplan

Die Sequenzplanung eines Themenbereichs steht wiederum in einem größeren Kontext. Alle Sequenzplanungen zusammen ergeben idealtypisch den Stoffverteilungsplan oder Jahresplan. Da der Stoffverteilungsplan aber am Anfang des Schuljahres für das gesamte Schuljahr verfasst wird und die Lerngruppe evtl. noch nicht bekannt ist, sollte in korrelativer Hinsicht der Stoffverteilungsplan - ähnlich wie die Sequenzplanung - als flexibles Hilfsmittel dienen, das aber immer wieder neu justiert werden muss. Merkt die Lehrkraft z.B., dass das Arbeitstempo der Lerngruppe niedriger ist als eingeschätzt, müssen auch die einzelnen Sequenzen neu ausgerichtet werden. Der Stoffverteilungsplan ist also als erstmalige Übersicht über das Schuljahr anzusehen, muss aber immer wieder neu gestaltet werden. Daher werden die Formulierung der Stundenziele weggelassen, da dies hier nur um einen groben Entwurf geht - die Didaktischen Schwerpunkte werden aber beibehalten, um bereits hier die Variabilität des Orientierung an unterschiedlichen Kompetenzen zu unterstreichen. Auch die Spalte der Medien/Zeichen wird weggelassen, da sich auch hier noch sehr viel ändern kann und flexibel reagiert werden muss. Das folgende Beispiel über einen Jahresplan/Stoffverteilungsplan geht von einer Doppelstunde Religionsunterricht in einer fünften Klasse Hauptschule/Mittelschule nach dem aktuell gültigen Lehrplan in Bayern aus:

Abb. 25 Beispiel Stoffverteilungsplan (Lehrplan Haupt- und Mittelschule Bayern 5)

Datum	Lehrplanbezug	Did. Schwerpunkt
September	1. Halbjahr	
17.9.	Kennenlernen - Organisation 5.3 Zeit haben für sich und andere - Zeit haben für Gott Stilleübungen	We
24.9.	5.3.1 Zeit haben für sich, Ruhe finden, Zeit schätzen lernen	Wi PDG
Oktober		
1.10.	5.3.2 Gebetsübungen (gebunden-frei), Gebetshaltungen	We
8.10.	5.3.3 Überblick über die Abfolge im Kirchenjahr	Wi

Datum	Lehrplanbezug	Did. Schwer-punkt
15.10.	5.3.3 Ausgewählte Feste und Feiern im Kirchenjahr	Wi
22.10.	Entfällt	
29.10.	5.3.3 Halloween-Allerheiligen: Gemeinsamkeiten und Unterschiede	Wi
No-vem-ber		
12.11.	Wiederholung der Sequenz	Wi
19.11.	1. Probe; religiöses Grundwissen spielerisch erarbeitet	Wi
26.11.	Rückgabe 1. Probe; mündl. und schriftl. Noten 5.2 Glauben und Vertrauen - Gottes Weg mit Abraham 5.2.1 Abraham vertraut auf Gottes Verheißung	Wi PDG
De-zem-ber		
3.12.	5.2.1 Abraham und Sara begegnen Gott im Fremden	Wi
10.12.	5.2.1 Abraham und Sara glauben und zweifeln	Wi PDG
17.12.	Weihnachten: Ursprünge des Festes und heutige Formen	Wi We
Januar		
7.1.	5.2.2 Anknüpfung an 5.2.1 Abraham als Vorbild im Glauben	Wi
14.1.	5.2.2 Abraham bittet um die Rettung von Sodom und Gomorra - Wiederholung	Wi We
21.1.	2. Probe; religiöses Grundwissen spielerisch erarbeitet	Wi
28.1.	Rückgabe 2. Probe; mündl. und schriftl. Noten 5.1 Miteinander leben - füreinander da sein 5.1.1 Menschen, Tiere Pflanzen	We
Febru-ar		
4.2.	5.1.2 Gemeinschaft werden - Ich, Du, Wir	PDG Kö
11.2.	Halbjahresnoten; 2. Halbjahr	
25.2.	5.4 Dem Weg Jesu auf der Spur - sein Leben und Wirken 5.4.1 Der historische Jesus	Wi
März		

Datum	Lehrplanbezug	Did. Schwerpunkt
4.3.	5.4.1 Zeit und Umwelt Jesu	Wi
11.3.	5.4.1 Jesu Weg durch seine Heimat	Wi
18.3.	entfällt	
25.3.	5.4.2 Jesu Tod und Auferstehung; Ostern	We Wi
April		
15.4.	5.4.2 Menschen begegnen Jesus, Reaktionen auf Jesus	Wi
22.4.	Wiederholung der Sequenz	
29.4.	3. Probe; religiöses Grundwissen spielerisch erarbeitet	Wi
Mai		
6.5.	Rückgabe 3. Probe, mündl. und schriftl. Noten	Wi
	5.5 Kirche am Ort - eine Gemeinschaft und ihre Geschichte	
	5.5.2 Erkundung der Kirche	Wi
20.5.	5.5.2 Angemessenes Verhalten in Kirche und Gemeinschaft	Wi We
Juni		
10.6.	5.5.1 Konkrete Dienste in der Pfarrgemeinde	Wi
17.6.	5.5.3 Lebendiger Glaube - gestern und heute: Pfarrgemeinde und Bistum; Wiederholung	Wi
24.6.	4. Probe	Wi
Juli		
1.7.	Rückgabe 4. Probe, mündl. und schriftl. Noten	
	5.6 Menschen in Not	Wi
	5.6.1 Not hat viele Gesichter	
8.7.	5.6.2 Nicht wegschauen - einander begegnen	We
15.7.	5.6.3 Was wir tun können - kleine Schritte zum Mitmachen	We PDG
22.7.	Wiederholung Grundwissen Religion	Wi
29.7.	Noten	

Wi = Wissen We = Werteorientierung PDG = Produktiv Denken und Gestalten Kö = Können

Auch dieser Stoffverteilungsplan/Jahresplan ist nur ein Beispiel für eine mögliche Anwendung. Es sind natürlich ganz andere Varianten möglich und auch sinnvoll, z.B. unter stärkerer Berücksichtigung der Medien oder der zu schreibenden Tests. Wichtig aber - wie auch bei der Sequenzplanung - ist eine sinnvolle Rhythmisierung der Lehrplanthemen.

2.4. Fallbeispiel zur vollständigen Unterrichtsplanung

Unterrichtsplanung

Thema der Stunde
Kennzeichen von Symbolen

Lehrplanbezug
7.3.2 Symbole und Rituale entdecken und erschließen

Klasse:	7b
Datum:	22. November 2011
Uhrzeit:	10.30 - 11.15 Uhr
Schule/Ort:	NN

1 Bezug des Stundenthemas zum Lehrplan

Das Stundenthema „Kennzeichen von Symbolen“ setzt drei Ebenen des Lehrplans für das Gymnasium exemplarisch um:

LP-Ebene 1
Auf der ersten Ebene des Lehrplans wird herausgestellt, dass das Gymnasium der Wissensvermittlung und der Persönlichkeitsbildung im Sinne Humboldts dienen soll: Als umfassende Bildung soll das Gymnasium daher Welt erschließen und mit den eigenen kontextuellen Voraussetzungen verbinden. Der Lehrplan formuliert dies so: Der Mensch sucht „soviel Welt als möglich zu ergreifen und so eng, als er nur kann, mit sich zu verbinden“ (LP 7, Zitate beziehen sich auf Online-Ausgabe des LP unter isb.bayern.de). Das Stundenthema „Kennzeichen von Symbolen“ ist dafür exemplarisch geeignet, geht es doch von einem in der Welt befindlichen Gegenstand aus und erschließt seine Bedeutung in Kommunikation mit dem Betrachter. Den Schülerinnen und Schülern (SuS) wird somit beim Vollzug einer Symboldeutung anschaulich deutlich, wie Welt erschlossen und Bedeutung generiert wird. Neben diesem epistemologischen Zugang trägt das Thema auch zur „Werteorientierung“ (LP 8) in religiöser Hinsicht bei, da hier zentrale Symbole des Glaubens erschlossen und mit dem eigenen Leben in Beziehung gesetzt werden. Mittels dieser Korrelation wird das eigene Leben mit dem Glauben über Symbole verbunden. Auch die „Ästhetische Bildung“ (LP 8) wird angezielt, indem die Wahrnehmung geschult und die eigene Kreativität gefördert wird. Das Stundenthema berührt somit zentrale Kernaufgaben des Gymnasiums. Im Hinblick auf fächerübergreifendes Lernen besteht hier eine Beziehung zum Fach „Deutsch“ (LP 9), z.B. im Themenbereich „Sich mit Literatur und Sachtexten auseinander setzen“.

LP-Ebene 2
Auf der zweiten Ebene - dem Fachprofil - ist das Thema paradigmatisch geeignet, den geforderten „religiösen Zugang zur Wirklichkeit“ (LP 1) bei den SuS anzubahnen. Durch die Beschäftigung mit säkularen und religiösen Symbolen kann dieser Zugang gelegt werden, indem Bedeutungen von Wirklichkeit miteinander in Beziehung treten können - Bedeutungen der Gegenstände aus der christlichen Tradition und Bedeutungszuschreibungen der SuS. Dadurch wird einerseits Orientierung an vorhandenen Bedeutungen aus der kirchlichen Tradition gegeben, andererseits wird es möglich, diese Bedeutungen in Beziehung zu eigenen Semantiken zu setzen. In dieser In-Beziehung-Setzung wird vorhandene Korrelation aufgedeckt und neue Korrelation vollzogen. Implizit sind darin die religiösen Kompetenzen, die im Fachprofil angesprochen werden: Die SuS „können religiöse Sprache und Zeugnisse, Symbole und andere ästhetische Ausdrucksformen interpre-

tieren und verstehen“ (LP 1). Gerade das in der Stunde zur Verfügung gestellte Muster der Symboldeutung ermöglicht es, die Struktur von Symbolen zu durchschauen und auf andere Symbole anzuwenden. Das Thema gehört zum Themenkreis „Christlicher Glaube und Weltdeutung“ (LP 2). Dieser Themenkreis „erschließt kirchliche Glaubenslehre erfahrungsnah und in Lebenskontexten der Heranwachsenden“ (LP 2).

LP-Ebene 3
Auf der dritten Ebene - den Jahrgangsstufenthemen - entstammt das Thema aus dem Bereich 7.3.2 „Symbole und Rituale entdecken und erschließen: in der Jugendkultur, im Alltag, in der christlichen Überlieferung“ (LP K2). Davon ausgehend finden die SuS „einen Zugang zu Symbolen und Ritualen, die oft als uralte Deutungsmuster der Menschheit eine tiefere Sicht der Wirklichkeit ermöglichen. Vor diesem Hintergrund erfassen sie die Besonderheit christlicher Symbole und Sakramente, die als ermutigende Zeichen der Nähe Gottes heilsam wirken“ (LP K2). Das Thema „Kennzeichen von Symbolen“ führt in diesen Themenbereich ein, indem es die zentralen Merkmale aufdeckt und anwendet.

Zusammenfassend setzt das Thema „Kennzeichen von Symbolen“ alle drei Ebenen des Lehrplans um.

2. Elementare Strukturen

Der Begriff Symbol stammt etymologisch aus dem Griechischen: „Symbolon“ ist eine substantivierte Verbform von „symballein“. Ein Symbol bezeichnet „einen in zwei Teile auseinandergebrochenen Gegenstand (Ring, Täfelchen Stab usw.), der zusammengefügt Bedeutung erlangt und als Erkennungszeichen“ (LThK 9, 1154) fungiert. Diese etymologische Definition muss jedoch durch ein semiotisches Symbolverständnis erweitert werden, um Missverständnisse zu vermeiden, die häufig im Unterricht auftreten. Innerhalb der Semiotik bezeichnen Symbole nämlich gerade nicht eine feststehende Bedeutung. Die Zeichentriade nach Peirce wurde bereits besprochen (s.o.). Daraus ergeben sich einige Folgerungen für das Symbolverständnis: „Die Semiotik von Peirce zielt nun darauf ab, die einzelnen drei Bereiche zu spezifizieren. Peirce entwickelt ein diffiziles System mit einigen Neologismen (vgl. Meyer-Blanck 2002, 65f., Peirce, CP 2.245-9; 8.337). Auffällig ist auch hier die jeweilige Dreierstruktur zwischen dem Zeichen in seiner dreifachen relationale Entfaltung: Das Repräsentamen besteht aus einem Sinzeichen (verwirklichtes Einzelding, das als Zeichen fungiert, z.B. diese Farbe Rot in dieser Ampel), einem Legizeichen (das abstrakte Modell für Sinzeichen, allgemein einsetzbare Verkehrszeichen) sowie einem Qualizeichen (signifikante Möglichkeit der Qualität eines Zeichens, die sinnlich rezipiert werden kann, z.B. die Farbe Rot bei der Ampel). Das Interpretant besteht aus Rhema (irgendein Zeichen innerhalb einer Aussage, z.B. rot), Dient (Kombination von Zeichen, z.B. die Ampel ist rot) und Argument (komplexe Aussage, Gedankengang, z.B. die Ampel ist rot, weil sie daraufhin geschaltet ist). Das Objekt besteht aus Index (physischer Zusammenhang zwischen dem Zeichen und dem bezeichneten Gegenstand, z.B. „Kikeriki" als Ruf des Hahns, der auf ihn verweist), Ikon (Merkmalsähnlichkeit von Zeichen und Gegenstand, z.B. Fingerabdruck) und Symbol (willkürliches Zeichen, das durch eine Regel oder Vereinbarung festgelegt ist, z.B. Verkehrszeichen)" (Heil 2006a, 94).

Was ist nun die Quintessenz dieses Symbolverständnisses? Zwei Kennzeichen sind hier herauszuheben: Erstens weicht das Verständnis eines Symbols von der gängigen Definition eines Symbols als naturwüchsiger Zusammenhang zwischen Zeichen und Bezeichnetem ab. Eine Rose bedeutet eben nicht automatisch Liebe, sondern kann - je nach Betrachter - auch Schmerz (z.B. durch Dornen), Verfall oder sonstige Bedeutungen haben, je nach biographischer Prägung des Betrachters (Meyer-Blanck 2012). Dies gilt im Besonderen auch für sog. urwüchsige Symbole wie z.B. Wasser. Es kann für Leben stehen, aber auch für Zerstörung (z.B. nach der Erfahrung einer Überschwemmung). Auch für religiöse Symbole ist dies zu konstatieren. Sie haben zwar einen traditionellen festen Bedeutungskontext, diesem werden jedoch in einem Pluralen und individualisierten Kontext neue Semantiken zugeführt, wie z.B. das Kreuz bei Jugendlichen eine andere Bedeutung haben kann als die originär christliche (Prokopf 2008), so dass auch neue Bedeutungen entstehen. Eine zweistellige Beziehung von Symbol und Symbolisiertem muss daher zu einer Triade erweitert werden, indem das deutende Subjekt einbezogen wird (Heil 2006a, 102).

Zweitens ist der Zusammenhang von Symbol und Zeichen zu konstatieren. Der Begriff des Zeichens wird irrtümlicherweise gerne dem Begriff Symbol gegenübergestellt - ein Symbol ist jedoch nicht der Gegensatz eines Zeichens, sondern eine Unterkategorie. Symbole sind immer auch Zeichen, und zwar ganz bestimmte mit einer deutungsoffenen Bedeutung. Die Missachtung dieses Verhältnisses ist eine Gefahr einer verkürzten Symboldidaktik.

Für das Stundenthema bedeutet dies, dass Symbole zum einen immer deutungsoffen sind, je nach biographischem Kontext der SuS, dadurch sind sie nicht festgelegt. Eine „richtige" Bedeutung von Symbolen gibt es nicht, höchstens eine überlieferte, die es aber zu berücksichtigen gilt. Diese Antinomie zwischen überlieferter und neuer Bedeutung von Symbolen ist bedeutsam beim Symbolverständnis.

Zum anderen ist die Deutung von Symbolen ein komplexes Verfahren, das eigentlich einen individualisierten und differenzierten Zugang erfordert. Soll im Kontext Schule nicht auf Symbole verzichtet werden, dann erscheint es vor diesem Hintergrund sinnvoll, eine didaktische Reduktion vorzunehmen, um die Dreidimensionalität des Symbols zu wahren, die SuS. jedoch nicht damit zu überfordern. Die Dimension der Bedeutungsstruktur für den Betrachter (Interpretant) wird daher in die Bedeutungsstruktur des Gegenstandes (Repräsentamen) einbezogen zu einer Bedeutungsstruktur, die sich dahinter auftut. Durch diese Komprimierung und Komplexitätsreduktion wird eine gezielte Anwendung auch auf andere Symbolbereiche für die SuS erleichtert.

3 Überlegungen zur Lebenswelt der Schülerinnen und Schüler

3.1 Elementare Zugänge (Merkmale der Altersstufe)

In der siebten Jahrgangsstufe sind die SuS in der Regel zwischen elf und 13 Jahren alt. Das markanteste Kennzeichen dieser Altersstufe ist der Übergang vom Kind zum Jugendlichen, zum „Teen-Ager" (nach engl. thirteen). Dieser Übergang ist individuell unterschiedlich, so dass mit einer Bandbreite an Jugendlichen in der Klasse gerechnet werden muss, was sich aber im Verlauf des Schuljahres verändern kann. Gerade während der siebten Jahrgangsstufe findet dieser Übergang statt. Einige kognitive, affektive, psychomotorische, soziale und religiöse Merkmale werden hier herausgearbeitet:

Die kognitive Entwicklung kann unterschiedlich charakterisiert werden: Legt man das klassische Stufenschema der kognitiven Entwicklung nach Piaget zugrunde, dann befinden sich Siebtklässler im „konkretoperationalen" oder „formaloperationalen" Stadium. Im konkretoperationalen Stadium steht - wie der Name bereits aussagt - die kognitive Verarbeitung dinglich-materialer Anschauungen im Vordergrund. Die Informationsverarbeitung und Bedeutungszuschreibung als zentrale kognitive Kompetenzen der SuS verlaufen über die Wahrnehmung (Perzeption) konkreter Dinge. Abstrakte Sachverhalte, Symbolik, Metapher u.a. werden noch nicht verarbeitet oder als fremd ignoriert. Es besteht aber die Fähigkeit zur Ordnung und gedanklichen Folge und Rückwärtsfolge eines Dinges, z.B. der Abfolge einer Erzählung. Im formaloperationalen Stadium können dann Abstraktionen der Wahrnehmung vorgenommen werden; die kognitive Verarbeitung und Schlussfolgerung ist nicht mehr an die konkrete Anschauung gebunden, sondern kann über abstrakte Zeichen vorgenommen werden. Neben diesem Stufenschema hat sich die sog. bereichsspezifische Entwicklungstheorie durchgesetzt, die annimmt, dass nicht eine lineare und irreversible Abfolge der kognitiven Entwicklung bei allen Kindern und Jugendlichen vorliegt, sondern dass sich unterschiedliche Bereiche mehr oder weniger stark ausbilden (z.B. nach Sodian). Dieser kontextuelle Ansatz verfolgt das Ziel, die kognitiven Bereiche anzugeben, die altersspezifisch besonders ausgebildet sind. Dazu zählen etwa ästhetische, sportliche, mathematische, sprachliche oder religiöse Bereiche. In verschiedenartigen Bereichen können unterschiedliche kognitive Operationen wie z.B. schlussfolgerndes Denken, vonstattengehen, in anderen nicht. Da es hier kein allgemeines Schema gibt, muss individuell herausgefunden werden, zu welchem Bereich bestimmte Operationen vorliegen. Jenseits der Theoriebildung zeigt die Hirnforschung, wie sich synaptische Schaltungen ständig verändern und dadurch auch veränderte informationsverarbeitende Ergebnisse zustande kommen (Hüther 2009.2011). Gerade bei Siebtklässlern kommt diese Veränderung stark zum Tragen.

Die soziale Orientierung richtet sich neben dem Elternhaus an der Peergroup aus. Autoritäten werden zunehmend in Frage gestellt, das Verhalten der Gruppe wird immer wichtiger. Die bekannteste Theorie hierzu ist Eriksons Theorie der psychosozialen Entwicklung. Erikson charakterisiert die verstärkte Ausrichtung am anderen in seiner antinomischen Theorie als „Identität und Ablehnung vs. Identitätsdiffusion" (5. Stadium), das auf das Stadium des „Werksinn vs. Minderwertigkeitsgefühl" folgt. Identitätsentwicklung kann beide Richtungen nehmen. Wie auch bei der kognitiven Entwicklung gibt es zu Identitätsentwicklung eine bereichsspezifische Entwicklungstheorie als Ergänzung, die dies für bestimmte Bereiche annimmt, während andere unterschiedlich ausgebildet sind. Es kann hier nicht von einer Identitätsentwicklung der ganzen Person gesprochen werden, sondern nur von bestimmten Bereichen.

Die affektive Entwicklung hängt mit der psychosozialen zusammen und erfolgt für Siebtklässler als zunehmende öffentliche Kontrolle der Basisaffekte (Angst, Wut, Freude, Zuneigung, Trauer u.a.) bei gleichzeitiger Zunahme identitätsstiftender oder -diffuser Affekte (Unsicherheit, Kontingenz, Sicherheit). Die affektive Ausrichtung zeigt sich z.B. an Partizipationsverhalten auf der einen und Vermeidungsverhalten auf der anderen Seite. Affektive Störungen werden dadurch nach und nach sichtbar (Klicpera/Gastinger-Klicpera 2007). Dies hat auch Auswirkungen auf die ethische Orientierung. Nach Kohlberg z.B. sind Siebtklässler auf der präkonventionellen (I.2 instrumentell) oder konventionellen (II.1 interpersonale Konkordanz „good boy/nice girl", weniger auf II.2 Recht und Ordnung). Auch hier ist ein Übergang vorhanden.

Die religiöse Entwicklung kann ebenfalls durch die beiden Herangehensweisen charakterisiert werden (Stufentheorie-bereichsspezifische Theorie): Die klassischen Stufentheorien stammen von Fowler und von Oser-Gmünder. Nach Fowler befinden sich Siebtklässler - ähnlich der kognitiven und ethischen Entwicklung - auf den Stufen 2 („mythisch-wortgetreuer Glaube") oder 3 („synthetisch-konventioneller Glaube"). Stufe 2 zeichnet sich durch die konkretoperationale Struktur des Glaubens aus, Gott wird anthropomorph gedeutet, Überlieferungen werden immer nur wörtlich genommen; Stufe 3 bringt eine zusätzliche Dimension der Abstraktheit herein, der Glaube ist jedoch noch nicht individuell gefestigt, sondern von anderen abhängig. Es wird geglaubt, was vorgegeben ist, aber bereits abstrakter. Auf den Stufen der religiösen Urteilskraft nach Oser/Gmünder befinden sich Siebtklässler ebenfalls auf den Stufen 2 („Orientierung am Do ut des") oder 3 („Orientierung an Selbstbestimmung"). Do ut des meint, dass religiöse Urteilskraft, also hauptsächlich die Vorstellung von Gott, auf dem Prinzip des „Ich gebe, damit du gibst" basiert. Gott wird als beeinflussbar beschrieben, der durch bestimmte Handlungen (Gebet, Opfer, Verhalten u.a.) gnädig und gewogen gestimmt werden kann. Auf der nächsten Stufe wird Gott als quasi „unbewegter Beweger" gedeutet, der mit der Welt nichts mehr zu tun hat, der von der Welt getrennt ist und deshalb das eigene Leben nicht mehr beeinflusst, obgleich es ihn noch gibt. Der Mensch ist allein für sein Verhalten verantwortlich. Wagener hat die Stufe 3 erweitert, indem er zeigt, dass sich der Deismus im Zusammenspiel von kognitiven und affektiven Kohärenzen auf dieser Stufe neu aufteilt: Während zuerst (3a) konträre Emotionen wie Nähe und Ferne in Abgrenzung zur Stufe 2 eine Rolle spielen, erfolgt dann (3b) eine Entwicklung hin zur Erweiterung auf die Welt als neues Weltdeutungsmuster des Deismus durch Entemotionalisierung (Wagener 2002). Dies dürfte gerade für Jugendliche einen neuen Zugang zur Gottesthematik über die Emotion auf 3a und stärker die kognitive Auseinandersetzung auf 3b schaffen. Hier entstehen Fragen der Jugendlichen, die beantwortet werden müssen. Die bereichsspezifische Theorie religiöser Entwicklung postuliert dagegen, dass sich Religiosität immer unterschiedlich akzentuiert. Glaube und Gottesvorstellungen können je nach Kontext variieren und sind keineswegs übersituativ und homogen. So kann die Gottesvorstellung z.B. im Kontext einer ethischen Entscheidung unterschiedlich sein als z.B. bei der Kontingenzbewältigung.

Zusammenfassend im Hinblick auf das Thema kann festgehalten werden, dass symbolisches Denken und Fühlen noch wenig ausgeprägt ist. Es kommt daher didaktisch darauf an, zuerst dieses Denken und Fühlen anhand konkreter Beispiele einzuüben und dann langsam zu abstrahieren, auch im religiösen Bereich. Eine klare Struktur des Symbolverständnisses sowie ein affektiv starker Zusammenhang mit der eigenen Lebensgeschichte sind notwendig.

3.2 Elementare Erfahrungen

Klassendiagnose

Am Katholischen Religionsunterricht nehmen 23 katholische SuS von insgesamt 31 aus der Klasse 7b teil. Die Lerngruppe ist homogen, aus einer Klasse. Es sind 13 Mädchen und 10 Jungen in der Klasse. 21 SuS sind zwölf Jahre alt, ein Schüler ist elf, eine Schülerin, die die Jahrgangsstufe wiederholt, ist 13. Die Lerngruppe kann durch die Kategorien Leistung, Kommunikation und Religiosität charakterisiert werden.

Die leistungsstärksten SuS sind (Namen alle Pseudonyme) Maria, Simon, Sophia und Xaver. Sie haben sowohl schriftlich als auch mündlich die besten Leistungen der Lerngruppe. Alle vier SuS bringen mündlich qualitativ sehr gute Beiträge, Maria und Simon auch quantitativ, Sophia und Xaver melden sich nicht regelmäßig, liefern aber immer bei Nachfrage qualitativ hochstehende Beiträge. Mittlere Leistungen bringen Alexander, Dimitri, Jan, Lionel, Maximilian, und Timon sowie Andrea, Anna, Clara, Janina, Larissa, Lea, Lina, Sandra und Sarah. Lionel, Anna und Lina haben überdurchschnittlich gute schriftliche Leistungen, beteiligen sich mündlich aber selten am Unterricht und haben qualitativ auch nicht immer die passenden Antworten parat - auch bei Rechenschaftsablagen sind sie eher im Durchschnitt. Bei Jan, Maximilian, Andrea, Lea und Sarah ist das Verhältnis von schriftlichen und mündlichen Leistungen umgekehrt, die anderen SuS haben sowohl mündlich als auch schriftlich durchschnittliche Leistungen. Die leistungsschwächsten SuS sind Kevin und Phillip sowie Ann-Kathrin und Monika. Alle vier SuS beteiligen sich kaum am Unterricht, erzielen bei Rechenschaftsablagen schlechte Noten und kommen auch schriftlich auf keine durchschnittliche Leistung. Diese Kategorisierung der Leistungen der Lerngruppe ist auch in anderen Fächern zu finden, so dass für den Religionsunterricht keine großen Abweichungen vorhanden sind. Einzig Sophia ist im Vergleich zu anderen Fächern sehr gut, was womöglich an ihrem Interesse am Fach Religion liegt.

Die Kommunikation in der Gruppe kann unterteilt werden in unterrichtliche Kommunikation als Beitrag zum Unterrichtsgeschehen und außerunterrichtliche Kommunikation als Störung des Unterrichtsverlaufs. Beide Formen korrelieren stark mit dem Leistungsniveau der SuS. Störungen tauchen daher am ehesten bei Kevin, Dennis und Ann-Kathrin auf - dies macht sich bemerkbar durch unaufgefordertes Reinrufen, unpassende Kommentare oder auch Aufstehen während des Unterrichts. Kommunikation wird daher von den SuS verstärkt außerhalb des Unterrichtsgeschehens gesucht. Diese SuS müssen präventiv im Auge behalten werden, sonst droht eine Wellenbewegung der Störung. Auch Sanktionen sind hier manchmal notwendig. Eine andere Art der Störung ist bei Monika zu finden, die sich fast nicht am Unterricht beteiligt und Arbeitsaufträge nur widerwillig ausführt. Monika kann dem Unterrichtsgeschehen anscheinend nicht folgen und flüchtet sich in eine innere außerunterrichtliche Kommunikation mit sich selbst. Bei der mittleren Leistungsgruppe ist die Kommunikation differenziert zu sehen. Während Alexander, Dimitri, Jan, Maximilian sowie Andrea, Anna, Clara, Janina und Larissa der unterrichtlichen Kommunikation in der Regel folgen, führen Lionel mit Timon sowie Lea mit Lina und Sandra mit Sarah gerne außerunterrichtliche Nebengespräche mit dem

Banknachbarn. Dies ist bei Lea und Lina noch am wenigsten ausgeprägt. Die Nebengespräche bleiben aber in der Regel auf ein Zweiergespräch beschränkt und weiten sich nicht aus, werden aber trotzdem bei Störung durch Ermahnung oder Umsetzen unterbunden oder zur Partnerarbeit hin kanalisiert. Fast ausschließlich unterrichtliche Kommunikation führen Maria, Simon, Sophia und Xaver. Insgesamt ist die Klasse vergleichsweise gut zu führen.

Wie nur in wenigen anderen Fächern wird das Interesse am Religionsunterricht und die damit verbundene Leistungsbereitschaft durch die eigene Religiosität geprägt (Bucher 2001), und ohne Interesse keine Erkenntnis (Habermas). Dies zeigt sich auch in der Religiosität der Lerngruppe, die stark mit Leistung und Kommunikationsverhalten zusammenhängt. Folgende Gruppen können grob unterschieden werden (was aber je nach Thema variieren kann): Kirchlich-christlich sind Maria, Simon, Sophia. Christlich-autonom sind Jan, Maximilian, Timon sowie Andrea, Anna und Clara. Konventionell religiös ist die größte Gruppe mit Alexander, Dimitri, Janina, Larissa, Lea, Lina, Lionel und Sandra. Autonom-religiös sind Monika und Sarah. Nicht-religiös sind Kevin, Phillip, Xaver und Annelie. Interessant hierbei ist Xaver, dessen ausdrückliche Nicht-Religiosität trotzdem mit sehr guten Leistungen und Kommunikationsverhalten korreliert. Xaver scheint trotz oder gerade wegen seiner Einstellung großes Interesse am Religionsunterricht zu haben. Zusammenfassend korreliert ein großes Interesse mit Leistungsstärke und unterrichtlichem Kommunikationsverhalten, während niedriges Interesse mit schwachen Leistungen und hohem außerunterrichtlichen Kommunikationsverhalten zusammenhängt. Insgesamt zeigt sich bis auf Xaver, je höher die Religiosität, desto stabiler die Leistung und die Mitarbeit.

Um einen schnellen Überblick zu erhalten, kann folgende Matrix zur vorläufigen, aber gerade durch ihre Reduktion hilfreichen Übersicht beitragen:

Tabelle: Klassendiagnose durch dimensionale Kategorisierung

Schüler/in	Leistung	Kommunikation	Religiosität
Alexander	mittel	uK mittel	k-r
Anna	mittel	uK mittel	c-a
Andrea	mittel	uK mittel	c-a
Ann-Kathrin	niedrig	aK mittel	n-r
Clara	mittel	uK mittel	k-r
Dimitri	mittel	uK mittel	c-a
Jan	mittel	uK mittel	k-r
Janina	mittel	uK mittel	k-r

Schüler/in	Leistung	Kommunikation	Religiosität
Kevin	niedrig	aK hoch	n-r
Larissa	mittel	uK mittel	k-r
Lea	mittel	aK niedrig	k-r
Lina	mittel	aK niedrig	k-r
Lionel	mittel	aK mittel	k-r
Maria	hoch	uK hoch	k-c
Maximilian	mittel	uK mittel	c-a
Monika	niedrig	aK niedrig	a-r
Phillip	niedrig	aK hoch	n-r
Sarah	mittel	aK mittel	a-r
Sandra	mittel	aK mittel	k-r
Simon	hoch	uK hoch	k-c
Sophia	hoch	uK hoch	k-c
Timon	mittel	aK mittel	c-a
Xaver	hoch	uK mittel	n-r

Folgende Erklärung kann die dimensionale Kategorisierung deutlich machen (vgl. hierzu auch Verfahren der qualitativen Sozialforschung nach der Grounded Theory Strauss/Corbin 1996, Heil 2006a):

Die Leistung kann in die Dimensionen hoch-mittel-niedrig eingeteilt werden.

Die Kommunikation wird in unterrichtliche Kommunikation (uK) und außerunterrichtliche Kommunikation (aK) kategorisiert. Hierbei wird nochmal unterschieden, ob die uK hoch-mittel-niedrig ist, das gleiche gilt für die aK. Niedrige aK ist z.B. die gelegentliche, seltene Unterhaltung mit dem Banknachbarn, hohe aK ist Reinrufen und Kommentieren.

Die Religiosität wird nach den fünf Typen charakterisiert, also k-c = kirchlich-christlich, c-a = christlich-autonom, k-r = konventionell-religiöse, a-r = autonom religiös und n-r = nicht-religiös. Eine Dimensionierung unterbleibt hier, da dies schwierig einzuschätzen wäre und weitere außerunterrichtliche Kenntnisse notwendig wären. Hierbei spielt sicherlich auch das Elternhaus mit hinein, da ebenfalls Berücksichtigung finden sollte - im Einzelfall ist dies sicher möglich, doch nicht immer gelingt der Kontakt zu allen Elternhäusern.

Die Tabelle gibt einen schnellen Überblick über die bisherigen Kategorien, die zur Charakterisierung der SuS herangezogen werden. Die Kategorien stiften aufgrund ihrer Reduktion Klarheit und Orientierung, sind aber natürlich Konstrukte - es darf hierbei gerade im pädagogischen Kontext nie vergessen werden, dass ein Mensch keine Kategorie ist, es auch noch andere Schemata der Einordnung gibt und sich der Mensch auch verändern kann.

Ein weiteres hilfreiches Instrument zur Klassendiagnose neben der Kategorisierung ist der Sitzplan. Die Klasse hat folgende Tischverteilung:

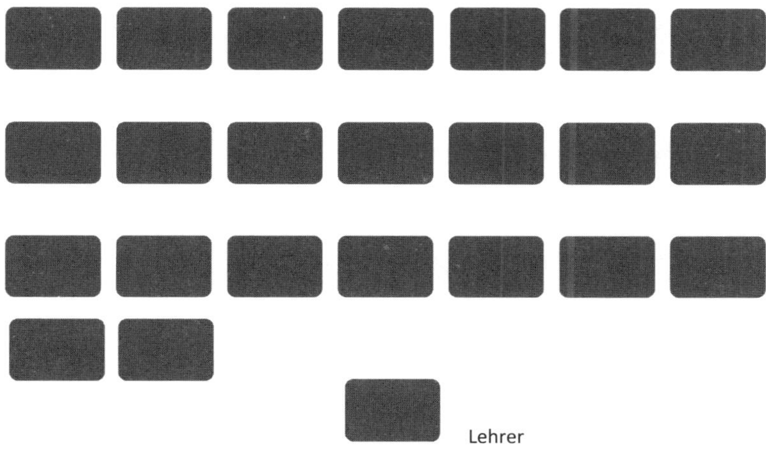

Herangezogen müssen bei der Klassendiagnose natürlich auch bisherige bekannte (und bei Bedarf auch vermutete) klinische Diagnosen wie LRS oder ADS. In der Klasse ist bei Phillip eine solche Diagnose bekannt: Bei ihm ist eine beginnenden Persönlichkeitsstörung diagnostiziert worden, weswegen er auch in psychiatrischer Behandlung ist. Für Maria liegt eine Einschätzung als hochbegabt vor. Weiterhin sollten auch offizielle sozialpädagogische Maßnahmen beschrieben werden. In der Klasse ist Kevin in sozialpädagogischer Betreuung, da er beim Stehlen erwischt worden ist und auch in eine Schlägerei auf dem Schulhof involviert war. Kevin besucht ein Anti-Aggressionstraining. Es ist darüber hinaus von Bedeutung, die Sozialstruktur der Klasse zu kennen, d.h. dominante Gruppen oder Außenseiter ausfindig zu machen. In der Klasse ist keine solche Gruppenbildung und auch kein Außenseiter bekannt.

Thema in der Klasse

Das Lehrplanthema 7.3 stammt aus der Lebenswelt der SuS, greift ihre Erfahrungen auf. Symbole kommen überall vor: Im Straßenverkehr, beim Sport, im Internet, beim Einkauf - der Alltag ist voll mit Symbolen und symbolischer Sprache. Daher dürfte das Thema bei den SuS auch auf großes Interesse stoßen, da es direkt aus ihrer Lebenswelt stammt und sich auch auf die Lebenswelt bezieht. Einige Kenntnisse zum Symbolverständnis dürften vorhanden sein, da das Thema bereits in der Grundschule in der vierten Jahrgangsstufe behandelt worden ist. Auch dort wurde die Bedeutungsstruktur des Symbols durchgenommen - der doppelte semantische Bezug dürfte daher bei den SuS - zumindest noch im Ansatz - bekannt sein. Vertieft werden kann hier sicherlich die Anwendung der Struktur auf breite Teile des Lebens sowie besonders im Religionsunterricht auf religiöse Vollzüge und Sprache. Mit größeren Widerständen ist bei diesem Thema nicht zu rechnen. Ein weit verbreitetes Vorurteil hinsichtlich des Themas könnte die Vereinfachung Zeichen-Symbol (siehe elementare Strukturen) sein. Dieses Vorurteil gilt es offenzulegen und zu korrigieren.

3.3 Elementare Lernformen

Was ergibt sich jetzt aus der bisherigen Diagnose für den Unterricht im Allgemeinen? Welche Lernformen funktionieren in dieser Klasse, welche nicht? Aufgrund des doch hohen unterrichtlichen Kommunikationsverhaltens ist ein ca. 10-minütiges LSG möglich, danach lässt die Aufmerksamkeit nach und es muss rhythmisiert werden. Möglich sind hierbei PA und EA, die GA muss erst eingeführt und geübt werden. Auch alternative Formen wie Freiarbeit sind einsetzbar, falls die leistungsschwächeren SuS genau angeleitet und ständig begleitet werden, da ihnen Selbstorganisation sehr schwer fällt und sie stark zur außerunterrichtlichen Kommunikation neigen. An Medien sind prinzipiell alle Medien einsetzbar, die Klasse spricht sehr gut auf visuelle Medien wie Bilder, PPT, kurze Filmbeiträge oder Internet an. Diese Formen sollten verstärkt zum Einsatz kommen.

Neben diesen homogenen Lernformen sind bei Kevin, Phillip und Monika wegen ihrer Leistungsschwäche und z.T. klinischen Auffälligkeiten als auch bei Maria wegen ihrer vermeintlichen Hochbegabung immer auch differenzierte Aufgabenstellungen notwendig, die von der Homogenität abweichen. Dies betrifft individuell zu leistende Arbeitsaufträge und ist themen- und aufgabenabhängig.

4. Elementare Wahrheiten

Das Thema Symbolik betrifft den Kern des Christentums - die Dialektik von Immanenz und Transzendenz, von Kategorialität und Transzendentalität Gottes. Geht man von der Annahme aus, dass Gott sich selbst mitteilt, der „Selbstmitteilung Gottes“ (Rahner), dann muss dies innerweltlich über Zeichen geschehen, sonst wäre die Immanenz nicht greifbar und Gott nicht erfahrbar. Die Zeichen, mit denen Gott sich mitteilt, sind real, verweisen jedoch gleichzeitig auf eine weitere, dahinterliegende und größere Wirklichkeit, der Transzendenz. Im Symbol verbinden sich so Immanenz und Transzendenz exemplarisch. Sprechen über Gott kann wie symbolisches Sprechen immer nur verweisendes, hin-zeigendes Sprechen sein, das aber gleichwohl etwas von der Wirklichkeit selbst erahnen lässt. Die transzendente und transzendentale Wirklichkeit Gottes wird somit kategorial sag- und erfahrbar im verweisenden Zeichen, ohne darin aufzugehen (Schaeffler 1995). Symbolisches Sprechen intendiert so, die Wertschätzung für Immanenz und Transzendenz gleichzeitig deutlich zu machen.

5. Didaktische Umsetzung

Darstellung der Lernsequenz

U E	Datum	Lehrplanbezug Inhalt	Didaktischer Schwerpunkt Stundenziel	Zeichen Medien
1	TT M M JJ	7.3.1 Stellenwert persönlicher Heiligtümer	We SuS werden sich der individuellen Bedeutung ihrer Symbole bewusst	eigene Symbole, Realien
2		7.3.2 Einführung Symbole und Rituale entdecken und erschließen	Wi SuS verstehen die Grundstruktur eines Symbols	Realie AB
3		7.3.2 Symbole in der christlichen Überlieferung	Wi SuS können Symbole der christlichen Überlieferung erkennen und unterscheiden	Buch
4		7.3.2 Christliche Symbole im Alltag und in der Jugendkultur	We SuS können christliche Symbole im Alltag entdecken	Film
5		7.3.2 Entdecken von Symbolen der Populärkultur	PDG SuS können christliche Symbole in der Populärkultur entdecken	Internet
6		7.3.2 Verwendung von Symbolen	Kö SuS können Symbole gestalten	AB Kreative Materialien
7		7.3.3 Einführung sieben Sakramente der Kirche	Wi SuS kennen die sieben Sakramente	Realien Buch
8		7.3.3 Sakramente als Heilszeichen	We SuS verstehen die Bedeutung von Sakramenten als Heilszeichen	AB
9		7.3.3 Exemplarische Vertiefung am Beispiel der Eucharistie und Firmung	We - Wi SuS verstehen die Bedeutung der Eucharistie und Firmung als Heilszeichen	Realien Film

UE	Datum	Lehrplanbezug Inhalt	Didaktischer Schwerpunkt Stundenziel	Zeichen Medien
10		7.3.3 Sakramentalien im Leben der Kirche	Wi SuS können Sakramentalien im Leben der Kirche identifizieren und anwenden	Buch
11		Wiederholung	Wi	Mappe
12		Test		

Wi = Wissen We = Werteorientierung PDG = Produktiv Denken und Gestalten Kö = Können

5.2 Begründung des unterrichtlichen Vorgehens der geplanten Stunde

Beginn:
Als Beginn erfolgt nach der kurzen Begrüßung ein Gebet, das ein Schüler oder eine Schülerin aus dem Buch „Morgens um acht" vorträgt. Dieses Gebet führt bereits in seinem Inhalt auf das Stundenthema hin. Danach erfolgt die Rechenschaftsablage zur vorherigen Stunde.

Aufmerksamkeit
In der Phase der Aufmerksamkeit hat der Lehrer eine ca. 20x20 cm große Münze dabei, die für alle sichtbar ist. Da der Klassenraum langgezogen ist und die hinteren Reihen unbedingt auch einbezogen werden müssen, geht der Lehrer mit der Münze durch die Reihen und zeigt sie. Er erklärt anschließend kurz, woher die Münze stammt - die antiken Hintergründe - und dass die Münze als Freundschaftssymbol galt. Dadurch schafft der L einen historischen Kontext; das anschließende kleine Rollenspiel soll dies durch einen anderen Zugang verdeutlichen. Der Lehrer geht zur Mitte des Raumes und zerreißt die Münze. Nun gibt er einen Teil einem S, den er kurz nach hinten schickt. Der Lehrer geht nach vorne, beide sind nun räumlich weit getrennt. Der Lehrer fordert den Schüler nun auf, in die Mitte zu gehen, er selbst geht auch in die Mitte. Dort angekommen fügen sie beide Münzen wieder zusammen (Bei guter Kommunikation in der Klasse kann das RS auch von zwei SuS gespielt werden). Beide Zugänge, der kognitive (Erklärung) und der psychomotorische (Rollenspiel) haben dasselbe Ziel: Die Aufmerksamkeit der Lerngruppe auf die Kennzeichen eines Symbols an-

hand der Münze zu legen, um Neugier zu wecken. Auch werden bereits erste kognitive Inhalte mittransportiert.

Themenkonstitution
Um das Stundenthema deutlich zu machen, legt der L das AB auf den Visualizer, es ist aber nur das Stundenthema „Kennzeichen eines Symbols“ zu erkennen.

Erarbeitung
Das AB wird ausgeteilt (entweder durch einen Austeildienst oder den L selbst je nach Klasse). Nachdem nun in der Subphase der Begegnung jeder ein AB bekommen hat, fordert der L auf, die Aufgabe 1 zu bearbeiten. Dazu wird der Infotext in der linken Spalte laut vorgelesen. Der Text ist nicht sehr lang, daher kann er ohne Unterbrechung gelesen werden. Nach dem Vorlesen sollen die SuS den Text in PA kurz hinsichtlich Unklarheiten besprechen. Dies dient dazu, dem abstrakten Text im Dialog Ausdruck zu verleihen. Es hat sich gerade bei Textarbeit gezeigt, dass viele SuS den Sinn eines Textes nicht unmittelbar erfassen können - der gegenseitige Austausch soll die Dekodierung, Bedeutungserschließung des Textes fördern und Hemmschwellen abbauen, damit jeder Schüler oder jede Schülerin in dieser Phase nicht schon abschaltet. Danach folgt eine Besprechung im LSG - die Subphase der Kenntnis hat also mehrere Sozialformen, die dem gleichen Ziel dienen, die Definition und Merkmale eines Symbols zu kennen. Der nächste Schritt ist, das Gelesene auch zu verstehen. Dies wird dadurch erreicht, indem der Text in einem Satz komprimiert werden soll. Durch diesen nächsten Schritt in der Subphase Erarbeitung/Verständnis soll das Gelesene verstanden werden, nicht nur reproduziert werden können. Eine kurze Zusammenfassung im LSG rundet die Phase ab, indem die Sätze vorgelesen und auch auf korrekte Inhaltlichkeit und Vollständigkeit bewertet werden.

Sicherung
Das bisher Erarbeitete wird nun gesichert. Mehrere Sätze können richtig sein; sie müssen aber den beiden oben formulierten Kriterien genügen.

Anwendung
Innerhalb der Taxonomie folgt als nächstes die Anwendung. Die Anwendung dient dazu, das bisher Erarbeitete an einem Beispiel oder Fall zu konkretisieren, um es in die Praxis umzusetzen. Dies geschieht hier in dreierlei Weise: Zuerst im Hinblick auf die bereits bekannte Münze als Einstieg in die Anwendung. Dann anhand eines eigenen und eines religiösen Symbols. Das eigene Symbol soll zusätzlich eine subjektive Ebene einbringen, das religiöse Symbol eine objektive und gleichzeitig zur nächsten Stunde überleiten, in

der das Symbol und seine Bedeutung für die Religion besprochen wird. Die Dreiteilung der Anwendungsphase folgt den Prinzipien der Variation und Wiederholung. Durch Wiederholung wird der Übungscharakter verstärkt, was gerade bei einem abstrakten Thema wie dem Symbol enorm wichtig ist - durch die Variation soll Langeweile und Monotonie vermieden werden. Wichtig hierbei ist, den individuellen Zugang jedes einzelnen zu beachten - einige malen nicht gerne, sie können dann auch schreiben, andere wiederum gestalten kleine Kunstwerke. Es kommt dabei nicht auf die Schönheit der Darstellung an, sondern die Anwendung der Kennzeichen eines Symbols. Dadurch sind die individuellen Zugänge der SuS zu beachten. Nach der Einzelarbeit werden die Ergebnisse unkommentiert vorgestellt nach dem klassischen Prinzip „Eindruck braucht Ausdruck“. Dies ist sehr gut mittels des Visualizers möglich.

Beendigung
Mit einer kurzen Hausaufgabe der Suche nach religiösen Symbolen in der Umwelt endet die Stunde und leitet damit auf die nächste Stunde über.

5.2 Zielbeschreibung (Kompetenzen)

Statistische Angaben

<table>
<tr><td>Klasse:7a
Datum/Uhrzeit: 8.00-8.45 Uhr
Lehrplanbezug/Stundenthema: 7.1.2 Kennzeichen eines Symbols</td><td>Logo der Institution</td></tr>
<tr><td colspan="2">Bildungsstandard (Kompetenz): SuS erkennen und deuten wesentliche Symbole sakraler Räume und liturgischer Vollzüge</td></tr>
<tr><td colspan="2">Stundenziel: SuS verstehen die Grundstruktur eines Symbols</td></tr>
<tr><td colspan="2">Didaktische(r) Schwerpunkt(e): Wissen</td></tr>
<tr><td colspan="2">Teilziele (Kompetenzen)</td></tr>
<tr><td>kognitiv
2 SuS kennen Definition und Merkmale des Symbols
3 SuS verstehen die Grundstruktur des Symbols
4 SuS können die Struktur auf eigene und religiöse Beispiele anwenden</td><td>affektiv
1 SuS werden aufmerksam auf die Kennzeichen eines Symbols</td></tr>
</table>

Unterrichtsverlaufsplan

Zeit	TZ	Phase	Inhalt (Interaktion)		SF	ME
8.00		Beginn	Begrüßung, Gebet, Rechenschaftsablage		SV	Buch
8.05	1	Aufmerksamkeit	L zeigt die Münze in der Klasse durch Umhergehen und erläutert kurz die antiken Hintergründe (kein Handy, Auto, etc.)	SuS erfassen wesentliche Aspekte	LV	Realie
			L: zerreißt eine große antike Münze L gibt einem Schüler einen Münzteil	S nimmt die Münze, geht kurz weg, kommt wieder und fügt die Münze zusammen	RS	
			L erklärt: „Die Münze dient als Erkennungszeichen beim Weggehen, als Symbol".	SuS fragen nach oder äußern ihre Eindrücke	LSG	
8.10	2	Themenkonstitution	L legt Blatt auf mit der Überschrift „Kennzeichen eines Symbols"	SuS betrachten die Überschrift	LV	Visualizer
8.13	3	Erarbeitung			LSG	AB
		Begegnung	L „Lies bitte die erste Aufgabe".	S liest Aufgabe, klären unklare Begriffe	SV LSG	
		Kenntnis	L „Bearbeite bitte die zweite Aufgabe"	SuS bearbeiten zweite Aufgabe	PA	
		Verständnis	L greift ggf. ein	SuS tragen Ergebnisse vor	SV	
		Zusammenfassung	L fasst Ergebnis kurz zusammen	SuS wiederholen kurz die Struktur eines Symbols	LSG	

8.27	3	Siche-rung	L schreibt Merksatz auf	SuS schreiben einen Satz auf	LV	AB
8.32	4	Trans-fer/ Anwen-dung	L „Bearbeite bitte die Aufgaben drei und vier.“	SuS füllen AB aus SuS bringen ihre Beispiele vor	EA SV	AB Visua-lizer
8.43		Beendi-gung	L HA. „Such bitte religiöse Symbole in deiner Umwelt heraus.“		LV	TA

Literatur

Siehe Literaturverzeichnis

6. Anlagen (aller verwendeten Medien)

6.1 Gebrochene Münze als Realie mittels festem Packpapier und vergrößert.

6.2 Arbeitsblatt

Information:

*Das Wort **Symbol** stammt von dem griechischen Wort „symbolon" = das Zusammengefügte ab.*

Das Trennen und spätere Zusammenfügen einer Münze oder Tonscherbe war im alten Griechenland ein Erkennungszeichen, damit sich Freunde nach einer längeren Trennung wieder erkennen konnten.

*Ein Symbol hat zwei **Merkmale:***

1. *Ein materieller Gegenstand.*
2. *Eine tiefere, übertragene Bedeutung.*

Kennzeichen eines Symbols

1. Lies den Informationstext in der linken Spalte durch! Unterstreiche unbekannte Wörter!

2. Fasse die Kernaussage des Textes in einem Satz zusammen!

____

____

3. Am Beispiel der gebrochenen Münze kannst du die beiden Merkmale des Symbols anwenden!
materieller Gegenstand

____

tiefere Bedeutung:

____

© Heil

4. Gestalte ein eigenes und ein religiöses Symbol unter Verwendung der beiden Merkmale!

materieller Gegenstand

____

tiefere Bedeutung

____

materieller Gegenstand

____

tiefere Bedeutung

____

Fallauswertung

Zur Erinnerung: Strukturell gesehen gibt es vier Möglichkeiten, eine Stunde korrelativ zu planen - deduktiv, induktiv, abduktiv und Nicht-Schließen:

- deduktiv planen bedeutet, den Inhalt auf die SuS zu übertragen;
- induktiv planen bedeutet, die SuS zum Inhalt hinzuführen;
- abduktiv planen bedeutet, den Inhalt bei den SuS aufzudecken;
- Nicht-Schließen bedeutet, keine Verbindung zwischen Inhalt und SuS herzustellen.

Nun kann eine ganze Stunde mit einem Modus geplant werden - je nach vorhandener Lerngruppe. Häufiger ist es jedoch, die Modi in einer Stunde zu kombinieren wie im vorliegenden Fallbeispiel. Folgende Modi sind dabei zu erkennen:

In der Phase der Aufmerksamkeit herrscht der induktive Modus vor - die SuS werden zum Inhalt hingeführt mittels eines realen Symbols und eines Rollenspiels.

Themenkonstitution, Erarbeitung und Sicherung sind deduktiv konzipiert. Die SuS sollen den vorgegebenen Inhalt herausarbeiten. Auch der erste Teil des Transfers ist deduktiv, da hier der Inhalt auf ein neues Beispiel hin abgeleitet wird.

Die Transferphase zu Aufgabe 4 ist abduktiv konzipiert, da hier der Inhalt bei den SuS aufgedeckt werden soll. Es steht hier offen, welche SuS genommen und kreativ umgesetzt werden.

Der zweite Teil der Transferphase folgt dem Modus des Nicht-Schließens. Die Beispiele werden präsentiert, aber nicht kommentiert oder bewertet, Verbindungen zwischen dem Inhalt und den SuS werden nicht intendiert.

Das Fallbeispiel sollte zeigen, wie die Modi sinnvoll in welcher Phase kombiniert werden können. Es hängt jedoch von der spezifischen Lerngruppe ab, welcher Modus dominiert.

II. Religionsunterricht professionell durchführen

Das zweite Kapitel wendet sich nach der Planung der Durchführung von Religionsunterricht zu. Auch eine noch so gute Planung kann fast nie 1:1 umgesetzt werden, denn Praxis ist per se zukunftsoffen und störanfällig und folgt damit einer eigenen Struktur; und wenn Menschen beteiligt sind, wird diese Offenheit noch gesteigert, besonders in Gruppen und bei jungen Menschen. Vielleicht hat die Klasse einen schlechten Tag, kommt gerade vom Sport, es war Feueralarm, einzelne Schüler tragen ihre außerschulischen Freuden und Sorgen in den Unterricht usw.

Die Durchführung ist ein eigener Kontext mit spezifischen Strukturen, die aufgedeckt und für die professionelle Bewältigung der täglichen Praxis genutzt werden können. Ausgangsunkt ist wieder ein Konzept, das diese Strukturmomente aufgreift und eine Lösungsmöglichkeit dafür anbietet, die sich auf jede Situation im Religionsunterricht anwenden lässt (3). Dies ist möglich, da es sich um eine strukturelle Herangehensweise handelt. Anschließend wird das Konzept an Alltagsproblemen der Durchführung von Religionsunterricht angewendet (4).

3. Konzept

3.1 Dreischritt der Durchführung

Um Religionsunterricht professionell durchführen und in der Klasse flexibel reagieren zu können, bedarf es eines Konzepts. Das folgende Schema wurde dazu entwickelt. Es umfasst den Dreischritt:

1) Kategorisierung der schulischen Situation
2) Reaktion durch vier strukturelle Handlungsmöglichkeiten
3) Rückgriff auf einen personalisierten Klassenplan.

Der erste Schritt der Durchführung besteht in der Kategorisierung von schulischen Situationen im Religionsunterricht. Dies bedeutet, dass Religionslehrerinnen und Religionslehrer schulischen Situationen eine Bedeutung verleihen. Bereits dieser Schritt gibt der Religionslehrerin oder dem Religionslehrer ein Instrument an die Hand, um der Situation nicht ausgeliefert zu sein, Distanz zu gewinnen und sie damit zu bewältigen.

Als zweiter Schritt werden vier strukturelle Handlungsmöglichkeiten aufgezeigt, mittels denen Lehrerinnen und Lehrer schnell im Religionsunterricht reagieren können. Dies schließt an die vier Modi professionellen Handelns (deduktiv, induktiv, abduktiv, Nicht-Schließen) an. Dadurch hat die Lehrkraft vier Handlungsalternativen - mehr Möglichkeiten gibt es nicht. Ist dies erkannt und verinnerlicht, kann die Lehrkraft in der Situation bewusst auswählen und bei Bedarf wechseln.

Der dritte Schritt schließlich greift auf der Grundlage der Handlungsmöglichkeiten auf eigene Ressourcen zurück, um die Handlungsmöglichkeiten zu füllen. Da die Menschen verschieden sind, muss die Lösung der schulischen Situation personalisiert sein, auf die jeweilige Person und die Klassen passen. Der Begriff Klassenplan klingt auf den ersten Blick etwas ungewöhnlich; drei Elemente stecken darin: die Betonung der eigenen Person, der Fokus auf die jeweilige Klasse sowie die Planung einer eigens dafür vorgesehenen Strategie. Die neunte Stunde nachmittags in einer achten Klasse ist eine völlig andere Situation als die erste Stunde in der sechsten Klasse am Vormittag. Der Plan zur Durchführung einer schulischen Situation muss also exakt auf die Situation zugeschnitten sein, sonst bleibt er bei allgemeinen Rezepten stehen.

Der konzeptuelle Dreischritt wird im Folgenden näher erläutert.

3.2 Kategorisierung von schulischen Situationen

Kategorisierung von Situationen als Leistung eines Profis

Am Beginn der Durchführung von RU steht die Kategorisierung von schulischen Situationen. Religionslehrerinnen und Religionslehrer stehen in der Klasse, gewinnen Eindrücke und müssen sie schnell deuten, um adäquat handeln zu können. Der Begriff Kategorisierung beschreibt die professionelle Leistung von Lehrkräften zur Bedeutungszuschreibung von Situationen. Kategorisierung meint den Prozess, Phänomene wahrzunehmen und sie so zu bewerten, dass sie eine Bedeutung bekommen. Dies ist ein generelles Merkmal von Profis. Dabei greifen Profis auf vorhandene Kategorien zurück und ordnen die Situation darin ein (induktiv) - sie entwickeln aber immer auch neue Kategorien zu neuen Situationen und erweitern damit ihr Repertoire (abduktiv). Im Unterschied zu Laien verfügen Profis über Kategorien in ihrem Repertoire, mit denen sie Situationen blitzschnell wahrnehmen und beurteilen können. Dabei können die Kategorien natürlich unterschiedlich sein; in der Religionspädagogik hat diese Unterschiedlichkeit der Konstruktivismus aufgedeckt (Mendl 2011): Was für den einen eine lebendige Unterrichtsstunde mit großer Schülerbeteiligung ist, ist für die andere ein chaotisches Durcheinander. Wichtig ist aber zu betonen, dass diese Kategorisierung trotz aller Unterschiedlichkeit überhaupt im professionellen Handeln notwendig stattfindet.

Ein einleuchtendes Beispiel für das schnelle Kategorisieren in professionellen Handlungssituationen ist das ärztliche Handeln. Ärzte untersuchen Patienten anhand von Symptomen und ordnen diese Symptome dann bestimmten Kategorien zu - entweder zu bekannten oder bei unklaren Symptomen neuen Kategorien: Den Symptomen Halsschmerzen, verstopfte Nase und Abgeschlagenheit wird z.B. die Kategorie Erkältung zugeordnet. Diese Kategorisierung bildet die Grundlage für das weitere Handeln. Genauso verfahren andere Profis wie Lehrerinnen und Lehrer in ihren professionellen Bereichen: Sie nehmen Phänomene wahr und ordnen sie Kategorien zu oder entwerfen neue Kategorien. Ein Beispiel aus dem Feld Schule: Maria und Sarah reden miteinander, während die Lehrerin den Stoff erklärt (Situation); die Lehrerin ordnet das Reden in die Kategorie „Störung des Unterrichts“ und ermahnt die Schülerinnen. Das Kategorisieren bildet also den Ausgangspunkt für professionelles Handeln.

Ähnliche Begriffe zum Kategorisieren sind die aus der Professionalitätstheorie bekannten Begriffe „Framing“, „Testing“ und „Reframing“ (vgl. Schön 2000). Durch Framing bekommen schulische Situationen überhaupt erst einen Rahmen, mit dem sie gedeutet werden; Testing spielt die Deutung zurück auf die Situation, was evtl. zum Reframing führen kann. Handeln erfolgt also auf der Grundlage von professionellen Bedeutungszuschreibungen zu Situationen. Umso wichtiger ist es, diesen Prozess genauer in den Blick zu nehmen.

Prozess der Kategorisierung
Ausgangspunkt des Prozesses der Kategorisierung ist die Wahrnehmung von Phänomenen in schulischen Situationen. Aufgrund der Wahrnehmung als Aufnahme und Filterung äußerer Reize (Phänomene) erfolgt bereits eine erste Auswahl. Mit der Wahrnehmung einher geht die Bewertung von Situationen - üblicherweise durch die Aktivierung von affektiven und kognitiven Schemata oder Mustern, die in der bisherigen Biographie zur Deutung von Situationen herangezogen worden sind und nun auch aktiviert werden. Kategorisierungen erfolgen also normalerweise unbewusst, indem Reize aus der Außenwelt wahrgenommen, gefiltert, mit früheren gespeicherten Affekten oder Informationen verglichen und gedeutet werden, so dass habitualisierte, subjektive Automatismen aktiviert werden. Der Prozess der Kategorisierung läuft durch die Aktivierung von automatisierten Mustern ab - die übrigens in einigen Situationen direkt über frühere Gefühle gesteuert werden und sich dadurch der kognitiven Auseinandersetzung und Bedeutungszuschreibung entziehen (vgl. hierzu Hüther 2011). Der Prozess der Kategorisierung ist nicht immer rational gesteuert, sondern verläuft auch über die Aktivierung früherer Gefühle zu ähnlichen Phänomenen. Diese müssen nicht unbedingt zu den aktuellen Phänomenen passen.

Dieser Prozess der Kategorisierung zu alltäglichen Situationen verläuft ebenso im professionellen Handeln: Profis nehmen selektiv Informationen wahr und vergleichen sie automatisch mit früheren Fällen und ihrem Professionswissen, wodurch wieder ein bestimmtes Muster aktiviert wird. Aus der Professionalitätsforschung stammt die Theorie, dass Profis in problematischen Situationen auf Routinewissen zurückgreifen, d.h. auf Fälle, die sie bisher erlebt haben, und von da aus Kategorien bilden. Kommen neue Fälle hinzu, werden die Kategorien bestätigt oder neu zusammengesetzt. Das bisherige Fallrepertoire bestimmt also das Kategorisieren und damit das Handeln. Wenn ein Religionslehrer z.B. bisher hauptsächlich nach dem Schema „Ein Bild ist ein guter Einstig in die Stunde in der Motivationsphase" gehandelt hat, wird er dieses Schema wahrscheinlich auch in anderen Situationen einsetzen. Das kann wirken, muss aber nicht. Wenn die Klasse überwiegend nicht auditive Reize anspricht, was dann? Oder in puncto Disziplin „Wenn ein Schüler dazwischenredet, dann muss ich ihn übertönen" (Ich habe ja Stimmbildung gemacht und eine laute Stimme). Auch dies kann manchmal sinnvoll sein, doch nicht immer. Dann wird die Situation noch problematischer.

Für Berufseinsteigerinnen und -einsteiger gilt das Gleiche in Bezug auf den Rückgriff auf Rezeptwissen. Die noch nicht erworbenen Routinen werden durch angelesene Rezepte ersetzt, was auf den ersten Blick durchaus sinnvoll sein kann, da bei Berufseinsteigern die Fälle dazu fehlen. Diese Handlung wird nur dann inadäquat, wenn das Rezept nicht zur Situation passt. Hier müsste eine Fülle an alternativen Rezepten bereitstehen und ausprobiert werden - so entsteht ein breites Routinewissen.

Vor einer vorschnellen und unmittelbaren Kategorisierung aus der eigenen Routine oder dem Rezeptkasten ist es daher sinnvoll, einen Zwischenschritt einzubauen, der diesen Mechanismus stoppt. Um diesen Vorgang der automatisierten Kategorisierung bewusst zu machen, werden einige Techniken vorgeschlagen: Einbeziehen situativer Bedingungen, Entwurf von zwei alternativen Kategorisierungen, systematisches Sammeln von Informationen sowie abschließende Kategorisierung. Mittels dieser Techniken werden Kategorisierungen nicht vorschnell vorgenommen, sie ermöglichen aber schnelle Orientierung in der Situation und verhindern inadäquates Handeln.

Einbeziehen situativer Bedingungen

Kategorisierungen ereignen sich in bestimmten Situationen. Der Begriff Situation soll deutlich machen, dass ein Individuum immer in Situationen eingebunden ist. Kategorisierung entsteht durch die Interaktion in Situationen, durch das Zusammenspiel des Individuums mit anderen Menschen oder Dingen an bestimmten Orten zu einer bestimmten Zeit. Die „situativen Bedingungen" (Nolting/Paulus 2004, 98) geraten dadurch in den Blick und nicht nur die handelnde Person und ihre Intentionen. Die Einbindung der Kategorisierung in situative Bedingungen schafft Distanz und zeigt objektivierbare Kontexte auf. Außerhalb dieser Situation, bei einem Gespräch im Pausenhof zum Beispiel, erleben viele Lehrerinnen und Lehrer die Schüler von einer anderen Seite - aber in der Situation der Klasse können sie sich wieder ganz anders verhalten. Die situative Bedingung des Klassenunterrichts ist somit konstitutiv für den Vorgang der Kategorisierung. Oder bestimmte Schüler (oder Schülerinnen) fehlen, dann gewinnt auf einmal das Unterrichten eine neue Qualität, da bestimmte Beiträge zum Unterricht oder auch Störungen ausfallen. Die Interaktion von bestimmten Personen schafft daher erst eine problematische Situation. Dieser Ansatz ist in der pragmatischen Philosophie beheimatet. Er lenkt den Fokus weg vom subjektiven Empfinden und konzentriert sich darauf, wie Menschen interagieren und was dabei objektiv entsteht. Ziel ist es, möglichst objektive Beschreibungen von Interaktionsmustern erstellen zu können, die subjektives Befinden ergänzen. Die Bedeutungszuschreibungen von Situationen entstehen aus Interaktionsmustern zwischen Menschen oder Dingen, die offengelegt werden können. Ein kurzes Beispiel kann illustrieren, wie bei der Kategorisierung die Berücksichtigung der situativen Bedingungen zu einer anderen Einschätzung führen kann:

Frau Kaiser unterrichtet Religion an einer Realschule in den Klassen 7a und 7b, beides sind homogene Klassen. In der Klasse 7a funktioniert das

Lehrer-Schüler-Gespräch (LSG) sehr gut, die Klasse ist motiviert, fragt gerne nach, bleibt aber auch beim Thema, so dass diese Sozialform geeignet ist. In der Parallelklasse 7b dagegen ist ein Unterrichtsgespräch nicht möglich, viele Schülerinnen und Schüler reden dazwischen, hören anderen Mitschülern oder der Lehrerin nicht zu, führen Seitengespräche. Da Frau Kaiser eigentlich diese Sozialform bevorzugt, um mit den Schülerinnen und Schülern reden zu können, ist sie geneigt, die 7b unter der Kategorie „Problemklasse“ einzuordnen. Ihr subjektives Empfinden sagt ihr, dass diese Klasse problematisch ist. Als Maßnahme hat sie in einer Fortbildung zum Klassenmanagement gelernt, eine Abweichung von den Gesprächsregeln konsequent mit der Methode „wenn-dann“ zu sanktionieren: „Wenn der Lukas beim LSG dazwischenredet, dann wird er umgesetzt“. Doch trotz der Anwendung der Kategorie „konsequenter Sanktionierung“ wie Ermahnen, Abschreiben oder Umsetzen führt dieser Weg nicht weiter, das LSG bleibt in der 7b keine geeignete Sozialform. Was tun? Durch den Einbezug der situativen Bedingungen gewinnt Frau Kaiser erst einmal Distanz und fragt sich, warum die Sozialform in der einen Klasse funktioniert, in der anderen nicht. So kann z.B. herauskommen, dass Frau Kaiser selbst in die Situation involviert ist, dass sie für die Klasse 7b nicht die passende Sozialform wählt, da sich einzelne Schüler nicht so lange konzentrieren können oder Wahrnehmungsschwierigkeiten haben. Frau Kaiser müsste dann ihre bevorzugte Sozialform für diese Klasse aufgeben und individuellere Formen wählen wie z.B. die Einzel- oder Partnerarbeit. Die Klasse wird dann nicht zur Kategorie „Problemklasse“, sondern die Situation ist klarer eingegrenzt auf eine bestimmte Sozialform als neue Kategorie. Der Einbezug der Situation hilft also, alternative Kategorien zu praktischen Situationen zu entwickeln.

Entwurf von zwei Kategorisierungen

Wie beschrieben funktioniert der Prozess der Kategorisierung in der Regel so, dass auf einen wahrgenommenen Reiz ein bestimmtes Muster als Deutung dieses Reizes folgt. Der Entwurf zweier Kategorisierungen meint nun, alternative Thesen für diesen Reiz zu entwickeln, die sich auch widersprechen können. Aus pragmatischen Gründen, um schnelles Handeln in der Klasse zu ermöglichen, ist es sinnvoll, sich auf zwei Kategorisierungen zu beschränken. Daher der Vorschlag, zwei Kategorisierungen nebeneinander vorzunehmen. Das Beispiel von vorhin kann dies illustrieren - Maria und Sarah reden miteinander, während die Lehrerin den Stoff erklärt (Situation); diese Phänomene können wie gesehen der Kategorie „Störung des Unterrichts“ zugeordnet, aber auch der Kategorie „Unklarheit“. Es kann auch sein, dass die beiden Schülerinnen das Erklärte im Unterricht nicht verstanden haben und es weiter vertiefen - hier müsste eine ganz andere Reaktion der Lehrerin erfolgen. So werden zwei unterschiedliche Kategorisierungen vorgenommen. In der Reflexion des Unterrichts ohne Zeit- und Handlungsdruck können dann durchaus auch mehrere Thesen zu einem Phänomen entworfen werden. Um den beiden Kategorisierungen unter Zeitdruck aber nachzugehen, erfolgt das kurze Ableiten von möglichen Folgen der Bedeutung und das Sammeln von weiteren Informationen dazu (zum Vorgehen ohne Handlungsdruck nach dem Schema Abduktion-Deduktion-Induktion siehe auch Kap. 5.2).

Objektive und subjektive Instrumente des Kategorisierens
Zu den Kategorisierungen von Situationen müssen Informationen gesammelt werden, die die Situation charakterisieren. Diese müssen zu den Kategorisierungen passen. Dieses Sammeln verhindert eine vorschnelle Einordnung von Situationen unter vorhandene Schemata. Das Sammeln kann noch gesteigert werden, indem bewusst nach widersprüchlichen Informationen gesucht wird, die die bisherige Kategorisierung stürzen könnten. Gerade die Suche nach sich widersprechenden oder alternativen Fakten verhindert eine vorschnelle Einordnung. Beim Sammeln werden objektive und subjektive Instrumente eingesetzt:

Objektive Instrumente sind genaue Rekonstruktion der Interaktionsmuster in Situationen in Form von Bildern, Redeprotokollen, Aufzeichnungen, Hospitationen u.a. Objektiv werden die Instrumente bezeichnet, da es sich um Medien handelt, die zulassen, dass die Situation auch von anderen eingesehen und rekonstruiert werden kann. Die objektiven Instrumente helfen zu zeigen, welche Interaktionsmuster in der Situation vorhanden sind: Ein Foto, Bild oder auch ein kurzes Video helfen bereits, Distanz zu gewinnen und die Situation besser einzuschätzen. Aufgezeichnete Redeprotokolle vermeiden reine Gedächtnishilfen. Manche problematische Situation lässt sich bereits dadurch klären, dass der genau Wortlaut und nicht nur dessen eigene Verarbeitung überhaupt aufgeschrieben wird. Aufzeichnungen wie z.B. Schülerdokumente helfen, ein weiteres objektives Bild zu gewinnen. Dies kann auch durch eine zweite Meinung in Form von Hospitationen und Gespräche erfolgen. Auch der Blick in die Schülerakte oder den Notenbogen hilft vielmals weiter. Weitere objektive Instrumente sind hier natürlich denkbar und auch wünschenswert. Manche Lehrer lassen sich z.B. an der Hinterwand des Klassenzimmers einen Spiegel anbringen, um diese Objektivität herzustellen. Gerade in eigenen Klassenzimmern wie Religionszimmern oder als Klassenlehrer in der Grundschule kann das Zimmer so gestaltet werden, dass eine Objektivität möglich ist.

Subjektive Instrumente sind Fragen nach der eigenen Bewertung der Situation. Hier helfen gezielt eingesetzte „W-Fragen" weiter, weil sie geschlossen und zielgenau sind. Warum stört mich die Situation? Was genau lief schief? Wer hat mich irritiert? Wodurch ist die Situation entstanden? Diese Fragen können helfen, der eigenen Motivation auf den Grund zu gehen. Wichtig ist dabei, das Fragepronomen an den Satzanfang zu stellen. Es bringt nichts, nur Objektivität herstellen zu wollen. Da man selbst in der Situation ist, bleibt immer auch die Frage, wie es mir dabei geht. Eine Trennung von kognitiv und affektiv ist zwar analytisch sinnvoll; in der Situation spielen jedoch beide Faktoren zusammen. Auch die Frage nach der Körperhaltung, nach psychomotorischen Merkmalen, spielt hier herein. Wie gehe ich in der Klasse - aufrecht, gebückt, angespannt, entspannt? Die Bewusstwerdung der subjektiven Bewertung der Situation spielt eine große Rolle zu deren Bewältigung, da Emotionen und Haltungen zur professionellen Bewältigungsstrategie dazugehören.

Abschließende Kategorisierung

Die Bewertung von Informationen verläuft parallel mit dem Sammeln. Dieser Vorgang kann sich aber ständig verändern, je nachdem, welche Informationen weiter gesammelt werden. Ist das Sammeln abgeschlossen, kann eine abschließende Kategorisierung der Situation vorgenommen werden. Danach ist es möglich, gezielt zu handeln. Die Situation erhält nun eine Bedeutung, die sich auf eine ausreichende Menge an Informationen stützt.

Zusammenfassung

Am Beginn der Durchführung von RU steht die Kategorisierung von Situationen. Dieser oft unbewusst ablaufende Prozess wird bewusst gemacht durch unterschiedliche Techniken wie die Beachtung der situativen Bedingungen, der Entwurf von zwei alternativen Kategorisierungen, das gezielte Sammeln von Informationen sowie die abschließende Kategorisierung.

Das Einbeziehen der situativen Bedingungen der Durchführung ermöglicht, gezielt nach Faktoren zu suchen, die die Interaktion determinieren. Die Durchführung von RU ereignet sich immer in bestimmten Situationen, die veränderbar sind.

Der Entwurf von zwei alternativen Kategorisierungen macht die Deutung von Situationen bewusst, sichert jedoch durch die Beschränkung von zwei Kontexten noch flexibles und schnelles Handeln.

Zur Kategorisierung der Situation und zum Sammeln von Informationen eigenen sich objektive (Film, Bild, Aufzeichnungen u.a.) und subjektive (kognitiv, affektiv, psychomotorisch) Instrumente. Parallel dazu verlaufen die Kategorisierungen, die sich ständig ändern kann, bei einer ausreichenden Menge an Informationen aber abgeschlossen werden sollte, um schnelles Handeln zu ermöglichen.

3.3 Reaktion durch vier strukturelle Handlungsmöglichkeiten

Was sind strukturelle Handlungsmöglichkeiten?

Die Kategorisierung ermöglicht eine Einordnung der Situation, ist aber selbst noch keine Lösung. Wird eine Situation als problematisch gedeutet, stellt sich die Frage, wie darauf reagiert werden kann. Was nun folgen muss, sind schnelle Lösungen der Situation. Doch wie kann dies geschehen? Dies betrifft die Frage nach den strukturellen Handlungsmöglichkeiten. Man könnte auch sagen: Erst eine genaue Diagnose, dann die Therapie.

Strukturelle Handlungsmöglichkeiten bedeutet, sich möglicher Handlungsalternativen bewusst zu werden, um nicht gleich in unpassende Routinen zu verfallen oder das nächstbeste Rezept anzuwenden, das nicht zur Situation passt. Dieser Schritt wird eingebaut, um situationsadäquates Handeln zu ermöglichen. Der Einwand dagegen könnte sein, dass man ja nicht alle Alternativen durchdenken kann, um in der Situation zu handeln. Der Religionslehrer hat in der Situation gar keine Zeit; es müssen schnelle Entscheidungen her. Eine Vielzahl an Alternativen können nicht durchdacht werden. Ein scheinbar berechtigter Einwand. Doch die empirische Professionalitätsforschung (Oevermann, Schön, Bauer, Heil) hat gezeigt, dass es gar nicht so viele strukturelle Möglichkeiten gibt, professionell zu handeln - es gibt nur vier! Das folgende Schema kann dies verdeutlichen:

Abb. 26 Professionelle Lösung von Problemen

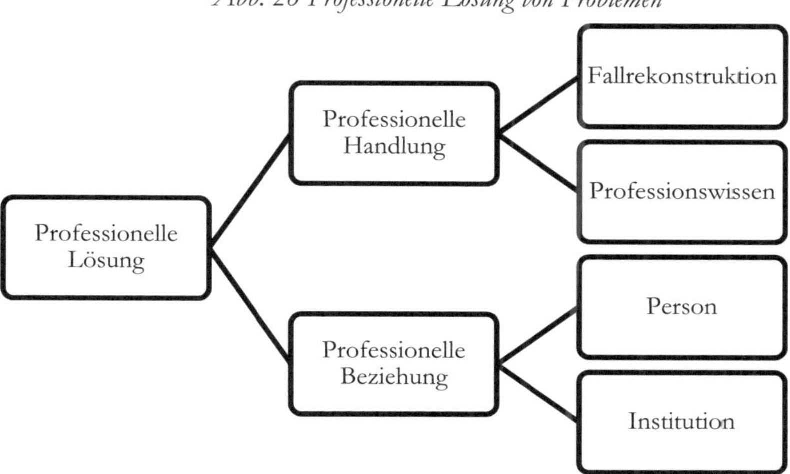

Professionelle Lösung

Die professionelle Lösung eines praktischen Problems wie die Durchführung einer schulischen Situation erfordert zwei grundlegende Strukturen: die professionelle Handlung und die professionelle Beziehung. Beide Strukturen tragen dazu bei, eine Lösung des Problems im jeweiligen Bereich professionell durchzuführen. Im Folgenden werden diese beiden Strukturen weiter erläutert.

Professionelle Handlung

Professionelle Handlung meint den Kern des Handelns von Profis. Zur Lösung eines Problems ist die Handlung unerlässlich. Alle professionellen Handlungen basieren auf zwei Strukturen: Fallrekonstruktion und Anwendung des Professionswissens. Die eine Handlung ist die Rekonstruktion des jeweiligen Falls: Was habe ich vor mir? Wie sieht diese Situation konkret aus? Danach folgt die zweite Handlung, die Anwendung des bisherigen Professionswissens auf den Fall. Wie kann ich diesen Fall mit meinen Mitteln lösen? Was weiß ich über allgemeine Merkmale des Falls, welche Theorien und Erkenntnisse gibt es bisher dazu? Welche Therapie passt zur Diagnose? Für einzelne Professionen ist dies deutlich: Ein Arzt diagnostiziert und therapiert, ein Jurist rekonstruiert den Fall und sucht nach rechtlichen Mitteln, ein Architekt vermisst das Gelände und plant ein Haus.

Professionelle Beziehung

Professionelle Beziehung betont den Umgang zwischen Menschen in sozialen Feldern. Eine professionelle Beziehung als zweite Struktur zur Lösung eines Problems ist notwendig neben der professionellen Handlung. Manche Lösungen von Problemen scheitern nicht aufgrund der professionellen Handlung, sondern wegen der als negativ bewerteten professionellen Beziehung. Im ersten Kapitel wurde hierfür der Begriff des „Arbeitsbündnisses" verwendet. Dies soll ausdrücken, dass zwischen dem Profi und dem Klienten eine Beziehungsbasis besteht, bei der die jeweilige Institution und die Person beteiligt sind.

Anwendung im schulischen Kontext

Im schulischen Kontext kann das allgemeine Schema zur professionellen Lösung von Problemen konkretisiert werden. Dabei entsteht folgendes Schema:

Abb. 27 Professionelle Lösung von schulischen Situationen

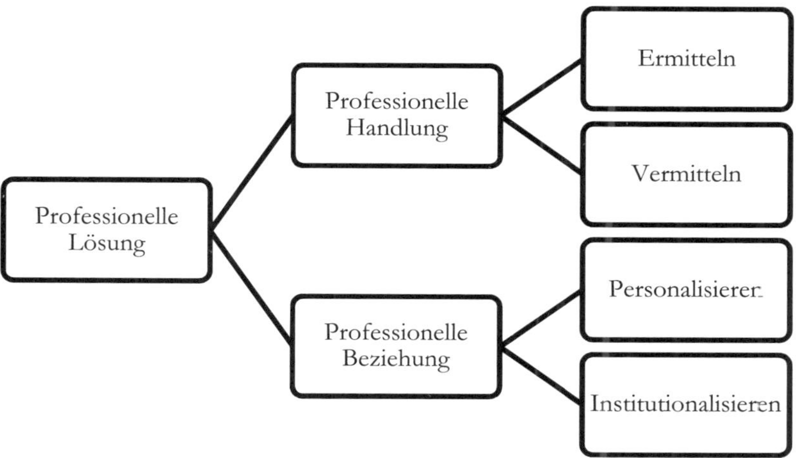

Um die professionelle Handlung zu betonen, werden die vier Handlungsmöglichkeiten durch substantivierte Verben ersetzt. Ermitteln bedeutet, die Schülerinnen und Schüler zu diagnostizieren, ihre Eigenschaften und Motive aufzudecken; Vermitteln meint die Betonung des Stoffs; Institutionalisieren bezieht sich auf die Rolle und Personalisieren schließlich auf die eigenen Eigenschaften und Motive. Zur Lösung von schulischen Situationen wird die professionelle Handlung konkretisiert in Ermitteln (Fallrekonstruktion) und Vermitteln (Professionswissen). Eine Religionslehrerin schaut auf ihre Klasse und vermittelt Wissen, Werte, Handlungen. Alle anderen Bereiche wie Verwalten, Beraten, Konferieren, Elterngespräche führen etc. dienen diesem Kernauftrag. Ohne Klassendiagnose und Vermittlung kann das professionelle Handeln von Lehrerinnen und Lehrern nicht funktionieren. Die professionelle Beziehung ist gleich wie in anderen Professionen. Sowohl die Person als auch die Institution sind in die Beziehung involviert. Die einzelnen Bereiche werden nun im Folgenden entfaltet.

Ermitteln

Das Ermitteln als Klassendiagnose fragt nach, was der Fall ist. Diese Handlung geht in der schulischen Situation der Ursache nach. Ausgangspunkt ist die bisherige Bedeutungszuschreibung von Situationen, die weiter geführt wird: „Warum bist du so, warum seid ihr so?“. Das Ermitteln als Diagnose umfasst statistische und schulorganisatorische Handlungen wie Klassenliste, Klassenzusammensetzung, Soziogramm, Selektion durch Notengebung u.a.; aber auch individualdiagnostische Verfahren wie Schülerbogen, Leistungsstanderhebung, Diagnostik psychischer Störungen, Elterngespräche u.a. Der Lehrer wird zum Mäeutiker im sokratischen Sinne. Er bringt ans Tageslicht, was verborgen vorliegt im Hinblick auf sein Fach.

Der Vorteil des Ermittelns ist, der schulischen Situation wirklich auf den Grund zu gehen - Nachteil ist, dass es viel Zeit und meist einen erhöhten individuellen Aufwand bedeutet.

Vermitteln

Das Vermitteln legt den Akzent auf die inhaltliche Seite des Unterrichts. Es wird nicht nach der Ursache gesucht, sondern der Inhalt, das Thema der Stunde steht im Vordergrund. Vermitteln bezieht sich auf die didaktische Anforderung an den Lehrerberuf: der Vermittlung von Wissen, Werten, Haltungen.

Die Handlung des Vermittelns hat den Vorteil, dass der eigentliche Inhalt im Zentrum des Handelns steht - der Nachteil ist, dass der Ursache einer als problematisch empfundenen schulischen Situation nicht nachgegangen wird.

Institutionalisieren

Institutionalisieren meint, dass der Religionslehrer sowohl Schule als auch Kirche vertritt. Lehrerinnen sind Teil des Systems, unterliegen bestimmten Rechten und Pflichten (LDO-Lehrerdienstordnung); als Vertreterin der Kirche mit missio canonica oder vocatio gemäß Art. 7.3 GG ist durch die Lehrerin die Institution Kirche präsent. Häufig sind Religionslehrerinnen und Religionslehrer die prominentesten Repräsentanten der Kirche für die Schülerinnen und Schüler, mit denen sie in Kontakt kommen. Ein verstärktes Angebot der kirchlichen Mentorate für die drei Phasen der Lehrerbildung (Studium, Referendariat, Fort- und Weiterbildung) erhöht dieses mission statement. Die Tendenz geht also dorthin, Repräsentant beider Institutionen zu sein.

Vorteil des Institutionalisierens ist es, über systemische Macht zu verfügen - der Nachteil ist, dass die Macht überstrapaziert oder ausgenutzt werden darf.

Personalisieren

Personalisieren schließt den Menschen mit ein. „Das war doch nicht persönlich gemeint“ ist zwar ein gutgemeinter Satz; er stimmt jedoch nicht, da immer auch die Person als Ganzes beteiligt ist. Dies wird schon deutlich an der physischen Präsenz. Einem beleidigten oder körperlicher Gewalt ausgesetzten Lehrer zu sagen „Das war doch nicht persönlich gemeint“ klingt fast wie Hohn. Personalisieren bedeutet für Religionslehrerinnen und Religionslehrer die Lebens- und Glaubensbiographie. Lebensbiographie meint die persönlichen Eigenschaften wie Körper, Denkvermögen, Einstellungen, Affekte usw. Glaubensbiographie den Weg, den der Glaube gemacht - oder auch nicht gemacht hat. Personalisieren betont das eigene Ich, das immer auch in der Interaktion dabei ist. Gerade im Religionsunterricht fordern

Schülerinnen und Schüler vielmals das eigene Ich mit der Frage: „Wie stehen Sie dazu?“.

Personalisieren hat den Vorteil, die eigene Biographie in den Unterricht einbringen zu können, etwa auch durch Ich-Botschaften, Gefühle, Einstellungen u.a. („Mich ärgert das“ „Ich sehe das so“) - der Nachteil ist, dass es evtl. zu Abschweifungen kommt und auch die Verletzlichkeit bei nicht gefestigten Personen zunimmt.

Vier strukturelle Handlungsmöglichkeiten

Das Modell bietet vier strukturelle Möglichkeiten an, wie in schulischen Situationen gehandelt werden kann. Nach der Kategorisierung erfolgt nun die Möglichkeit, eine Handlung auszuwählen. Sie können natürlich auch sinnvoll kombiniert werden, so dass eine Vielzahl an Möglichkeiten besteht, z.B. „Paul, pass bitte auf, so wie lautet jetzt der Inhalt des Textes?“. Hier werden Institution („pass bitte auf“) und Vermittlung („Inhalt des Textes“) kombiniert (vgl. Nolting 2002).

Was ist der Vorteil dieser strukturellen Herangehensweise? Die Lehrkraft gewinnt Entscheidungsfreiheit über schulische Situationen und ist ihr nicht ausgeliefert. Sie kann sich überlegen, was sie anwendet, und wenn es nicht funktioniert, wird das nächste probiert. Dies schafft Distanz zur Situation und zu den eigenen Routinen im Sinne einer reflektierten Praxis.

Die vier Handlungsmöglichkeiten nehmen die vier bisher diskutierten Schlussmodi deduktiv, induktiv, abduktiv und Nicht-Schließen wieder auf, da die Handlungen nach einer bestimmten Logik folgen.

Am deutlichsten ist hier das Ermitteln, es besteht aus den Elementen Abduktion - Deduktion - Induktion. Erst wird eine Hypothese entworfen (dies könnte so sein), dann werden Ableitungen getroffen (wenn-dann), anschließend werden dazu empirische Phänomene zugeordnet (diese Phänomen passt zu der These).

Vermitteln besteht meist aus den Elementen Induktion und Deduktion, entweder in dieser Reihenfolge oder umgekehrt.

Institutionalisieren betont meist die Deduktion. Aus vorhandenen institutionalisierten Mustern werden Handlungsstrategien abgeleitet (wenn-dann).

Personalisieren schließlich besteht meist aus Nicht-Schließen, da die eigene Vorgehensweise hervorgehoben wird und nicht die des Schülers.

Diese abstrakten Beschreibungen werden an späteren Beispielen verdeutlicht.

Zusammenfassung

Für jede problematische schulische Situation gibt es nur vier strukturelle Handlungsmöglichkeiten: Ermitteln (Klassendiagnose) - Vermitteln (Vermittlung) - Personalisieren (Person) und Institutionalisieren (Institution).

Ermitteln setzt beim Schüler oder Klasse an und fragt nach den Ursachen der problematischen Situation - Vermitteln betont den stofflichen Aspekt des Unterrichts - Personalisieren bezieht sich auf die Lebens- und Glaubensbiographie der Lehrkraft, Institutionalisieren schließlich akzentuiert die Eingebundenheit in den sozialen Raum Schule.

Diese vier strukturellen Handlungsmöglichkeiten können alternativ eingesetzt oder auch kombiniert werden. Die Reduktion auf die Zahl vier ermöglicht es, schnell und trotzdem reflektiert auf die problematische Situation zu reagieren.

3.4 Rückgriff auf einen personalisierten Klassenplan

Was ist ein personalisierter Klassenplan?

Ist die schulische Situation kategorisiert und sind Handlungsmöglichkeiten deutlich geworden, dann stellt sich die Frage, welche Lösung die Lehrkraft tatsächlich anwendet. Lösungen müssen maßgeschneidert sein, müssen zur Situation und zu den eigenen Ressourcen passen. Lösungen müssen daher personalisiert sein. Der personalisierte Klassenplan bedeutet, auf den oder die jeweils Handelnde(n) genau einzugehen. Dies geschieht durch eine genaue Auswahl der Ressourcen. Hinzu kann auch kommen, die Ressourcen zu erweitern und diese dann nochmals durchzuspielen. Als Lösung genügt nicht einfaches Rezeptwissen. Lösungen müssen auf die Person hin zugeschnitten sein, sonst bleiben sie äußerlich und werden im Zweifel nicht angewendet. Dazu kann auch ein Mentor oder Coach beitragen; diese externe Hilfestellung ist aber nicht unbedingt notwendig.

Die personalisierte Lösung bedeutet, die passende aus den Handlungsmöglichkeiten auszuwählen bzw. sie zu kombinieren. Auch dient sie dazu, die eigenen Kompetenzen gezielt zu erweitern: Ist die Stimme vielleicht nicht laut genug, ist ein Stimmtraining erforderlich.

Kompetenzen

Dies zeigt, dass die personalisierte Lösung an Bedingungen geknüpft ist. Diese Bedingungen können leicht durch eine „Wenn-Dann“ Beziehung veranschaulicht werden: Wenn ich Möglichkeit Institutionalisieren wähle, dann muss ich mich auch durchsetzen können. Die Kenntnis der Bedingungen und Folgen sind notwendig für die personalisierte Auswahl einer der vier Handlungsmöglichkeiten bzw. deren genau Passung und Anwendung. Im Schema 1 ist dies durch die Begriffe „Kompetenz und Reflexion“ ausgedrückt. Die beiden Begriffe Kompetenz und Reflexion wurden bereits besprochen.

Die Arbeit am Klassenplan muss es also sein, die eigenen Kompetenzen aufzuspüren, ggf. zu erweitern oder neu anzulegen und sie dann gezielt einzusetzen. Ziel ist es, über Kompetenzen zu verfügen, die in allen vier Bereichen eingesetzt werden können. Die folgende Übersicht zeigt Grundkompetenzen aus den vier Bereichen:

Abb. 28 Handlungsmöglichkeiten und Kompetenzen

Handlungs-möglichkeiten	**Kompetenzen**
Ermitteln	Entwicklungstheorien von Kindheit und Jugend kennen Soziogramm erstellen Noten geben Schülerbogen erstellen Schulpsychologen kennen und zu Rate ziehen …
Vermitteln	Fachwissen beherrschen Didaktische Theorien kennen Elementarisierung oder Didaktische Analyse erstellen Themen konstituieren Unterrichtsgespräche leiten Geeignete Medien kennen und anwenden Arbeitsblätter entwerfen …
Personalisieren	Ich-Botschaften senden Ethos aufbauen Einstellungen bewusst machen Beziehung aufnehmen …
Institutionalisieren	Regeln aufstellen Systemische Vorgaben kennen und umsetzen Klassenmanagement beherrschen…

Mittels dieser - natürlich erweiterbaren - Liste ist es möglich, die eigenen Kompetenzen als Stärken aufzudecken und mögliche Erweiterungen durch Training oder Fortbildung anzugehen

Strategie

Durch das Aufdecken der Kompetenzen wird es möglich, eine eigene Strategie zu entwickeln, die zur schulischen Situation passt. Die Strategie kann sich auf eine oder alle vier Handlungsmöglichkeiten beziehen. Wenn sich z.B. Janine wieder während der Partnerarbeit weigert, mit ihrem Banknachbarn Johannes zusammenzuarbeiten, kann die Strategie Ermitteln angewendet werden, um herauszubekommen, woran es liegt. Führt dies nicht weiter, weil Janine abblockt, dann wird die Strategie Institutionalisieren eingesetzt als klare Anweisung zur Zusammenarbeit.

Zusammenfassung

Der personalisierte Klassenplan ist ein Mittel, um die vier Handlungsmöglichkeiten Ermitteln, Vermitteln, Personalisieren und Institutionalisieren auf eigene Kompetenzen zu befragen und anschließend in eine Strategie umzusetzen. Dabei ist es wichtig, gezielt Ressourcen der eigenen Professionalität aufzudecken und von da aus eine maßgeschneiderte Handlungsstrategie zu entwickeln, die geeignet ist, die problematische Situation zu lösen. Rezeptwissen ohne Rückbindung an die eigenen Kompetenzen ergibt keine strategisch sinnvolle Lösung. Der Klassenplan ermöglicht es daher, gezielt unter Rückgriff auf die eigenen Ressourcen Unterricht durchzuführen und an vorhandenen Lücken weiter zu arbeiten.

3.5 Zusammenfassung

Im Dreischritt „Kategorisierung der schulischen Situation - Reaktion durch vier strukturelle Handlungsmöglichkeiten - Rückgriff auf einen personalisierten Klassenplan“ können Alltagsprobleme angegangen werden. Zuerst wird eine schulische Situation objektiv und subjektiv gedeutet, dann werden vier strukturelle Handlungsmöglichkeiten aufgezeigt, danach folgt eine personalisierter Plan, der durch das Heranziehen von eigenen Kompetenzen genau passend ist für die Situation. Wird die problematische Situation damit nicht zufriedenstellend gelöst, erfolgt der Dreischritt wieder von vorn mit modifiziertem Inhalt.

Abb. 29 Dreischritt der professionellen Durchführung von RU

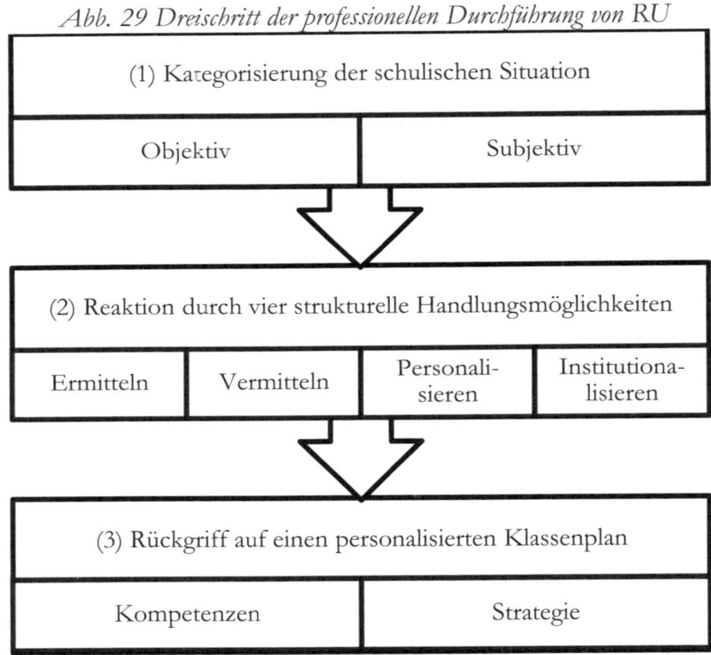

Das folgende, bewusst einfach gehaltene Beispiel kann das Verfahren veranschaulichen:

Beispiel

Herr Ludwig unterrichtet die Klasse 9ab an einer Hauptschule. Sie besteht aus 20 SuS, 12 aus der 9a (6m, 6w), 8 aus der 9b (6m, 2w). Der Religionsunterricht findet in der sechsten Stunde am Montag und der ersten Stunde am Donnerstag statt. Aufgrund der Lage im Stundenplan wählt Herr Ludwig montags wenig lehrerzentrierte Sozialformen und setzt häufig visuelle Medien wie den Fernseher oder den OHP ein, donnerstags ist es eher möglich, textorientiert im Lehrer-Schüler-Gespräch zu arbeiten und dadurch auch mehr Inhalt zu vermitteln. Mit dieser didaktischen Überlegung gelingt es Herrn Ludwig, den Religionsunterricht gut durchzuführen.

Es tritt nun die problematische Situation ein, dass montags nun plötzlich kein visuelles Medium mehr von Seiten der Schule zur Verfügung steht, da der Fernseher nun länger defekt ist und auch sonst kein Beamer, Notebook o.Ä. vorhanden ist. Herr Ludwig wurde darüber nicht informiert, die Montagsstunde läuft aus dem Ruder. Gemäß seiner Erfahrungen und seiner Routine in solchen Situationen würde Herr Ludwig jetzt selbst laut werden, so dass die Situation eskalieren kann. Was kann Herr Ludwig nun aber strukturell tun, welche Handlungsmöglichkeiten hat er?
Das Konzept kann in der Praxis wie folgt umgesetzt werden:

(1) Kategorisierung der schulischen Situation
- Objektiv: visuelles Medium fehlt, SuS werden unruhig
- Subjektiv: Herr Ludwig empfindet dies als belastend

(2) Vier strukturelle Handlungsmöglichkeiten:
- Institutionalisieren: Bemühen um ein anderes visuelles Medium, Ausweichen auf Computerraum etc.; auch Erziehungs- und Ordnungsmaßnahen berücksichtigen.
- Personalisieren: eigenes visuelles Medium mitbringen, in der Rückhand haben, um auf Eventualitäten vorbereitet zu sein, z.B. Notebook.
- Vermitteln: Betonung des zu erlernenden Stoffes durch Akzentuierung z.B. eines anstehenden Leistungstests, Abfrage.
- Ermitteln: Schüler werden unruhig, da sie Bewegung brauchen und sich nicht konzentrieren können, Einschub von Bewegungsübungen, Spielen und Ähnliches.

(3) Personalisierter Klassenplan:
- Kompetenzen: Herr Ludwig hat noch Geld übrig, um sich einen eigenen Beamer zu kaufen. So entgeht er weiteren bösen Überraschungen.
- Strategie: Herr Ludwig nimmt den eigenen Beamer mit, da er dadurch unabhängig von schulischen Vorgaben ist und die Alternativen der Schülerdiagnose, der Institution und der Vermittlung nicht weiterführen. Damit hat er die problematische Situation gelöst.

Wenn alles so einfach wäre, könnte man zu Recht sagen. Das Beispiel zeigt aber, wie grundsätzlich der Dreischritt funktioniert. Die folgenden Beispiele und Fälle sind komplexer - lassen sich aber auch nach diesem Schema angehen.

4. Alltagsprobleme: Beispiele und Fälle

4.1 Störendes Schülerverhalten

(1) Kategorisierung der schulischen Situation
Ein Dialog in der Religionsstunde einer 8. Klasse Hauptschule Mittwoch, 4. Stunde, das Thema lautet „Formen gelingenden Zusammenlebens". Herr Strothmann beginnt die Stunde wie folgt:

„Hr. Strothmann:	Ich weiß, das ist der letzte Schultag vor Ostern. Es geht dem Lehrer genauso. Wir haben jetzt etliche Wochen ... jeder in seiner Klasse schwer geschafft. Im Fach Religion auch, aber trotzdem nicht allzu schwer. Keiner ist dabei gestorben.
René:	Doch.
Hr. Strothmann:	Ja.
René:	Ich bin verreckt.
Klasse lacht.	
Hr. Strothmann:	Ich weiß es, René.
Jennifer:	Jetzt seid doch mal leise!" (aus: Heil 2006a).

Herr Strothmann leitet in die letzte Religionsstunde vor den Ferien ein. Er gibt einen Überblick über die letzten Wochen und will die Schülerinnen und Schüler motivieren, nochmal mitzumachen. René redet rein, unterbricht den Lehrer und macht eine unpassende Bemerkung in derber Sprache. Sowohl Herr Strothmann als auch Jennifer empfinden dies als Störung: Herr Strothmann versucht zu beruhigen, Jennifer fordert die Klasse auf, ruhig zu sein - ein typisches Beispiel für störendes Schülerverhalten, das sowohl den Lehrer als auch die Mitschülerinnen am Lernen und dem geplanten Verlauf der Stunde hindert. Im weiteren Fortgang der Stunde findet sich erneut ein Beispiel für eine andere Art von Störung:

„Hr. Strothmann:	Ich hab heute einen Kassettenrekorder dabei. Ich möchte euch ganz kurz ein Stückchen Musik vorspielen. Hör den mal an; das ist sicher nicht dein grundsätzlicher Musikgeschmack, das ist ganz klar. Spielt auch entscheidend gar keine so Rolle. Dauert auch nicht so lang. So, jetzt müsste es kommen.
(Musik: Brautchor aus „Lohengrin")	
Tanja:	Darf ich als Erstes?
Hr. Strothmann:	Schon mal gehört das Stück?
Schüler:	Nein!
Hr. Strothmann:	Sean!
Sean:	Eindeutig Beerdigung. (Schüler lachen)."

Herr Strothmann spielt den Brautchor aus Lohengrin vor, danach folgen zwei Störungen: Tanja ruft unaufgefordert rein ohne sich zu melden, Sean provoziert, indem er bewusst eine falsche Antwort gibt - solche Störungen kommen tagtäglich im Unterricht vor und halten den eigentlichen Fortgang der Stunde auf.

Was sind überhaupt Störungen? An den Beispielen wird deutlich: Eine Störung ist eine Unterbrechung des geregelten Ablaufs einer Stunde. Unterbrechungen können vielfacher Art sein: Störungen durch Raumwechsel, durch Lautsprecherdurchsagen, durch Rahmenbedingungen wie z.B. Lage an der angrenzenden Hauptstraße oder durch ein bestimmtes Schülerverhalten. Störungen haben eine zweifache Wirkung. Sie „sind einerseits eine starke emotionale Belastung für Lehrkräfte..., sie sind andererseits ein Hindernis für die Erreichung der Lehrziele" (Nolting/Paulus 2004, 168). Diese beiden Wirkungen von Störungen erzeugen Unzufriedenheit, zum einen auf der persönlichen Ebene, zum anderen auf der institutionellen Ebene durch die Verhinderung des professionellen Auftrags. Störungen erfordern eine Reaktion der Lehrkraft, um die Störung zu unterbinden, gleichzeitig aber auch das Thema nicht aus den Augen zu verlieren. Diese Balanceleistung zwischen Eingehen auf die Störung und Themenorientierung muss geleistet werden. Doch wie? Die vier strukturellen Handlungsmöglichkeiten können hier weiterhelfen und werden später beispielhaft angewendet.

Empirische Studien zeigen, dass sowohl strukturelle berufliche Rahmenbedingungen als auch „Interaktionsbeziehungen" und die damit verbundenen „Konflikte und Probleme" (Dauber/Döring-Seipel 2009, 50) als Hauptstörungen angesehen werden. Beide Hauptstörungen werden reflektiert (Kap. 4.1 und 4.3). Zuerst zum störenden Schülerverhalten: Als Variablen des störenden Schülerverhaltens identifizieren die Autoren Verhaltensauffälligkeiten, fehlende Erziehung, Undiszipliniertheit, Heterogenität sowie sinkende Lernmotivation. Alle diese Variablen können zu Störungen führen, die Unzufriedenheit und sogar Krankheit bis hin zur Frühpensionierung bewirken können. Diese Art der Störung durch Schülerverhalten wird fokussiert, um nach Lösungsansätzen zu suchen.

Verhalten ist eine aktive Tätigkeit. Im Gegensatz zu anderen Störfaktoren wird damit ausgesagt, dass das Verhalten direkt auf den Unterricht als Unterbrechung einwirkt. Das muss den Schülerinnen und Schülern gar nicht mal bewusst sein. Die Ursachen von störendem Schülerverhalten können somit ganz unterschiedlich sein (vgl. Gandlau 2011, 93): auf Seiten der Schülerinnen und Schülern etwa schuldivergierende Erziehungsmaßnahmen im Elternhaus, Über- oder Unterforderung, Müdigkeit, aktuelle familiäre Situation, psychische Störungen oder auch die Einstellung zur Religion; bei Lehrerinnen und Lehrern die Abweichung der Lehrkraft vom üblichen sonstigen Stil des Unterrichtens, mangelnde persönliche Durchsetzungskraft, unsicheres oder ängstliches Auftreten sowie intransparente und willkürliche

Behandlung der Schülerinnen und Schüler; in der Schule zu große oder zu kleine Klassenräume, zu unterschiedlich zusammengesetzte Lerngruppen, Randstunden, Stellung des Fachs u.a.

Dies ist nur eine Auswahl an möglichen Ursachen für Störungen. Manchmal ist auch keine Ursache erkennbar oder es sind ganz banale Ursachen wie ein zu lösendes Problem zwischen Schülern, der neueste Klatsch, vielleicht auch Antipathie o.Ä. Manchen Schülerinnen und Schülern genügen solche Nebensächlichkeiten, um zu stören.

Ein weiteres Beispiel ist die Stellung des Fachs in der Schule. Ein Beispiel hierzu: Die Klasse 9c hat eine Stegreifaufgabe zurückbekommen. Vivienne bekommt die Note 3 (befriedigend), sie sieht jedoch nicht ein, warum sie die Note bekommen hat und fühlt sich ungerecht behandelt. Sie stellt die Frage: „Können Sie mir bitte begründen, warum ich in der dritten Aufgabe nur vier von sechs Punkten bekommen habe?“ Die Religionslehrerin, Frau Maik, erklärt Vivienne den Erwartungshorizont der Aufgabe und erläutert die Abweichungen der Schülerin. Sie sollte die Gemeinsamkeiten und Unterschiede von Judentum und Christentum aufzählen und Schlussfolgerungen für das Verhältnis der beiden Religionen ziehen. Vivienne hat die ersten beiden Aufgabenteile gelöst, konnte jedoch keinen Vergleich ziehen. Sie sieht es jedoch auch nach der Erklärung weiterhin nicht ein und wendet sich ab mit dem Satz „Ist ja eh nur Reli“.

Das kurze Fallbeispiel zeigt dreierlei Aspekte, mit denen der Religionsunterricht immer wieder zu tun hat: Er ist erstens ein Fach wie jedes andere - ein ordentliches Lehrfach nach Art. 7.3 GG (übrigens das einzige im Grundgesetz erwähnte und garantierte Schulfach). Der Religionsunterricht ist zweitens ein Nebenfach oder kein Kernfach. Durch die Einführung von Bildungsstandards und den damit verbundenen Monitoring-Studien sowie schul- und länderübergreifenden Leistungstests werden die Kernfächer - Deutsch, Mathematik, Fremdsprachen, z.T. Naturwissenschaften - aufgewertet. Zwar haben die Deutschen Bischöfe und die EKD dieses Problem erkannt und selbst Bildungsstandards eingeführt (s.o.); es gibt hierzu aber noch keine bundesweiten KMK-Bildungsstandards oder auch Leistungstests wie ein „Reli-Pisa“. Drittens schließlich wird das Fach selbst oft als „soft“ angesehen. Zwei Beispiele dazu aus der eigenen Praxis können dies illustrieren: In einer Evaluation zum RU schreibt eine Schülerin der siebten Klasse: „Es war manchmal zu viel Leistung verlangt. Der Religionsunterricht ist doch für mich ein Fach, bei dem man mal ausspannen und ein bisschen träumen kann“. Der RU hat also bei manchen Schülerinnen und Schülern einen eigenen Stellenwert, unabhängig von der Lehrkraft. Und auch eine Lehrkraft hat dazu eine dezidierte Meinung: „Ich habe in der Jahrgangsstufe 5 die Fächer Mathematik und Religion. In Religion versuche ich einen Ausgleich für Mathematik zu schaffen und gebe nur Einser und Zweier. Man muss das Fach ja nicht als Lernfach sehen“. Beide Äußerungen zeigen, dass manche den RU nicht unbedingt mit einem Lernfach in Verbindung bringen - so entsteht die Äußerung „Ist ja eh nur Reli“.

Die Beispiele illustrieren die Bandbreite, wie sich störendes Schülerverhalten in Interaktionen äußern kann. Störendes Schülerverhalten ist daher nicht nur auf einzelne Schülerinnen und Schüler bezogen, sondern in Interaktionen eingebettet, die es zu berücksichtigen gilt (s.o.) und die eigene situative Bedingungen aufweisen. Um dies genauer kategorisieren zu können, wird das Verhalten in objektive und subjektive Kategorien eingeteilt.

Objektiv

Die Kategorien können unterteilt werden in verbale und nonverbale Störungen. Verbale Störungen sind z.B.:

Abb. 30 Verbale Störungen

Handlung	Schüleräußerung
Ablenken	„Können wir nicht mal über etwas anderes reden?“ „Das letzte Thema war aber viel spannender.“ „Haben Sie gestern auch den Film gesehen?
Assoziieren	„Dazu fällt mir jetzt ein…“ „Thomas heißt auch ein Freund von mir.“ „Ein Kreuz haben wir auch zu Hause.“
Beschimpfen	„Das ist unfair von Ihnen.“ „Sie sind gemein zu uns.“ „Der Max ist ein…“
Kommentieren	„Das finde ich jetzt nicht gut." „Das gefällt mir nicht." „Das interessiert mich doch nicht.“
Kritisieren	„Beim Lehrer Müller dürfen wir das aber.“ „Sie geben viel zu schlechte Noten.“ „Die Arbeitsblätter sind zu schwer.“
Laute von sich geben	„Uh“, „Ah“ rhythmisch klatschen oder auf den Tisch trommeln
Missachtung ausdrücken	„Ist ja eh nur Reli." „Die Note interessiert mich sowieso nicht."
Nachäffen	„Dennis, sei ruhig.“ „Ich setze dich gleich um.“ (Wiederholen des Lehrers)
Nachsagen	„Es ist Eva.“ (wiederholte Antwort eines anderen Schülers)
Nebengespräche führen	zum Nachbarn „Das Thema interessiert mich nicht, reden wir über etwas anderes.“ „Was hast Du gestern gemacht?“

Handlung	Schüleräußerung
Petzen	„Die Lisa hat meine Eltern beleidigt." „Der Johannes malt im Unterricht." „Die Carla schwätzt gerade."
Provozie-ren	Bewusst etwas Falsches sagen, derbe Ausdrücke verwenden
Reinreden	„Was der Peter sagt, ist doch falsch." „Das meinen Sie doch nicht im Ernst."
Singen	SuS singen im Unterricht vor sich hin
Verwei-gern	„Den Arbeitsauftrag führe ich nicht aus." „Das mache ich nicht, dazu habe ich keine Lust." „Ich habe keine Zeit für die Hausaufgaben."
...	

Die Liste enthält einige Handlungen und dazu passende Schüleräußerungen, wie sie im Unterricht vorkommen können. Je nach eigenen Erfahrungen kann die Liste natürlich verlängert oder mit Schüleräußerungen aus der eigenen Erfahrung gefüllt werden. Dies heißt nicht, dass sie in jedem Unterricht auch tatsächlich so vorkommen; vielmehr sind unterrichtsübergreifende Störungen aufgezählt.

Neben den verbalen Störungen gibt es die Kategorie der nonverbalen Störungen. Nonverbale Störungen sind z.B.:

Abb. 31 Nonverbale Störungen

Handlung	Schüleräußerung
Auf-Toilette-Gehen	SuS melden sich mit dem Drang zur Toilette oder stehen einfach auf und wollen gehen, je nachdem, wie es in der Klasse eingeführt ist
Desinteresse zeigen	SuS gähnen, schauen aus dem Fenster, legen den Kopf in den Arm
Fehlende Selbstorganisation	SuS haben ihr Mäppchen, ihr Buch oder ihr Religionsheft nicht dabei oder führen es unsauber, so dass Blätter rausfallen, Stifte fehlen oder kein Buch vorhanden ist
Gewalt anwenden	SuS gehen aufeinander los, schubsen oder schlagen sich, selten mit Waffen, zerstören Gegenstände des anderen
Handy benutzen	SuS spielen mit dem Handy, simsen, machen Fotos oder telefonieren heimlich
MP3/I-Pod hören	SuS hören Musik
I-Pod spielen	SuS spielen elektronische Spiele oder surfen im Internet, häufig hinter einem Schulbuch oder unter dem Tisch

Handlung	Schüleräußerung
Malen	SuS malen während des Unterrichtsgesprächs, z.T. ästhetisch sehr ansprechende Bilder
mit Gegenständen provozieren	SuS behalten trotz Verbot die Mütze auf; Essen oder Trinken; Spielen mit dem Lineal herum u.a.
Simulieren	SuS führen imaginär einen Hund aus (Stift an der Leine)
Spielen auf Papier	SuS spielen Käsekästchen, Schiffe versenken, Stadt/Land/Fluss o.Ä. ohne Worte für sich oder mit anderen
Tafelanschrieb	An der Tafel stehen zu Beginn der Stunde provokative Sätze wie „Paul ist doof" oder „Wir wollen heute keinen Unterricht"
Täuschen	SuS sagen, dass sie zur Toilette gehen müssen oder ihnen schlecht ist, laufen dann aber im Schulhaus umher
Umherlaufen	SuS laufen unaufgefordert im Klassenzimmer umher, z.B. um sich die Hände zu waschen, zum Papierkorb zu gehen oder einem anderen Schüler etwas zu geben
Unaufmerksam sein	SuS können auf Nachfrage keine Auskunft geben, „träumen" vor sich hin, schauen aus dem Fenster
Unruhe	SuS wackeln unruhig auf ihrem Stuhl herum
Werfen	SuS werfen mit selbstgebastelten Papierkügelchen oder mit anderen Gegenständen nach einem Mitschüler
Zu-Spät-Kommen	SuS kommen am Beginn des Tages oder bei Raumwechsel zu spät, meist mit unklaren Entschuldigen („Wir waren noch auf Toilette"; „Wir hatten noch eine Besprechung"; „Ich habe etwas vergessen")
…	

Auch diese Liste ist eine Zusammenstellung aus unterschiedlichen Klassen und Jahrgangsstufen, die im Hinblick auf weitere Fälle und Entwicklungen erweiterbar ist (z.B. Gandlau 2011, 93).

Die verbalen und nonverbalen Störungen sind objektiv, da sie beschreibbar und durch technische Hilfsmittel aufzeichnetbar sind, unabhängig davon, ob sie die unterrichtende Lehrkraft tatsächlich stören oder nicht.

Klinisch motivierte Störungen

Um die Störungen evtl. klinischen Krankheitsbildern zuordnen zu können, wird noch eine weitere Übersicht eingeführt, die helfen kann, die empirisch nachweisbaren Störungen zuordnen zu können. Neben dem klinischen Raster ICD-10 (International Classification of Disease, vgl. dazu Klicpera/Gasteiger-Klicpera 2007) hilft die folgende Übersicht, die Störungen evtl.

auf klinische Krankheitsbilder zurückzuführen. Hierzu sind Auffälligkeiten bei Schülerinnen und Schülern vorhanden, die über das übliche Maß an Störungen hinausgehen. Nolting und Paulus liefern hierzu eine gute Übersicht:

- „Auffälligkeiten im emotionalen Bereich wie Stresssymptome, Angst, Unsicherheit;
- Auffälligkeiten im sozialen Verhalten von Kindern wie etwa Distanzlosigkeit, Kontaktarmut oder aggressives Verhalten;
- Störungen im Bereich der Wahrnehmung, der Aufmerksamkeit und der Konzentration;
- Körperliche Auffälligkeiten wie Bewegungsstörungen und motorische Unsicherheit, die zu Unfallgefährdungen führen können;
- psychosomatische Störungen wie Schlafstörungen, Nervosität, Einnässen;
- Sprachstörungen“ (Nolting/Paulus 2004, 97).

Wie gesagt sind die aufgeführten, empirisch rekonstruierten verbalen und nonverbalen Störungen in der Regel nicht diesen Auffälligkeiten zuzuordnen. Treten sie jedoch vermehrt oder massiv aus sollte schon hinterfragt werden, ob nicht ein klinisches Krankheitsbild dahinter stehen kann. Besteht jedoch ein Verdacht, sollten Fachleute hinzugezogen werden.

Situative Bedingungen in Interaktionen

Verbale und nonverbale Störungen sind immer in Interaktionsbeziehungen und situative Bedingungen eingebunden, treten nie isoliert auf. Es kann sein, dass bestimmte Störungen bei einer bestimmten Lehrkraft oder zu einer bestimmten Zeit auftreten, bei einer anderen Lehrkraft oder zu einer anderen Zeit aber nicht. Auch diese situativen Bedingungen der Interaktion müssen wahrgenommen und möglichst auch beschrieben werden, die die Störung in der Interaktion erfassen und nicht isoliert betrachten. Zu den situativen Bedingungen gehören mindestens die Beschreibung der beteiligten Personen, der Raum sowie die Zeit. Weitere Bedingungen wie familiäre Situation, biographische Besonderheiten, besondere schulische Kontexte u.a. sollten idealerweise berücksichtigt werden, was jedoch in der Praxis nicht immer möglich ist. Wichtig ist es jedoch überhaupt, diese Bedingungen zu beachten. Dies soll jedoch nicht bedeuten, dass die Bedingungen unbedingt zur Störung führen müssen. Hier sind auch habituelle Muster vorhanden (s.u. Habitus), d.h. bestimmte Dispositionen für bestimmte Störungen, die übersituativ sind. Auch dies gilt es zu berücksichtigen.

Subjektiv

Die aufgelisteten Störungen sind ganz unterschiedlicher Art. Je nach Lehrertyp werden viele Verhaltensweisen der Schülerinnen und Schüler gar nicht als Störung empfunden, z.B. Malen oder Auf-Toilette-Gehen. Es hängt vom

Lehrertyp und seiner Persönlichkeitsstruktur ab, was überhaupt zur Störung wird. Auch werden Störungen vielmals nicht wahrgenommen oder bewusst ignoriert, z.B. Träumen, Spielen oder auch leise Nebengespräche führen. Wichtig hierbei ist, dass sich die Lehrkraft bewusst macht, was sie beim Unterrichten stört bzw. was die andere Schülerinnen und Schüler am Lernen hindern könnte. Die folgende Tabelle kann helfen, Handlungen als Störungen wahrzunehmen und darunter zu klassifizieren:

Abb. 32 Überlegen Sie bitte, welches Verhalten von Laura Sie im Unterricht stört

Nr.	Handlung	stört	stört nicht
1	Schülerin kommt zwei Minuten zu spät in die Klasse		
2	Schülerin redet, während Sie etwas vortragen		
3	Schülerin befolgt eine Arbeitsanweisung nicht		
4	Schülerin trinkt während des Unterrichts		
5	Schülerin fällt das Mäppchen vom Tisch		
6	Schülerin sitzt desinteressiert im Unterricht		
7	Schülerin fällt das Mäppchen zum zweiten Mal vom Tisch		
8	Schülerin schubst ein Mädchen während des Unterrichts		
9	Schülerin ärgert ein Mädchen in der Pause		
10	Schülerin redet, während Sie etwas an die Tafel schreiben		
11	Schülerin malt mit Buntstift auf das Blatt ihres Nachbarn		
12	Schülerin unterhält sich während des Hefteintrags		
13	Schülerin meckert über die zu schwere Stegreifaufgabe		
14	Schülerin läuft zum Papierkorb während des Unterrichts		
15	Schülerin macht Hausaufgaben, verhält sich aber ruhig		
16	…		

Der Test zeigt, wie unterschiedlich Menschen Handlungen als Störungen bewerten. Trotz dieser Subjektivität verläuft kein Unterricht völlig störungsfrei - es gibt immer wieder Situationen, die die Lehrkraft stören oder „partizipative Lernsituationen“ als Ziel von Unterricht verhindern. Mittels der vier strukturellen Handlungsmöglichkeiten werden die Störungen angegangen.

(2) Vier strukturelle Handlungsmöglichkeiten

Ermitteln

Die Lehrerin geht auf die Störung ein und klärt deren Ursache. Ziel dieser Handlungsmöglichkeit ist, die Ursache der Störung herauszufinden, d.h. die „geheime Botschaft“ der Handlung aufzudecken. Dies kann einzeln oder im Klassengespräch erfolgen. Hierzu gibt es einige Techniken im LSG:

Abb. 33 Techniken und Erklärungen des Ermittelns

Technik	Erklärung
W-Fragen	W-Fragen helfen, gezielt der Bedeutung einer Störung auf den Grund zu gehen: „Was meinst du mit deiner Kritik?“ „Warum bist du unzufrieden? „Wieso hast du eben die Papierkugel geschmissen?“ Das Fragepronomen sollte an den Anfang gestellt werden, um die Störung direkt anzusprechen.
Sinnmachende Kontexte	Zusätzlich zur Frage können sinnmachende Kontexte angeboten werden, um der Störung eine Bedeutung zu verleihen: „Kann deine Äußerung etwa Frustration bedeuten?“; „Langweilst du dich etwa?“ Durch die hermeneutische Kontextualisierung werden die Äußerungen in einen semantischen Kontext gestellt, der nicht immer gleich passend sein muss. Er kann auch als Impuls gelten, in Kommunikation zu kommen, weiter zu fragen oder weitere Kontexte anzubieten.
Zentrierung	Eine weitere Technik ist die Zentrierung: „Bleib mal dabei!“; „Keine Ausflüchte!“. SuS wollen häufig ablenken oder die Störung auf andere schieben. Die Zentrierung hilft, dieses vermeidende Verhalten abzustellen und sich auf den Sinn der Äußerung zu konzentrieren.
Ableitungen	Besteht eine Hypothese, dann können Ableitungen getroffen werden nach dem Prinzip „Wenn-Dann“. Wenn die These stimmt, dass die Störung z.B. aus Lernfrustration resultiert, dann kann die Ableitung sein, dass sich die Frustration auch in anderen Fächern manifestiert.
Zuordnung	Dieser Schritt ordnet empirische Phänomene der These zu bzw. sucht ausdrücklich nach Bestätigung der These und der Ableitungen. Wenn sich die Frustration z.B. auch in anderen Fächern äußert, dann kann leicht im Notenbogen nachgeschaut werden, ob dies stimmt. Dies bringt dann schnell die These zu Fall bzw. bestätigt sie.

Ein weiteres Instrument des Ermittelns von störemden Verhalten ist die Evaluation in Form z.B. eines Fragebogens. Dies hat den Vorteil, dass die Schülerinnen und Schüler zu Wort kommen, die im Klassengespräch untergehen oder ihre angestammte Rolle verlassen können. Ein Beispiel für eine solche Evaluation des eigenen Unterrichts ist die Feedback Methode durch das sog. SGD (survey guided development vgl. auch Heil/Prokopf 2001). Diese Methode wird in Kapitel „Reflexion" ausführlich beschrieben. Hier wird die Reflexion angeregt.

Vermitteln
Beim Vermitteln geht der Lehrer oder die Lehrerin nicht auf die Ursache ein, sondern stellt das zu behandelnde Thema, den Stoff in den Mittelpunkt. Dies kann unmittelbar auf die Störung erfolgen „Fasse den Text zusammen" oder mit einer Überleitung „So, kehren wir jetzt nach deiner Störung zum Text zurück, fasse den Text mit eigenen Worten zusammen". Das Vermitteln zeigt, dass das Hauptinteresse des Unterrichts nicht der Störung gilt, sondern dem Stoff und signalisiert, dass an der Störung kein Interesse besteht und die Störung nicht dazu führt, vom Stoff abzulenken. Der Slogan „Störungen haben immer Vorrang" greift hier nicht, da die Inhaltlichkeit des Unterrichts bewusst ins Zentrum der Handlung gesetzt wird.

Das Vermitteln beinhaltet aber auch, den eigenen Unterricht möglichst störungsresistent durchzuführen im Ergreifen didaktisch-methodischer Maßnahmen wie z.B. „Rhythmisierung des Unterrichts durch Methodenwechsel, Rücknahme der Lehrer/innenaktivität zugunsten der Schüler/innenaktivität, subjektbezogener Unterricht, der auf die Interessen der Schüler/innen eingeht" (Gandlau 2011, 93) sowie ansprechende Arbeitsmaterialien und eine klar strukturierte Unterrichtsstunde als Grundvoraussetzungen gelingenden Unterrichts.

In sehr lernschwachen Lerngruppen hat es sich außerdem bewährt, einen individualisierten Unterricht durchzuführen, der weg vom homogenen Klassenunterricht führt. So steht am Anfang des Unterrichts ein Impuls im Plenum, danach erfolgt die Einzelarbeit anhand vorgefertigter individueller Arbeitsblätter, die während der Stunde erarbeitet werden unter auf den Einzelnen bezogene Assistenz der Lehrkraft. Die Ergebnisse der Leistung werden am Ende eingesammelt und benotet. Dieser individualisierte Unterricht erfordert natürlich mehr Lernzeit und einzelfallbezogenen Materialien und Hilfestellungen, unterbricht aber gleichzeitig eine zu große Konzentration auf den Klassenunterricht und vermeidet somit klassische klassenbezogene Störungen wie Reinreden, Unterbrechen usw.

Personalisieren
Reagiert die Lehrkraft als Person, dann zeigt sie ihre persönliche Betroffenheit durch die Störung. „Deine Aussage verletzt mich jetzt"; „Ich habe mich

extra vorbereitet, und du weist das überhaupt nicht zu schätzen"; „Ich bin jetzt beleidigt, ein Lehrer ist auch nur ein Mensch". Diese Handlungsmöglichkeit akzentuiert die menschliche Seite der Störung. Vorteile sind die menschliche Begegnung und die Aussendung von Ich-Botschaften - in einer hierarchischen Situation im Unterricht kann Personalisieren auch als Schwäche ausgelegt werden und weitere Störungen provozieren. Folgender Zusammenhang kann dabei weiterhelfen, denn die Wirkung des Personalisierens hängt von den einzelnen Schülerinnen und Schülern ab: Suchen die Schülerinnen und Schüler gezielt nach Schwächen, ist diese Handlungsmöglichkeit ungünstig; handeln sie jedoch eher unbewusst und wollen eigentlich nicht stören, dann ist sie hilfreich. Das Personalisieren wirkt dem landläufigen und gut gemeinten Rat „Störungen nicht persönlich nehmen" entgegen, da die eigene Person ohnehin immer in Situationen involviert ist. Eine gewisse Distanz ist notwendig; trotzdem ist die eigene Person - natürlich - in der Situation des störenden Verhaltens involviert und auch betroffen. Spätestens bei physischer Gewalt wird die Absurdität des Tipps „Störungen nicht persönlich nehmen" deutlich. Personalisieren steuert dem als bewusste Handlung entgegen.

Institutionalisieren

Die vierte Handlungsmöglichkeit, das Institutionalisieren, betont bei Störungen die Rolle der Lehrkraft als Unterrichtsleiter. Hierbei gibt es eine Vielzahl von Möglichkeiten:

Abb. 34 Techniken und Erklärungen des Institutionalisierens

Technik	Erklärung
Anweisungen	„Sei jetzt ruhig"; „Hör auf mit dem Werfen"; „Marie, setz dich auf deinen Platz". Häufig wird der Störer am Anfang des Satzes mit Namen angesprochen, um den Befehl zielgerichtet zu verstärken.
Auszeit	Die SuS werden für eine bestimmte Zeit aus dem Unterricht in einen anderen Raum geschickt mit einer klar definierten Aufgabe. Viele Schulen haben Auszeitzimmer mit institutionalisierten Regelungen eingeführt wie z.B. Auszeitzettel oder Aufsicht oder auch die sog. „Trainingsraum-Methode" (Bründel/Simon 2007).
Elterngespräch	Die schriftliche Bitte um ein Elterngespräch - als eigener Brief oder eine Stufe niedriger als Eintrag ins Hausaufgabenheft - zeigt meist bei SuS Wirkung. Zusätzlich kann die Lehrkraft im Elterngespräch wichtige Details zur Situation der Schülerin oder des Schülers erfahren, um so das Verhalten besser zu verstehen.

Technik	Erklärung
Erziehungs-maßnahmen	Erziehungsmaßnahmen sind kleinere Maßnahmen, um Störungen zu begegnen. Hierzu zählen z.B. mündliches Ermahnen, Umsetzen oder je nach Schulordnung die Anfertigung einer pädagogischen Zusatzarbeit während des Unterrichts oder als individuelle Hausaufgabe. Bei vielen Störungen hilft als erste Maßnahme das Voneinander-Wegsetzen und Abschreiben-Lassen als individueller Zugang zu einem Thema, wenn dem Unterrichtsgespräch nicht gefolgt werden kann. Eine Erziehungsmaßnahme ist auch die schriftliche Mitteilung an die Eltern.
Konditional-sätze	„Wenn du jetzt nicht aufhörst, dann setze ich dich um"; oder stärker: „Wenn du weiter redest, bekommst du einen Verweis". Die Gefahr hierbei ist es, sich festzulegen. In einer affektiv aufgeladenen Situation können Konsequenzen angedroht werden, die dann nicht eingehalten werden können. Daher empfiehlt es sich, die Konsequenz offen zu lassen oder im Konjunktiv zu formulieren. Auch die Vertagung des Gesprächs nach der Stunde („Wenn Du nochmal störst, kommst du nach der Stunde zu mir") ist in manchen Situationen zur Beruhigung sinnvoll.
Lauter-Werden; Leiser-Werden	Die Lehrkraft übertönt das störende Verhalten. Dies kann durchaus seine Wirkung entfalten, ebenso das gegenteilige Verhalten des Leiser-Werdens.
Nacharbeit	Nacharbeit ist zusätzliche Arbeitszeit außerhalb der regulären Unterrichtszeit, um das Versäumte nachzuholen. Wie auch bei der Auszeit sollte die Schule hierfür eine einheitliche Regelung schaffen, um die Kolleginnen zu entlasten. Die Eltern müssen hierüber frühzeitig informiert werden.
Ordnungs-maßnahmen	Ordnungsmaßnahmen sind eine Stufe höher als Erziehungsmaßnahmen, da sie in die Schülerakte kommen. Hierzu zählt z.B. der Verweis, der verschärfte Verweis oder der Ausschluss vom Unterricht.
Prävention	Am besten tauchen Störungen erst gar nicht auf. Hierzu steht eine Vielzahl an präventiven Strategien aus dem sog. „Classroom-Management" zur Verfügung. Nolting hat diese im Anschluss an Kounin in vier präventive Maßnahmen zusammengefasst: breite Aktivierung, Unterrichtsfluss, klare Regeln sowie Präsenz- und Stoppsignale (s.u.).

Alle diese Möglichkeiten sollten bewusst und nicht im Affekt eingesetzt werden, um die Würde der SuS zu gewährleisten. Es handelt es sich um Kinder und Jugendliche, die besonderer Behandlung bedürfen. Gerade Anweisungen und Konditionalsätze in einem strengen Ton sollen nicht bösartig wirken, sondern die Rolle der Lehrkraft und das in der Schule durchaus gegebene hierarchische Verhältnis zwischen Schüler und Lehrkraft herausstreichen. Diese Maßnahmen sind daher unbedingt professionell und distanziert durchzuführen und erfordern ein hohes Maß an Sensibilität.

Kombination
Die einzelnen Handlungsmöglichkeiten können natürlich auch kombiniert werden. Der Satz „Marie, hör auf zu reden und fasse bitte den Text zusammen" kombiniert Institutionalisieren und Vermitteln. Oder auch der Satz „Stoppt das Gespräch, warum müsst ihr euch unterhalten?" kombiniert Institutionalisieren und Ermitteln. Die Kombination ist dann angezeigt, wenn einzelne Handlungsweisen allein nicht mehr wirken. Weiterhin fördert die Kombination eine Variabilität, die Professionalität ausmacht.

(3) Personalisierter Klassenplan

Kompetenzen
Welche Kompetenzen sind bei der Lehrkraft vorhanden, welche werden gebraucht für eine bestimmte Handlungsmöglichkeit? Im Folgenden werden die Kernkompetenzen aufgezählt.

Für das Ermitteln zur Behebung des störenden Schülerverhaltens ist hermeneutische Kompetenz notwendig. Es soll herausgefunden werden, was sich hinter der Störung verbirgt, was sie auslöst, um sie dann zu beseitigen. Dazu gehören aber auch ethische Kompetenzen als echtes Interesse an den Schülerinnen und Schülern und ihrer Lebenswelt.

Für das Vermitteln sind in erster Linie fachliche und personale Kompetenzen notwendig. Fachliche in Hinsicht auf die Vermittlung des Stoffs, personale, um die Störung zu übergehen und den Stoff in den Vordergrund zu stellen.

Die personale Reaktion auf Störungen erfordert eine Vielzahl an persönlichen Kompetenzen sowie kommunikative Kompetenzen. Persönliche Kompetenzen, um sich der Situation zu stellen, den Mut haben, sich zu öffnen und eigene Gefühle preiszugeben, authentisch zu sein; kommunikative Kompetenzen, um die richtigen Worte zu finden.

Die institutionelle Reaktion ist wohl die übliche. Sie erfordert zuvorderst personale Kompetenzen wie Durchsetzungsfähigkeit, aber auch kommunikative Kompetenzen. Es empfiehlt sich z.B. bei Androhungen, nicht zu konkret zu werden „Ich überlege mir, ob ich eine Mitteilung schreibe" ist besser als „Ich werde eine Mitteilung schreiben".

Strategien
Als Strategien lassen sich präventive und intervenierende Strategien unterscheiden:

Die Prävention von Störungen besteht nach Nolting aus vier Dimensionen. Werden diese Dimensionen eingehalten, dann entstehen keine sog. Wellenbewegungen, die durch anfängliches leicht auffälliges Verhalten zu massiven Störungen werden können, falls nicht eingeschritten wird. Die einzelnen Elemente dieses Classroom-Management lassen sich leicht operationalisieren sind dadurch erlernbar. Einige Beispiele (vgl. Nolting 2002):

Abb. 35 Präventives Classroom-Management

Struktur	Beispiele
Breite Aktivierung	Klassenaktivierung vor der Einzelfallorientierung: Aktivierung der ganzen Klasse durch Aufrufen, Blickkontakt, breite Kontrolle u.a.
Unterrichts-fluss	Ineinandergreifen der einzelnen Teile des Unterrichts ohne Unterbrechungen und vermeidbare Störungen, um Lernaktivität der Klasse ins Zentrum zu stellen durch zügiger Wechsel der Sozialformen, rasches Verteilen von Arbeitsblättern, Klarheit, Einüben u.a.
Klare Regeln	Frühzeitige Einführung und Einübung von Kommunikations- und Verhaltensregeln für den Unterrichtsverlauf, häufig auch visualisiert und symbolisch umgesetzt.
Präsenz- und Stoppsignale	Aussenden von nonverbalen (im Raum bewegen, beim Tafelanschrift auch die Klasse im Blick haben usw.) als auch verbale Signale (z.B. direkt ansprechen, Begrenzen und Bekräftigen usw.).

Helfen diese präventiven Maßnahmen nicht weiter und kommt es zu heftigen Störungen, dann müssen mehr intervenierende Handlungsstrategien verfolgt werden. Zum akuten Umgang mit Störungen hat die Konfliktforschung gezeigt, dass die Berücksichtigung der Freiheit des Störenden am ehesten zum Erfolg führt (Bründel/Simon 2007). Freiheit bedeutet hier nicht absolute Freiheit, sondern Entscheidung, zwischen Handlungsalternativen wählen zu können. Dabei ist ein Dreischritt zu beachten: Regeln, Wahlfreiheit, Konsequenz:

Abb. 36 Intervenierendes Classroom-Management

Schritt	Beispiele
1. Regelsystem	Der erste Schritt ist die Einführung eines Regelsystems nach dem Satz „Wenn du dich nicht meldest, kommst du nicht dran."
2. Wahlfreiheit	Der zweite Schritt ist die Wahlfreiheit zwischen zwei oder mehreren Handlungsalternativen, die dem Störenden die Entscheidung lässt nach dem Satz „Ich melde mich nicht, rufe rein, nehme die Konsequenz in Kauf."
3. Konsequenz	Der dritte Schritt ist die strikte Einhaltung der Konsequenz des Handelns mit dem Satz „Du kommst nicht dran."

Dieser Dreischritt ermöglicht es, Streit zwischen Lehrer und Schüler im Sinne einer Konfrontation nicht eskalieren zu lassen und gleichzeitig mit Störungen umzugehen.

Man kann diese Form der Strategie auch noch ausweiten, indem man genauer die Handlung und die Konsequenzen in den Blick nimmt wie in der sog. „Trainingsraum-Methode". Hier ein Beispiel für die Lehrerkommunikation (Bründel/Simon 2007, 51):

Abb. 37 Erweitertes intervenierendes Classroom-Management

Schritt	Satz
1.	„Was machst du?"
2.	„Wie lautet die Regel?"
3.	„Was geschieht, wenn du gegen die Regeln verstößt?"
4.	„Wofür entscheidest du dich?"
5.	„Wenn du wieder störst, was passiert dann?"

Mit dieser standardisierten Abfolge können Lehrkräfte auf Störungen reagieren. Den Schülerinnen und Schüler bleibt die Entscheidung, sich nach Frage 4. in den „Trainingsraum" zu begeben oder weiter am Unterricht teilzunehmen. Voraussetzung hierfür ist natürlich, klare Regeln sowie einen professionellen Übungsraum einzurichten. Dies ist eine Form, um strategisch auf Probleme zu reagieren. Falls sie nicht möglich ist, kann auch der gemilderte Dreischritt vorgenommen werden.

Neben diesen Schülerstörungen sind die systemischen Störungen am schwierigsten zu beseitigen, da sie meist in der Institution begründet sind. Hierzu zählen z.B. ein zu kleiner Unterrichtsraum, nichtvorhandende Medien, transparente Tagesplanung, Stundenplan, Fehlen flankierender (sozial-)

pädagogischer Maßnahmen wie Auszeit- oder Trainingszimmer, gemeinsame Nacharbeitsregeln, Begrüßungsrituale, Streitschlichter u.a. Ohne ein Mindestmaß an systemischer Unterstützung können präventive und akute Kompetenzen im Umgang mit Störungen wirkungslos werden. Daher ist es durchaus sinnvoll, an systemischen Störungen zu arbeiten und diese zu beseitigen.

4.2 Umgang mit pluraler Religiosität

(1) Kategorisierung der schulischen Situation

Der Umgang mit pluraler Religiosität stellt gerade im Religionsunterricht eine Herausforderung für Religionslehrerinnen und Religionslehrer dar. Einige Beispiele aus dem Schulalltag können dies illustrieren:

> In der 7b einer Hauptschule wird das Thema „Reich Gottes" innerhalb der Themensequenz „Jesu Botschaft vom Reich Gottes" durchgenommen. Dabei kommt die Sprache auf Engel als Boten. Die Lehrerin fragt daraufhin „Was sind Engel?", worauf Anna antwortet „Ein Engel ist ein Sklave von Gott".

> In der 6a an einer Hauptschule ist das Thema König David. Die Lehrerin fordert die Schülerinnen und Schüler auf, die Beziehung von König David zu Gott zu beschreiben, woraufhin Anton antwortet „König David ist der Kumpel von Gott".

> Beim Themenbereich „Symbole" in der vierten Klasse Grundschule will die Lehrerin, Frau Beckmann, die Bedeutungsstruktur von Symbolen erhellen, also die Zuordnung eines konkreten Phänomens zu einer abstrakten Bedeutung. Es entsteht folgender Dialog:

Frau Beckmann:	„An was denkt ihr, wenn ihr an Licht denkt?"
Tamara:	„An Traurigkeit".
Frau Beckmann:	„Traurigkeit, warum Traurigkeit?"
Tamara:	„Bei der Beerdigung wird immer ein Licht angezündet, da brennt eine Kerze."

> Beim Thema „Beziehung, Freundschaft und Ehe" hebt der Lehrer der 10c eines Gymnasiums die Beziehung zwischen Abraham und Gott als Exempel unbedingten Vertrauens und Glaubens hervor, woraufhin Sandra entgegnet: „Aber das gibt doch alles irgendwie gar keinen Sinn. Ein Mensch kriegt Gottes Gnade und so viele Menschen heutzutage verrecken, weil sie nix zu essen kriegen."

Innerhalb des Stundenthemas „Paulus“ in der der Sequenz „Christlichen Glauben weitergeben“ in der 6c eines Gymnasiums wird die Perikope der Bekehrung des Saulus gelesen. Daraufhin entsteht folgender Dialog:

„Hr. Beckem: Ok, soweit diese Geschichte von der Bekehrung des Saulus. Gibt es zunächst Fragen oder Dinge, die euch aufgefallen sind daran? Manuela.

Manuela: Ich finde es irgendwie komisch, weil eigentlich wurde der ja fast gezwungen, ähm, äh, also Christ zu werden, weil wer, wer will schon, will schon blind sein, wenn er es, wenn er genau wie/ oder ziemlich genau weiß, dass er es verhindern könnte, wenn er das macht? Es kann ja sein, dass er, ähm, dann nach und nach daran geglaubt hat, aber irgendwie finde ich das doof. Der hatte ja eigentlich keine Wahl.

Hr. Beckem: Ähm, aber da würde ich sagen, keiner kommt zu ihm und sagt, deine Blindheit wird aufhören, wenn du Christ wirst. Wenn du dich weigerst, wirst du dein Leben lang blind bleiben.

Manuela: Nein, aber...

Hr. Beckem: Das sagt niemand zu ihm.

Manuela: Aber, indirekt ist es doch so, wenn man sich die ganze Geschichte anguckt. Weil das Blindsein war eigentlich doch eine Strafe dafür, dass er, ähm, die Christen verfolgt hat. Und dann haben sie gesagt, ja, du musst dir da die Hände auflegen lassen und der kann dich heilen und irgendwie so.

Hr. Beckem: Ja.

Manuela: Oder, ähm, hat, der hat eine Vision gehabt und das kann man sich doch schon eigentlich denken, dass, dass er blind bleibt wenn er es nicht macht.“

Solche und ähnliche Situationen finden sich tagtäglich in allen Schulformen und Schulstufen. Die fünf kurzen Fälle zeigen, dass religiöses Interesse bei Schülerinnen und Schülern vorhanden, aber plural ausgeprägt ist. Es lohnt sich, im Unterricht darauf zu achten, wenn die plurale Religiosität der Schülerinnen und Schüler aufblitzt, um mit SuS über ihre „Theologie“ ins Gespräch zu kommen (Freudenberger-Lötz 2012). Plurale Schülerreligiosität - was heißt das eigentlich?

Die Pluralisierung der Lebenswelten ist neben der Individualisierung ein makrogesellschaftlicher Trend der (Post-) Moderne (Heil/Ziebertz 2002). Pluralität als Paradigma zur Beschreibung gesellschaftlicher Trends ist in der Religionspädagogik das dominierende Paradigma der Säkularisierung getreten. Säkularisierung bedeutet eine sukzessive Verweltlichung religiöser Substanzen und Funktionen. Substanzen sind semantische Kernbestandteile des Glaubens wie Dogmen, Personen, Gebäude, Gebete, Feiertage u.a. - Funktionen sind Wirkungen des Glaubens wie Transzendenzbezug, Kontingenzbewältigung oder Vergemeinschaftung (s.o.). Das Säkularisierungsparadigma geht davon aus, dass christliche Substanzen und Funktionen langsam verschwinden, indem sie von weltlichen Äquivalenzen abgelöst werden. Ein klassisches Beispiel hierfür ist die doppelte Besetzung von Feiertagen wie z.B. Halloween und Allerheiligen oder Vatertag und Christi Himmelfahrt. Nach der Säkularisierungsthese löst die weltliche Form die christliche ab.

Das Paradigma der Pluralität hingegen ist davon bestimmt, dass christliche Substanzen und Funktionen nach wie vor vorhanden sind, auf den unterschiedlichen Ebenen der gesellschaftlichen Analyse jedoch mit je eigenen Ausprägungen: Während christliche Substanzen und Funktionen auf der Mesoebene der Institutionen noch in ihrer christlichen Semantik weiter bestehen, sind sie auf der Makroebene der Gesellschaft und der Mikroebene der Institutionen transformiert, mit anderen Substanzen und Funktionen vermischt. Substanzen und Funktionen verschwinden also nicht wie im Säkularisierungsparadigma, werden aber makro- und mikrotheoretisch mit anderen Substanzen und Funktionen zu etwas Neuem vermischt. Um beim Feiertagsbeispiel zu bleiben: Auch im weltlichen Feiertag stecken christliche Elemente, jedoch mit anderen vermischt.

Diese soziologische Analyse (Davie, Hervie-Leger) wird in der Religionspädagogik zu einer „pluralitätsfähigen Religionspädagogik" (Schweitzer/Englert/Schwab/Ziebertz 2002.2012) weiter entwickelt - auch empirische Studien bestätigen diesen Befund für die Mikroebene (Prokopf 2008). Der Umgang mit Pluralität wird daher zu einem zentralen Punkt der Religionspädagogik und erfordert von religionspädagogischen Profis v.a. hermeneutische und kommunikative Kompetenzen (Ziebertz 2002, 73f.), die Veränderungen überhaupt wahrzunehmen und damit theologisch in Kommunikation treten zu können.

Die makrogesellschaftlichen Entwicklungen machen auch vor der mikrotheoretischen Religiosität der Schülerinnen und Schüler nicht halt. Zahlreiche theologische empirische Studien zur Religiosität von Kindern und Jugendlichen (zur Übersicht Ziebertz/Riegel 2008), eher soziologisch orientierte Studien (Deutsche Shell 2010), Milieustudien wie die Sinus-Milieustudien (Bund der Deutschen Katholischen Jugend/Misereor 2006; Calmbach u.a. 2012) sowie die „Kindertheologie" (z.B. Schweitzer 2011b) machen dies deutlich. Es gibt innerhalb dieses Spektrums der empirischen Forschung zahlreiche Versuche, Religiosität von Kindern und Jugendlichen zu typologisieren. Dabei ist zu unterscheiden zwischen entwicklungsbezogenen Forschungen wie z.B. Oser/Gmünder oder Fowler und situationsbezogenen Ansätzen wie z.B. Ziebertz/Kalbheim/Riegel 2003. Die entwicklungsbezogenen Typen finden heraus, dass sich die Religiosität (bzw. die Gottesvorstellungen) im Laufe eines Lebens verändern; die situationsbezogenen Typen machen deutlich, dass Religiosität zu einem gewissen Zeitpunkt in einer Gruppe unterschiedlich ausgeprägt ist. Dieses Phänomen der religiösen Pluralität gilt es im Religionsunterricht zu beachten.

Ein zweites Phänomen muss berücksichtigt werden. Besonders qualitative empirische Studien (Prokopf 2008; Höger 2008, Faix 2007) zeigen, dass ein Typ kein Mensch in seiner Komplexität abbildet. Dies bedeutet, dass die herausgefundenen Typen nicht starr sind, sondern sich bei einem Menschen verändern können, je nach Situation. Im Religionsunterricht können Schüler z.B. bei bestimmten Themen eine dezidiert religiöse Position vertreten; bei anderen Themen hingegen nehmen sie eine andere Position ein: Ein Beispiel: Julian aus der 9a vertritt beim Thema Menschenwürde die christlich-religiöse Position, dass menschliches Leben bereits bei der befruchteten Eizelle von Anfang an vorliegt und damit unbedingt schützenswert ist. Beim Thema „Leben nach dem Tod" glaubt Julian jedoch nicht an ein Weiterleben nach dem Tod bei Gott, sondern an die Wiedergeburt, die für ihn - anders als im Buddhismus - etwas Positives ist. Die gleichen Phänomene sind auch bei anderen Schülerinnen und Schülern zu beobachten. Hier zeigt sich, dass der verwendete religiöse Typ situations- und themenabhängig ist. Gerade die existentiellen Themen, die im Religionsunterricht zur Sprache kommen wie Leben, Tod, Freundschaft, Liebe, Gemeinschaft u.a. sind von Schülerinnen und Schülern nicht einheitlich besetzt, sondern können variieren.

Diese beiden Phänomene - religiöse Pluralität als verschiedenartige Ausprägung von Religiosität und plurale Religiosität als Verschiedenartigkeit in der Einstellung selbst sind im Religionsunterricht zu beachten. Die Lehrerin oder der Lehrer muss auf die Schülerantworten reagieren. Wie kann das geschehen? Auch hier können die vier Handlungsmöglichkeiten weiterhelfen. Doch zunächst einmal weitere Hilfen zur Kategorisierung der pluralen Religiosität.

Objektiv

Wie angesprochen gibt es zahlreiche Studien, die religiöse Pluralität von Kindern und Jugendlichen kategorisieren. Zum Kanon religionspädagogischer Arbeit zur religiösen Entwicklung gehören Oser/Gmünder und Fowler. (zu Oser/Gmünder gibt es weiterführende Arbeiten, die die Stufen leicht modifizieren und besonders die Motivation zum Stufenübergang in den Blick nehmen, z.B. Wagener 2002).

Eine empirisch basierte und im Religionsunterricht erprobte Typologie liefern Ziebertz, Kalbheim und Riegel. Sie unterscheiden fünf Typen der Religiosität (vgl. zum Folgenden Ziebertz/Kalbheim/Riegel 2003; Ziebertz/Kalbheim/Riegel 2004). Die Typologie hat eine diagnostische und heuristische Funktion:

Abb. 38 Typologie der Religiosität Jugendlicher nach Ziebertz u.a.

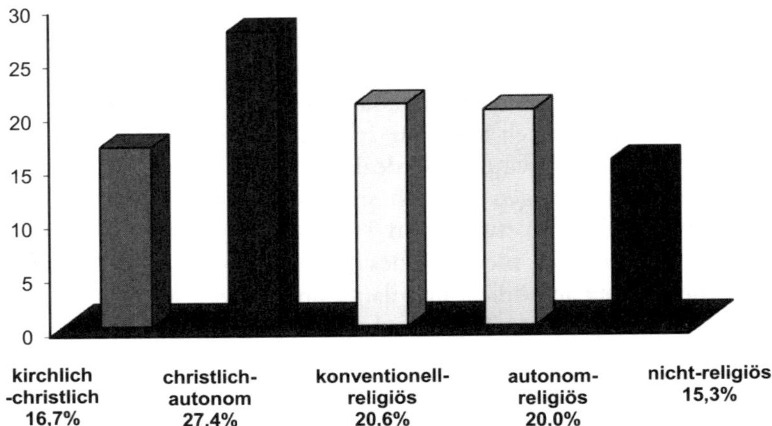

„Kirchlich-christlicher Typ

Jugendliche, die diesem Typ zugeordnet werden können, zeichnen sich durch eine Nähe zum christlichen Glauben aus, wie er kirchlich repräsentiert wird…Insgesamt zeichnet sich der kirchlich-christliche Typ durch eine religiöse Orientierung aus, deren Glaubensleben durch ein soziales Umfeld sowie die zugehörige Glaubensgemeinschaft (Kirche) getragen wird.

Christlich-autonomer Typ

Christlich-autonome Jugendliche messen religiöser Autonomie, hier verstanden als prinzipielle Unabhängigkeit von einer Glaubensgemeinschaft, große Bedeutung bei. Sie deuten ihr religiöses Weltbild durchaus in Referenz zu christlichen Gemeinden, akzentuieren jedoch eine klare Distanz.

Konventionell-religiöser Typ

Insgesamt repräsentiert dieser Typ eine Gruppe von Befragten, für die Religion kein vorherrschendes Thema ist. Ihr Verhältnis zu religiösen Einstellungen und religiösen Gruppen ist im Augenblick unverbindlich. Jugendliche dieses Typs liegen im religiösen Mainstream, sind also konventionell-religiös.

Autonom-religiöser Typ

Autonom-religiöse Jugendliche zeigen einen Glauben, der keinen Bezug auf religiöse Institutionen nimmt. Ihr charakteristisches Kennzeichen ist die sehr starke Zustimmung zur Selbstkonstruktion des Glaubens.

Nicht-religiöser Typ
Jugendliche des „nicht-religiösen“ Orientierungstyps haben eine dezidiert religionskritische Einstellung…Nicht-religiöse Jugendliche gewinnen religiösen Angeboten für sich selbst keine Bedeutung ab, aber sie können anerkennen, dass Religion für andere Menschen relevant sein kann. Nicht-religiöse Jugendliche sind also nicht atheistisch in ideologischem Sinn. Sie kämpfen nicht gegen Religion, haben mir ihr aber auch nichts im Sinn“ (nach Ziebertz/Kalbheim/Riegel 2003).

In neueren Publikationen nennt Ziebertz die Typen etwas anders: „Christlich-kirchlich, christlich-orientiert, religiös unbestimmt, funktional religiös, nicht religiös“ (Ziebertz 2010a, 101f.). Inhaltlich unterscheiden sich die Typen nicht von früheren Bezeichnungen. Die Namensänderung verdeutlicht aber, dass die Religiosität noch offener, suchender (religiös unbestimmt) oder pragmatisch-auswählender (funktional-religiös) ist als in der früheren Studie. Dies berücksichtigt auch stärker das Phänomen der pluralen Religiosität. Jugendliche ändern ihren Typ, wenn es für ihre Situation von Bedeutung und von Nutzen ist. Auch die Häufigkeitsverteilungen dürften sich im Vergleich zur Stichprobe von 2003 verändert haben: Der heuristische Nutzen der Typologie zur Charakterisierung von jugendlicher Religiosität ist aber unbestritten.

Die Typologie kann somit auch herangezogen werden, um die religiöse Pluralität von Lerngruppen einordnen zu können (Ziebertz/Kalbheim/Riegel 2004). Dabei ist zu beachten, dass Schülerinnen und Schüler keine Typen sind und ihre Einstellung von Thema zu Thema verändern. Eine Charakterisierung der Lerngruppe anhand der Typologie muss also bei jedem Thema neu vorgenommen werden.

Subjektiv
Neben diesen objektiven Instrumenten zur Messung der pluralen Religiosität entwickeln Religionslehrerinnen und Religionslehrer natürlich auch ein Gespür für die religiösen Einstellungen ihrer Schülerinnen und Schüler. Immer wieder, auch bei ganz anderen Themen, können religiöse Fragen und Beiträge aufgeworfen werden, die zur Vertiefung einladen. Fragesätze wie „Was sagen Sie den dazu?“, „Wie würden Sie handeln?“ können deutlich machen, dass die Schülerinnen und Schüler einen kompetenten Gesprächspartner zu ihren Fragen suchen, verraten gleichzeitig aber auch ihr religiöses Suchen. Im Gespräch - auch wenn es nur kurz vor oder nach dem Unterricht stattfindet - können dann auch Spuren der eigenen Einstellung deutlich werden. Der Nachteil an solchen subjektiven Einschätzungen ist sicherlich, dass nicht alle Schülerinnen und Schüler beteiligt sind. Nicht alle fragen nach.

(2) Vier strukturelle Handlungsmöglichkeiten

Ermitteln

Wie kann der Lehrer oder die Lehrerin nun auf die plurale Schülerreligiosität reagieren, um den dahinter stehenden Typ herauszufinden? Hier kann unterschieden werden zwischen direkter und indirekter Methode.

Eine indirekte Methode ist die Erhebung durch einen themenspezifischen Fragebogen. Die oben beschriebene Typologie kann helfen, die einzelnen Schülerinnen und Schüler einer Klasse zu einem bestimmten Thema einzuordnen. Wichtig ist, dass dies jeweils für jedes Thema neu durchgeführt werden muss. Dabei müsste der Lehrer oder die Lehrerin ein Schema von Äußerungen erstellen (am besten drei Äußerungen für einen Typ), an dem sich die Schülerinnen und Schüler einordnen können. Am Beispiel des Themas „Leben nach dem Tod" kann dies deutlich werden:

Abb. 39 Themenspezifische Kategorisierung (Leben nach dem Tod)

Typ	Äußerung
Kirchlich-christlich	„Es gibt ein ewiges Leben für die Seele bei Gott!" „Nach dem Tod gibt es eine Auferstehung."
Christlich-autonom	„Ich glaube, dass es nach dem Tod bei Gott weitergeht und ich meine Verwandten gleich wiedersehe!" „Nach dem Tod kommt die Seele gleich zu Gott, es gibt bestimmt keine Hölle."
Autonom-religiös	„Nach dem Tod werde ich bestimmt irgendwann wiedergeboren!" „Nach dem Tod kann es nicht aus sein, ich werde irgendwie weiterleben".
Konventionell-religiös	„Ich weiß nicht genau, wie es nach dem Tod weitergeht, ist mir eigentlich jetzt auch egal!" „Nach dem Tod kann es weitergehen oder auch nicht, ich weiß es nicht."
Nicht-religiös	„Nach dem Tod ist alles aus!" „Es gibt kein Leben nach dem Tod".

Das Beispiel kann beliebig erweitert werden. Wichtig ist es, Äußerungen zu den Typen zu finden, um die Klasse einordnen zu können. Dies kann schriftlich anhand eines Fragebogens oder durch z.B. legen von Steinen auf die Sätze oder mündlich durch melden u.a. erfolgen. Dadurch kann dies Klasse hinsichtlich ihrer Religiosität kategorisiert werden.

Eine direkte Methode kommt in der Unterrichtskommunikation vor. Hier erfolgt die gleiche Vorgehensweise wie bei den Störungen:

- W-Fragen: „Was bedeuten für dich Engel?“ „Warum ist König David der Kumpel von Gott? „Weshalb ist es ungerecht, dass Gott Abraham Gnade zukommen lässt?“
- Sinnmachende Kontexte: „Meint Engel vielleicht etwas Untergeordnetes?“; „Bezieht sich Kumpel auf ein Freundschaftsverhältnis?“ „Denkst du bei Gnade vielleicht an Ungerechtigkeit?“
- Zentrierung: „Bleib mal dabei“; „Keine Ausflüchte“.
- Ableitungen: Wenn Engel etwas Untergeordnetes meint, dann können weitere Eigenschaften gefunden werden wie z.B. Abhängigkeitsverhältnis bis hin zur Erfüllung von Aufträgen wie z.B. der Überbringung der Botschaft.
- Zuordnungen: Sammeln weiterer Anhaltspunkte zur Verifizierung der These.

Auch eine semiotische Vorgehensweise hilft hier weiter. Dies bedeutet, der Zeichenverwendung nachzugehen und ihren genuinen Ort aufzuspüren. Vielmals haben religiöse Zeichen heutzutage ihren Ort außerhalb religiöser Handlungsfelder, häufig in der Populärkultur wie Film, Fernsehen, Musik, Internet, Zeitschriften etc. Es bietet sich daher an, diese Orte aufzudecken und ihnen nachzuspüren.

Vermitteln

Gerade das Vermitteln folgt vielmals einer Logik der Abfolge Induktion-Deduktion. Zuerst werden Erfahrungen aus der Lebenswelt angesprochen, die dann theologischen Themen zugeordnet werden z.B. Ängste und Hoffnungen aus der Lebenswelt sind so wie Ängste und Hoffnungen zur Zeit Jesu. Gerade Schulbücher und religionspädagogische Materialhefte sind vielmals nach einer solchen Logik aufgebaut. Erst wird die lebensweltliche Erfahrung angesprochen, die dann biblischen oder theologischen Themen zugeordnet wird. Dieses „So-wie-Schema“ hat sich in der Folge der Korrelationsdebatte etabliert, ist aber nicht unproblematisch, weil der „garstige Graben“ immer übersprungen werden muss. Es bietet aber den Vorteil, bei der Lebenswelt anknüpfen zu können, diese muss aber immer in biblischen und theologischen Themen münden. Nach dieser ersten Induktionslogik folgt dann die Deduktion. Die Deduktion greift das biblische und theologische Thema auf und zieht daraus Konsequenzen: Wenn Menschen zur Zeit Jesu genau diese Ängste und Hoffnungen gehabt haben, dann hatten sie bestimmte Vorstellungen von einem Messias. Nach der Zuordnung folgt also die Ableitung.

Ein weiteres Schema der Vermittlung neben der häufigen Induktion-Deduktion ist auch eine reine Deduktionslogik wie z.B. der Vermittlung von Inhalten ohne Lebensweltbezug. Es kann - um bei dem obigen Beispiel zu bleiben, auch direkt auf die Ängste und Hoffnungen der Menschen zur Zeit

Jesu eingegangen werden, ohne den Umweg über die lebensweltliche Erfahrung.

Umfangreicher ist ein abduktives Vermitteln, indem auf die Suche gegangen wird, welche semiotischen Spuren das Thema in lebensweltlichen Zusammenhängen hinterlassen hat z.B. Ängste und Hoffnungen der Menschen zur Zeit Jesu in einem Film oder Lied, das aus der heutigen Lebenswelt der Schülerinnen und Schüler stammt. Die Bedeutung dieser Zeichen wird dann aufgedeckt und mit theologischen Themen verbunden.

Personalisieren

Personalisieren im Kontext der pluralen Religiosität bedeutet, die eigene Lebens- und Glaubensbiographie in den Unterricht einzubringen. Lebensbiographie bedeutet die säkulare persönliche Prägung und Erfahrung, Glaubensbiographie den Prozess der eigenen Religion und Religiosität. Gerade im Religionsunterricht wird dies von der Lehrerin oder dem Lehrer häufig verlangt - sowohl von institutioneller Seite als auch von den Schülerinnen und Schülern her.

Dieses biographische Berichten oder Erzählen muss authentisch sein - sonst wirkt diese Handlungsstruktur nicht glaubwürdig und sollte technisch gesprochen nicht eingesetzt werden. Authentisch sein ist aber nur formal - auch die inhaltliche Füllung muss dazu passen. Denn gleichzeitig zum biographischen Auskunft-Geben befindet sich die Interaktion weiterhin im Raum Schule als Feld der „didaktischen Inszenierung", so dass es sich hier nicht um einen privaten Raum handelt. Demzufolge meint Personalisieren nicht, alles von der Person preiszugeben, sondern nur das, was für den didaktischen Prozess auch weiterführend ist wie z.B. die persönliche Erfahrung etwa im Umgang mit Leid und Tod oder Erzählen von biographischen Schlüsselereignissen und Prägungen. Auch das Personalisieren unterliegt didaktischen Spielregeln, indem es als Handlungsstruktur im didaktischen Raum aufgefasst wird und damit intentional ist. Personalisieren ist kein Geplauder unter Freunden, sondern eine didaktische Struktur, die beachtet werden sollte. Charakteristisch ist hierfür der Begriff des Bürgen oder der Bürgschaft (Siller 1991; DBK 1996, 65). Bürge meint ähnlich wie der Begriff des Zeugen, die Inhalte des Christentums mit dem eigenen Leben authentisch in Beziehung zu setzen und diese an der eigenen konkret-historischen Geschichte transparent werden zu lassen. Bürge und Zeuge sind daher Kategorien, allgemeine Inhalte mit der eigenen Lebens- und Glaubensgeschichte in Verbindung zu bringen, um diesen eine raumzeitliche, im eigentlichen Sinne literarische und damit situative Verortung zu geben. Dadurch gewinnen die Inhalte Lebendigkeit und Anschaulichkeit.

Institutionalisieren

Geht es um plurale Religiosität im Religionsunterricht, vertritt die Religionslehrerin oder der Religionslehrer immer auch die Rolle als Vertreterin und Vertreter der Kirche. Diese Funktion kommt der Lehrkraft schon aufgrund der kirchlichen Unterrichtserlaubnis zu - aber auch aus Sicht der Schülerinnen und Schüler (und nicht zu vergessen auch der Kolleginnen und Kollegen sowie der Eltern) steht hier ein Repräsentant der Kirche vor ihnen, von dem bestimmte Aussagen erwartet werden. Der Religiosität wird quasi die Religion gegenübergestellt - der subjektiven Meinung der objektive Inhalt - fides qua und fides quae. Fides qua creditur (Glaube, mit dem man glaubt) bezeichnet den Glaubensvollzug im täglichen Leben, fides quae creditur (Glaube, der geglaubt wird) bedeutet die Glaubenswahrheit als Lehrinhalt. Beide Dimensionen sind aufeinander bezogen. Religionsunterricht ist nicht nur Ort der subjektiven Erfahrung von Religiosität, sondern immer auch Ort der Bekanntmachung mit objektiven Inhalten. Institutionalisieren als Handlungsstruktur ist dann besonders notwendig, wenn z.B. eine Diskussion in der Lerngruppe über bestimmte Positionen etwa dem Leben nach dem Tod zu subjektivistisch wird. Als Handlungsstruktur wird es dann möglich, die objektive Position einzubringen.

Ein weiteres Vorgehen des Institutionalisierens ist auch der Modus des Nicht-Schließens. Sätze wie „Das gehört jetzt nicht hierher" oder „Das nehmen wir später durch" betonen die didaktische Rolle der Lehrerin oder des Lehrers. Diese Form des intervenierenden Institutionalisierens kann sinnvoll sein, wenn deutlich wird, dass Schülerinnen und Schüler Zeit schinden oder den Lehrer vorführen wollen. Sie ist aber dann unangebracht, wenn ein echtes Interesse seitens der Lerngruppe oder auch einzelner Schülerinnen und Schüler besteht, die dann immer wieder darauf zurückkehren werden.

Kombination

Die Kombination der Handlungsstrukturen wird in der unterrichtlichen Interaktion die übliche Herangehensweise sein. Wie auch bei den Störungen hängt es von der jeweiligen Situation ab, welche Struktur angebracht ist. Wenn z.B. auf ein persönliches Drängen zu einem religiösen Thema wie der Theodizeefrage beim Fall „Sandra" (Gottes Gnade) das Institutionalisieren folgt, dann ist dies offensichtlich unpassend, da Sandra weiter insistieren wird. Hier sollte dann das Ermitteln erfolgen, um dem persönlichen Interesse an religiösen Fragen wirklich auf den Grund zu gehen. Durch die Kombination der Handlungsstrukturen kann ausprobiert werden, was passend ist oder nicht. Das Instrument ermöglicht somit ein reflektiertes und flexibles Handeln und kein starres Beharren auf dem einmal eingeschlagenen Weg.

(3) Personalisierter Klassenplan

Kompetenzen

Welche Kernkompetenzen sind im Bereich der pluralen Religiosität notwendig, um situationsgerechtes Einsetzen der Handlungsstrukturen zu ermöglichen?

Für das Ermitteln ist neben der hermeneutischen v.a. eine kulturelle Kompetenz notwendig, hauptsächlich auch eine populärkulturelle Kompetenz. Die Lehrkraft muss auf die Suche gehen, wo sich in der Lebenswelt Zeichen und Bedeutungen aus der christlichen Religion finden lassen. Kulturelle Kompetenz meint, die Verwobenheit religiöser Zeichen und Symbole in kulturellen und populärkulturellen Kontexten aufzuspüren und aufzudecken. Die Lehrkraft muss daher mit der Lebenswelt vertraut sein, auch mal eine Jugendzeitschrift lesen, die aktuellen Charts nach religiösen Inhalten durchstöbern oder entsprechende visuelle Medien wie Fernsehen und Internet durchsuchen. Hier helfen entsprechende religionspädagogische Arbeitsmaterialien (Religion im Film, Religion und Musik usw.) weiter.

Vermitteln benötigt vorwiegend eine breite fachliche Kompetenz, da sich hier Inhalte gegen andere abgrenzen lassen müssen. Gerade im Bereich der pluralen Religiosität kommt es auf ein fundiertes theologisches Wissen an, um Unterscheidungen, aber auch Gemeinsamkeiten zu anderen theologischen und religiösen Positionen vornehmen zu können.

Zur Handlungsstruktur des Personalisierens gehört v.a. das biographische Erzählen und Berichten, also eine fast literarische Kompetenz. Erzählen ist ein eigenes Medium, das eingeübt werden muss. Es lebt von der raumzeitlichen Konkretheit, Lebendigkeit und Spannung. Berichten dagegen stellt eher den sachlichen Aspekt der Biographie heraus.

Institutionalisieren schließlich erfordert kommunikative und personale Kompetenz, hauptsächlich das Moderieren sowie die eigene Durchsetzungsfähigkeit und Ambiguitätstoleranz. Dies meint, auch andere, im schulischen Kontext argumentativ begründete Sichtweisen zu akzeptieren und damit ggf. auch Spannungen auszuhalten. Bei einer heterogenen Schülerschaft ist dies vielmals von Nutzen.

Strategie

Der Umgang mit religiöser Pluralität im Religionsunterricht erfordert einen strategischen Dreischritt, um pluralitätsfähig zu sein (vgl. Heil/Ziebertz 2002): Wahrnehmen-Unterscheiden-Transformieren.

Pluralität muss zuerst empirisch wahrgenommen werden. Zuerst empfiehlt es sich natürlich, die pluralen Religiosität der Schülerinnen und Schüler überhaupt zu kennen, und zwar für jedes neue Thema unterschiedlich. Dafür ist die Kategorisierung in Typen der Religiosität hilfreich.

Danach erfolgt zweitens die religionspädagogische Unterscheidung. Im Zentrum sollte im schulischen Kontext der im konfessionellen Religionsunterricht institutionell vorgegebene Lerninhalt stehen. Der Lerninhalt kann als Bezugspunkt dienen, um Gemeinsamkeiten und Unterschiede zu anderen pluralen Positionen herauszuarbeiten und deutlich zu machen. Der Lerninhalt sollte gekannt und verstanden sein. An diesem Bezugspunkt können auch plurale Religiositäten zum Ausdruck kommen, die damit in Kommunikation kommen können.

Schließlich sollen drittens Handlungsmodelle entworfen werden, die plurale Religiosität aufnimmt und erweitert, sie quasi transformiert auf ein Mehr hin. Dabei sind formale und inhaltliche Strategien zusammenzusehen. Formal meint, innerhalb der Pluralität Kommunikation herzustellen, um nicht isolierte Positionen nebeneinander stehen zu haben, dies wäre kein Lernfortschritt. Inhaltlich meint, dies am christlichen Inhalt auszurichten, um dadurch vorhandene Positionen anzufragen und sie ggf. zu erweitern, sonst wäre Lernen im Religionsunterricht sinnlos. Die Beliebigkeit und Relativität der Positionen wird somit vermieden (was ja ein häufiger Vorwurf an den Religionsunterricht ist „Es ist ja eh alles richtig“).

Unabhängig von dieser allgemeinen Strategie muss ein Klassenplan natürlich auf die jeweilige Klasse zugeschnitten sein. Hier helfen Korrelationen weiter. Stellt sich z.B. heraus, dass die Lerngruppe überwiegend von christlich-autonomen Schülerinnen und Schülern dominiert wird, dann ist es sinnvoll, die anderen Typen auch zu Wort kommen zu lassen, v.a. aber auch den institutionell vorgegebenen Lerninhalt zu akzentuieren. Dies gilt analog auch für die anderen Typen.

4.3 Rahmenbedingungen (Schulorganisation)

(1) Kategorisierung der schulischen Situation

Frau Neider sitzt mit gemischten Gefühlen im Lehrerzimmer. Es ist Freitag, 11.25 Uhr, und gleich hat sie eine Doppelstunde Religionsunterricht in der 4a und 4b. Bisher verlief der Vormittag bis auf kleinere Störungen zufriedenstellend, doch nun folgt die 5. und 6. Stunde „und auch noch eine Doppelstunde“, denkt sich Frau Neider. Es ist 11.30 Uhr, Frau Neider geht in das Klassenzimmer der 4b, die Schülerinnen und Schüler kommen noch aufgedreht von der Pause, alle, die nicht katholisch sind, verlassen das Klassenzimmer, Frau Neider sorgt für eine lernfördernde Unterrichtsstruktur, trennt zwei raufende Schüler, allmählich kommt die Klasse zur Ruhe, der Unterricht könnte beginnen. Die 4 b ist jedoch noch nicht da, so dass Frau Neider nicht mit dem ritualisierten Gebet anfangen will, um nicht unterbrochen zu werden. Die 4a indes bemerkt ihren Freiraum und wird wieder lauter. Schließlich treffen einige Schüler aus der 4b ein, Frau Neider beginnt mit dem Gebet, da geht die Tür auf, und Valentina und Mareike stürmen herein. Die anderen Schülerinnen und Schüler werden wieder abgelenkt, Frau Neider macht aber unbeirrt weiter. Die beiden Mädchen beklagen sich jedoch über ihren Platz, der ihrer Meinung nach dreckig sei, Frau Neider ermahnt sie und fährt weiter fort. Um 11.40 Uhr kann schließlich der Unterricht beginnen. Die erste Stunde verläuft wie geplant, doch dann sind die Schülerinnen und Schüler von dem langen Tag ausgelaugt, Frau Neider weiß das, sie rhythmisiert dementsprechend, doch den geplanten Stoff bekommt sie nicht durch. Um 12.50 Uhr wollen die ersten schon einpacken, um den Bus noch rechtzeitig zu bekommen. Frau Neider will jedoch weiter Unterricht machen und auch ihre Aufsichtspflicht nicht verletzten, so dass sie die Schülerinnen und Schüler nicht früher aus dem Unterricht entlässt. So hält sie die Klasse mit Mühe und pädagogischem Geschick bis 13.00 Uhr ruhig. Danach ist sie erschöpft und froh, dass es Freitagmittag ist und jetzt nicht auch noch Nachmittagsunterricht stattfindet wie an manchen anderen Tagen.

Objektiv

Der Religionsunterricht ist ordentliches Lehrfach. In der Institution Schule unterliegt er dadurch bestimmten Rahmenbedingungen wie andere Fächer auch. Jedes Fach hat seine eigene Struktur und damit verbunden auch eigene Rahmenbedingungen wie etwa Sport, Musik, Chemie, Deutsch u.a. Für den Religionsunterricht gilt eine spezifische Struktur. Einige immer wieder zu beobachtende Spezifika des Religionsunterrichts sind:

Abb. 40 Ungünstige Rahmenbedingungen des Religionsunterrichts

Kategorien	Beispiele
Ausstattung	nicht vorhandener Religions- oder Meditationsraum (Lehrerraum) zu geringe schulische Medienausstattung für die erforderliche kreative Arbeit
Kooperation	mangelnde Kooperation mit außerschulischen Handlungsfeldern fehlende Rückbindung an Gemeinde und Kirche
Schulkultur	Stellung des Fachs bei SuS, Kolleginnen und Eltern Einstellung des Schulleiters zu Religion und Kirche keine flankierenden (sozial-)pädagogischen Maßnahmen wie Trainingsraum, organisierte Nacharbeit, Vordrucke für Mitteilungen u.a. mangelnde Unterstützung - auch organisatorischer Art - bei Schulgottesdiensten fehlende Fachschaft oder fehlende organisierte Teamarbeit
Stundenplan	Randstunden am Ende des Vormittags oder am Nachmittag Doppelstunden
Unterrichts-organisation	klassenübergreifende oder jahrgangsübergreifende heterogene Klassen verhältnismäßig große oder kleine Lerngruppen im Vergleich zum Durchschnitt anderer Fächer große absolute Zahl von SuS über alle Klasen verteilt „Parken" von SuS anderer Religionen oder Ethikschüler im RU, da kein eigener Fachunterricht eingerichtet ist Einsatz der Religionslehrkraft in verschiedenen Schulen ständiger räumlicher Wechsel der Klassenräume

Diese Liste ist das Ergebnis von zwölf ExpertInneninterviews mit Religionslehrerinnen und Religionslehrern unterschiedlicher Schulformen zu Rahmenbedingungen im Religionsunterricht. Wie auch bei den Störungen sind natürlich nicht alle Rahmenbedingungen in einer Stunde vorhanden, sondern die Summe der Äußerungen ergibt Liste.

Subjektiv

Nicht alle diese Rahmenbedingungen werden von den einzelnen Lehrkräften auch als problematische Situation empfunden. Doppelstunden z.B. sind bei manchen Lehrkräften sehr beliebt, da hier im Unterschied zum 45-Minuten-Takt eine Vertiefung und Verlangsamung des Stoffes möglich ist und auch bestimmte Medien z.B. Internetrecherche oder Filmanalyse erst richtig zum Tragen kommen können. Bei anderen Lehrkräften werden

Doppelstunden jedoch vehement abgelehnt, da man hier im Stoff nicht weiterkomme und auch die Notengebung (wie z.B. Rechenschaftsablage) schwieriger sei.

Ein weiteres Beispiel für die subjektive Bewertung der Rahmenbedingungen sind heterogene Klassen: Für die einen werden durch die Mischung der Klassen - etwa unterschiedliche Klassen einer Jahrgangsstufe oder auch jahrgangsübergreifende Lerngruppen - neue Synergien erzeugt, die im Unterricht weiterführend sind, für die anderen ist gerade diese neue Zusammensetzung problematisch, da diese tiefergehende Gespräche und Reflexionen z.B. bei ethischen Themen behindern.

Ein letztes Beispiel sind Klassenräume versus Lehrerräume. Gerade für Religionslehrerinnen und Religionslehrer mit einem in der Regel zweistündigen Fach sind häufige Wechsel der Klassenräume unumgänglich. Wenn morgens um acht Uhr die 10a im vierten Stock und dann die 5c um 8.45 Uhr im Erdgeschoss zu unterrichten sind, dann ist ein Hin-und-Her-Rennen zwischen den Räumen schon mühselig, gerade auch in einem kreativen Fach wie dem Religionsunterricht, wenn viele Materialien mitgenommen werden müssen - man stelle sich nur mal vor, der Chemielehrer hätte keinen eigenen Raum und müsste seine Versuchsanordnungen mit sich herumtragen. Eine Alternative ist der Lehrerraum, für den Religionsunterricht der Religionsraum. Einige neuere Schulen arbeiten grundsätzlich mit diesem Konzept (Becker-Eckstein 2011). Lehrerraum heißt, dass nicht mehr die Lehrerinnen, sondern die jeweiligen Klassen die Räume wechseln. Die Lehrer kommen dann nicht mehr zu den Klassen, sondern die Klassen kommen zu den Lehrerinnen. Neben allen organisatorischen Folgen und Umstellungen stößt dieses Konzept auf ein unterschiedliches Echo. Klassenraum oder Lehrerraum wird daher auch unterschiedlich bewertet.

Diese Beispiele ließen sich für fast alle Rahmenbedingungen durchspielen. Die Rahmenbedingungen werden also von Lehrkraft zu Lehrkraft unterschiedlich empfunden, als problematische Situation auf der einen Seite sowie als bereichernd auf der anderen. Daher können auch keine objektiven Kriterien zur Veränderung aufgestellt werden.

(2) Vier strukturelle Handlungsmöglichkeiten

Die Handlungsmöglichkeiten innerhalb der Rahmenbedingungen haben als Adressaten die Schulleitung oder die Schulbehörde, die die Rahmenbedingungen gestalten. Die Handlungsstrukturen beziehen sich daher auf den Umgang mit der Institution Schule und ihrer Menschen.

Ermitteln

Beim Ermitteln kann unterschieden werden zwischen dem Ermitteln der direkten Ursachen und dem Umgehen damit. Die Ermittlung der Ursachen richtet sich in erster Linie an die Schulleitung. Hier kann das gleiche Prinzip des Ermittelns angewendet werden wie im Umgang mit Schülerinnen und Schülern, allerdings natürlich im Umgang mit Vorgesetzten in einer anderen Tonart:

- W-Fragen: Warum liegt der Religionsunterricht in der Doppelstunde am Nachmittag? Wieso wird kein Religionsraum eingerichtet? Gibt es eine neue Liste, auf der Bestellungswünsche für Medien notiert werden können?
- Sinnmachende Kontexte: Kann es sein, dass der Religionsunterricht gegenüber Kernfächern benachteiligt wird? Passt der Religionsunterricht nicht in den Stundenplan?
- Zentrierung: Bleiben wir bitte beim Thema.
- Ableitungen: Wenn der Religionsunterricht in diesem Jahr nur nachmittags stattfindet, kann er dann im nächsten Jahr wieder vormittags stattfinden?
- Zuordnungen: Mit fällt auf, dass…

Das Ansprechen von ungünstigen Rahmenbedingungen erfordert evtl. etwas Überwindung, soll sich jedoch etwas ändern, muss dieser Schritt erfolgen. Er kann auch über den institutionellen Vertreter des Fachs wie z.B. die Fachschaft, den Fachbetreuer oder die Seminarlehrerin erfolgen, dann ist die Hemmschwelle für den einzelnen nicht so hoch. Wichtig ist, dass beim Ermitteln die Gründe der ungünstigen Rahmenbedingungen wirklich genannt werden.

Das Umgehen mit als ungünstig empfundenen Rahmenbedingungen richtet sich wiederum an die Klasse selbst. Wenn der Unterricht z.B. in einer Doppelstunde am Nachmittag stattfindet, dann muss dementsprechend rhythmisiert werden, wenn ermittelt wird, dass die Klasse unaufmerksam und unkonzentriert wirkt.

Vermitteln

Vermitteln bei als ungünstig empfundenen Rahmenbedingungen stellt trotz aller Widrigkeiten den Stoff und die damit verbundenen Lern- und Selektionsprozesse ins Zentrum des Handelns. Dies erfordert vielmals ein Umstellen der gewohnten Didaktik. Randstunden, Doppelstunde, eine heterogene Klasse, eine geringe Stellung des Fachs an der Schule oder die eingeschränkte Medienausstattung zwingen dazu, seine didaktischen Überlegungen zu verändern. Vermitteln bei störenden und nicht zu ändernden Rahmenbedingungen bedeutet, die Didaktik den Bedingungen anzugleichen. Bei Randstunden oder Nachmittagsstunden meint dies z.B. die Berücksichtigung von Phasen der Entspannung und auch Bewegung nach einem langen Sitztag, bei Doppelstunden eine veränderte Rhythmisierung (s.o.), bei heterogenen Klassen der verstärkten Berücksichtigung des Classroom-Managements und der Klassenbildung, bei fehlenden Medien können entweder eigene mitgebracht, bei Kolleginnen und Kollegen ausgeliehen werden oder es wird auf ein neues Medium umgestellt (was einfacher geschrieben als durchgeführt ist, besonders unter Zeitdruck). Sollen die Rahmenbedingungen aber als nicht frustrierend und handlungslähmend wirken - was sie vielmals tun - dann ist die Anpassung der Didaktik an die Bedingungen unerlässlich. Diese Schwelle gilt es zu überwinden und seine didaktische Vorbereitung darauf hin zu transformieren.

Personalisieren

Das Personalisieren der als problematisch empfundenen Rahmenbedingungen bedeutet, die Bedingungen zu benennen und sich auch in der Klasse ein Stück weit davon zu distanzieren. Aus Sicht der Schülerinnen und Schüler ist die Lehrkraft in erster Linie für den jeweiligen Fachunterricht verantwortlich. Selten sehen Schülerinnen und Schüler die systemischen Voraussetzungen des Unterrichts. Wenn ein Beamer nicht funktioniert, fällt es in erster Linie auf die Lehrkraft des Fachs zurück, weil dann in der Situation Unruhe entsteht und dies mit dem Fach verbunden wird. Es nutzt dann nichts zu sagen, der Beamer hätte ja gewartet werden müssen. Personalisieren bedeutet hier, der eigenen Empörung über die Rahmenbedingungen Ausdruck zu verleihen. Ein so verstandenes Personalisieren kann zur Folge haben, dass die Aufregung über die Rahmenbedingungen eine Art Solidarität mit den Schülerinnen und Schüler schafft und somit gemeinsam an einer Lösung der Situation gearbeitet wird. Rechtfertigt man die Rahmenbedingungen, dann verteidigt man sie und stellt sich gegen die Schülerinnen und Schüler - kritisiert man sie jedoch selbst wie die Schülerinnen und Schüler auch, dann stellt man sich auf ihre Seite und es kann gemeinsam nach einer Lösung oder besseren Gestaltung gesucht werden; häufig kommen dann auch Vorschläge aus der Lerngruppe selbst, z.B. „Wenn der Beamer kaputt ist, können wir die Präsentation ja auch direkt am PC schauen, wir sind auch ganz leise." Im Idealfall impliziert das Personalisieren also eine Solidarisierung und Lösungsorientierung. Ein weiterer Vorteil ist es, der eigenen Beurteilung der Situation Luft zu geben und nicht etwas verteidigen zu müssen, was man selbst gerne ändern würde.

Institutionalisieren

Das Institutionalisieren spricht alle Formen an, die über die Aktivität des Einzelnen hinausgehen und die Rahmenbedingungen in einen institutionellen organisierten Rahmen stellen. Generell ist die Arbeit an den Rahmenbedingungen ein Element der Schulentwicklung. Schulentwicklung rückt in den letzten Jahren immer stärker ins Zentrum des Interesses (Bohl u.a. 2010). Neben der Förderung der professionellen Kompetenzen der einzelnen Lehrkraft sollen auch die „Kompetenzen" der Organisation als „learning organisation" berücksichtigt und gefördert werden. Zu dieser systemischen Perspektive sind eine Vielzahl an Instrumenten der inneren (von der

Leitung und dem Kollegium) wie der äußeren (von der Schulaufsichtsbehörde, externen Beratern, Evaluationen) Schulentwicklung entwickelt und erprobt worden.

Schulentwicklung ist ein längerer systemischer Prozess, der notwendig ist, kurzfristige problematische Situationen, um die es hier geht, aber nicht löst. Dazu gibt es andere institutionalisierte Formen wie z.B. das Mitarbeiterjahresgespräch, die Fachschaftssitzung, die organisierte Teamarbeit, das Dienstgespräch oder nicht zu vergessen das Vier-Augen-Gespräch oder informelle Gespräch, um nur einige Beispiele zu nennen. Alle diese Formen sind organisierte Gespräche, die sich vom Alltagsgespräch durch Form und Inhalt unterschieden.

Das Mitarbeiterjahresgespräch ist ein organisiertes Gespräch zwischen dem unmittelbaren Dienstvorgesetzen und dem Mitarbeiter, das - wie der Name schon sagt - jährlich stattfindet. Im Unterschied zum Dienstgespräch, das öfters (wöchentlich) abgehalten werden muss, da es um das operative Geschäft geht, zielt das Mitarbeiterjahresgespräch darauf, die grundsätzlichen Ziele und Bedingungen des Arbeitsverhältnisses zu klären. Das Mitarbeiterjahresgespräch ist daher ein hervorragender Ort, um über Rahmenbedingungen und deren Veränderung sprechen zu können, da in der Regel die Ergebnisse des Gesprächs in einer gemeinsamen Zielvereinbarung protokolliert und nach einem Jahr überprüft werden. Es ist also nicht ein Gespräch im Sinne von „wie reden mal drüber“, sondern dient der objektiv nachprüfbaren Verbesserung der Arbeits- und damit auch der Rahmenbedingungen. Wichtig bei der Implementierung des Mitarbeiterjahresgesprächs ist es, dass die Elemente des Gesprächs - organisierter Freiraum von mind. 45 Minuten, Verlaufsplan, Protokoll, ungestörte Atmosphäre - auch eingehalten werden, sonst braucht es erst gar nicht durchgeführt zu werden.

Das Dienstgespräch dagegen dient der Abklärung des operativen Geschäfts. Hier werden die unmittelbar anstehenden Aufgaben behandelt. Für die Veränderung der Rahmenbedingungen kann hier kurzfristig Abhilfe geschaffen werden, z.B. wenn Bücher fehlen, die Medien defekt sind etc. Langfristige Veränderungen können im Dienstgespräch zwar angesprochen werden, sind aber eher Bestandteil des Mitarbeiterjahresgesprächs.

Die Fachschaftssitzung als gemeinsame Sitzung aller am Fach Beteiligten - vielmals in ökumenischer oder auch fachübergreifender Durchführung - dient der Abklärung für das Fach relevanter Fragen, z.B. welche Bücher verwendet werden, welche Fachliteratur angeschafft werden soll, welche Projekte durchgeführt werden usw. Da hier in der Regel eine Person aus dem Direktorat zugegen ist, lohnt es sich auch hier, als problematisch empfundene Rahmenbedingungen anzusprechen und auf die Tagesordnung zu setzen. Darüber werden Fachschaftsbeschlüsse gefasst, die in der Regel protokolliert werden. Die Durchführung obliegt den Angehörigen der Fachschaft sowie der Fachbetreuerin.

Teamarbeit als projektbezogene Zusammenarbeit ist ein probates Mittel, gerade im Umgang mit schwierigen Klassen, um eine gemeinsame Linie der Lehrkräfte zu signalisieren und sie nicht gegeneinander ausspielen zu können. Hierbei sind nach Böhm und Schnitzler fünf Punkte zu beachten (Böhm/Schnitzler 2008, 69f.): gemeinsame Zielsetzung, Teammanagement als Vorbereitung gemeinsamer Teamsitzungen, Entwicklung eines Wir-Gefühls auf der persönlichen Ebene, gemeinsame Ideenentwicklung im Prozess, gemeinsame Bewertung von Ergebnissen. Werden diese fünf Punkte beachtet, kann Teamarbeit zu fruchtbaren Resultaten führen.

Das Vier-Augen-Gespräch oder informelle Gespräch enthält im Unterschied zu den bisherigen Formen kein Protokoll und wird auch nicht dokumentiert. Es kann dann zur Anwendung kommen, wenn ein unmittelbares Gespräch zwischen Dienstvorgesetzten und Mitarbeitern notwendig ist. Dabei sollte es jedoch nicht um Kleinigkeiten gehen, sondern um wirkliche Probleme, da sonst der Charakter des Gesprächs nicht gewahrt wäre und es zu einem Dienstgespräch würde.

Neben diesen organisierten Gesprächsformen sind natürlich auch noch andere Möglichkeiten der institutionalisierten Lösung von problematischen Rahmenbedingungen möglich wie z.B. die schriftliche Form der Beschwerde, der Mitteilung oder Ähnliches.

Kombination

Wie bei den anderen gezeigten Fällen ist auch im Bereich der Rahmenbedingungen eine Kombination der Handlungsmöglichkeiten häufig sinnvoll. Zu einer ersten Lösung zählt dann das Personalisieren und Ermitteln, dann nach der Analyse des Problems das Vermitteln als Umstellung und Anpassung der Didaktik sowie gleichzeitiger möglicher Veränderung der Rahmenbedingungen durch das Institutionalisieren. Ungünstige Rahmenbedingungen sind noch kein Grund zur Resignation, sondern können durch die Kombination der vier Handlungsmöglichkeiten gestaltet werden. Dies heißt nicht, dass alles lösbar ist. Eine gewisse Ambiguitätstoleranz, d.h. das Aushalten nicht zufriedenstellend lösbarer Situationen, gehört hier unbestritten auch dazu. Nur kann diese durch die vier Handlungsmöglichkeiten zumindest vermindert werden.

(3) Personalisierter Klassenplan

Kompetenzen

Welche Kernkompetenzen müssen zur Gestaltung der Rahmenbedingungen erworben oder vorhanden sein, um die vier Handlungsmöglichkeiten auch einsetzen zu können?

Für das Ermitteln ist neben der für diesen Bereich notwendigen hermeneutischen Kompetenz v.a. eine kommunikative Kompetenz notwendig.

Dies meint in diesem Kontext, eine Vielzahl an kommunikativem Repertoire zur Verfügung zu haben, um die störenden Rahmenbedingungen herauszufinden und sie benennen zu können. Dies kann direkt sein „Die und die Rahmenbedingung ist schlecht, stört mich, beseitige sie", also eine bewertende und befehlende Satzpragmatik. Oder eher vorschlagend als Frage, um an den Spielraum des Rahmengebenden mit einem Lösungsvorschlag zu appellieren, etwa „Wäre es nicht möglich, die Doppelstunde in zwei Einzelstunden aufzuteilen?" Zwischen dieser Bandbreite an kommunikativen Formen kann gewechselt werden, je nach Situation. Eine Breite an kommunikativer Kompetenz sollte daher vorhanden sein.

Vermitteln erfordert v.a. didaktische Kompetenz, da die bisherige Didaktik (Sozialformen, Inhalte, Medien, Ziele und ihr Zusammenspiel) an die veränderten und als ungünstig empfundenen Rahmenbedingungen angepasst werden muss. Ein Beispiel: Führt eine Schule z.B. ein sog. Smart-Board anstelle einer Tafel ein, so müssen die verwendeten Medien notwendig digital aufbereitet sein, der kopierte Ordner kann nicht mehr zum Einsatz kommen, es entsteht mit neuen Rahmenbedingungen eine neue Didaktik. Dazu notwendig ist auch eine personale Kompetenz, besonders in motivationaler Hinsicht, diese Veränderung auch anzunehmen und sich dadurch zu verändern.

Personalisieren hat neben der personalen eine soziale Kompetenz zur Voraussetzung. Sozial bedeutet, durch den Ausdruck der persönlichen Betroffenheit eine gemeinsame Basis zu schaffen, von der aus dann Lösungen gefunden werden. Es geht darum, Schülerinnen und Schüler trotz der offensichtlich negativen Rahmenbedingung für sich zu gewinnen und gemeinsam nach Lösungen zu suchen. Dieses gewinnende Element sollte berücksichtigt werden.

Institutionalisieren schließlich erfordert ebenfalls neben der Kenntnis der institutionellen Vorgänge eine hohe soziale Kompetenz, um gemeinsam mit anderen die als hemmend empfundenen Rahmenbedingungen zu verändern. In den organisierten Gesprächen ist eine formale und soziale Kompetenz notwendig, um den Ablauf solcher Gespräche zu kennen und sich gezielt einbringen zu können.

Strategie

Welche Strategie kann man nun anwenden, um mit der problematischen Situation der Rahmenbedingungen umzugehen bzw. sie zu verändern? Auch hier bietet sich der Dreischritt Wahrnehmen-Unterscheiden-Transformieren an: Wahrnehmen bedeutet, die Rahmenbedingung überhaupt zu benennen und gegen andere Formen abzugrenzen. Unterscheiden meint dann, Kriterien zu entwickeln oder bereit zu haben, die die Rahmenbedingung als hemmend für den eigenen Unterricht deutlich macht. Hierzu können eigene Beobachtungen oder auch empirische Forschungsergebnisse bereitgehalten werden (z.B. Korrelationen: Wenn die Klassenstärke zu groß ist, vermindert sich der Lernerfolg), um die eigene Einschätzung argumentativ zu untermauern. Es ist dann einfacher, in der institutionalisierten Form zu argumentieren. Schließlich können Zukunftsmodelle der Transformation entworfen werden (Wenn die Situation geändert wird, wird der RU verbessert). Dies zeigt die Lösungsorientierung und damit einen Weg zur Veränderung der Rahmenbedingungen auf.

4.4 Werte-Erziehung

(1) Kategorisierung der schulischen Situation
Eine dritte Klasse in der Grundschule zum Thema „Mit Jesus zusammen sein und Mahl feiern". Frau Kater, die Religionslehrerin, will in der Impulsfrage humorvoll in den Themenbereich einsteigen und zeigt eine Karikatur, auf der in der Bildmitte ein Kind und eine Frau mit Heiligenschein zu sehen sind, die Frau sagt zum Kind „Sei brav, bade jetzt", das Kind steht aber auf dem Wasser. Im Hintergrund ist ein Bild mit der Aufschrift „Nazareth" zu sehen - die Szene transformiert die bekannte Wunderperikope „Jesu Gang auf dem Wasser" nach Mk 6,45-52 (auch Mt 14,22-33; Joh 6,16-21) auf den alltäglichen Vorgang des Waschens in der Kindheit Jesu (vgl. auch Pfeifer 2011, 437) und intendiert dadurch, Göttlichkeit und Menschlichkeit Jesu zusammenzubringen. Nach der Stunde kommt die Schülerin Eva zu Frau Kater und klagt: „Frau Kater, ich fand den Einstieg in die Stunde heute nicht witzig, ich glaube doch an Jesus, für mich ist er heilig". Frau Kater ist überrascht und auch ein bisschen beschämt, sie hatte nicht mit dieser Wirkung der Karikatur auf die Schülerin gerechnet und entschuldigt sich bei Eva, deren religiöse Gefühle sie anscheinend verletzt hat. Frau Kater nimmt sich vor, auf die religiösen Gefühle der Schülerinnen und Schüler nächstens verstärkt zu achten.

Eine neunte Klasse zum Thema „Menschenwürde" in der Hauptschule, im Zentrum steht die Frage nach der Todesstrafe. Der Lehrer, Herr Farmer, zeigt eine Karte, an welchen Orten in der Welt die Todesstrafe heute noch angewendet wird. Danach fragt er in einem LSG nach den Einstellungen der Klasse zur Todesstrafe. Tobias meldet sich und verteidigt die Todesstrafe für Mörder, deren Tat einwandfrei nachgewiesen ist. Da wird Clara sehr heftig und greift Tobias an „Dann wirst du ja selbst zum Mörder". „Aber der hat es doch verdient", entgegnet Tobias, „wenn es deine Verwandten wären, wärst du auch dafür". „Was weißt du denn" giftet Eva zurück. Der Streit über die Angemessenheit der Todesstrafe scheint zu eskalieren. Herr Farmer beruhigt die beteiligten Schüler, indem er die unterschiedlichen Standpunkte der Schülerinnen und Schüler an der Tafel festhält und danach die christliche Sicht zur Todesstrafe darstellt.

Die zwei Fälle zeigen: Im Religionsunterricht kommen Werte und Werte-Erziehung unweigerlich vor. Werte werden explizit bei bestimmten Lehrplanthemen thematisiert oder im Unterricht (und danach) intentional oder inzidentell vermittelt. Die Auseinandersetzung um Werte, die Aufdeckung von Werten und die damit verbundenen Handlungsoptionen sind konstitutiv für den Religionsunterricht - hier ist der Ort, an dem Werte zur Sprache kommen und Werte-Erziehung erfolgt.

Objektiv
Was sind überhaupt Werte?

Der Begriff Wert stammt ursprünglich aus der Mathematik im Sinne einer Einteilung von Messgrößen und Größenordnungen wie z.B. Zahlenfolgen, Winkelgrößen etc. Eine ideelle, übertragene Bedeutung erhält der Begriff in der Ökonomie als Einteilung von Vermögenswerten. In der Philosophie und Kulturwissenschaft bezeichnet Wert ebenfalls eine Unterscheidungskategorie, aber im Hinblick auf inhaltlich spezifizierte Standards. Besonders bedeutsam ist hier das Adjektiv „inhaltlich", da Werte nie nur funktionale Verfahrensregeln beschreiben, sondern diese auch mit Inhalten füllen. Dies ist ein Lernprozess der postsäkularen Gesellschaft, wie der sog. Habermas-Ratzinger-Dialog herausgearbeitet hat. Ohne inhaltliche Spezifizierung ist keine Bindung an Staat und Gesellschaft möglich: „Das Ziel des Staates kann aber nicht in einer bloßen inhaltslosen Freiheit liegen; um eine sinnvolle und lebbare Ordnung des Miteinander zu begründen, braucht er ein Mindestmaß an Wahrheit, an Erkenntnis des Guten, die nicht manipulierbar ist" (Ratzinger 2005, 63). Hier ist die christliche Religion notwendig mit ihren spezifischen Inhalten wie den Zehn Geboten, Gottes- und Nächstenliebe oder der Goldenen Regel - freilich immer im Kontext der neuzeitlichen, aufgeklärten Vernunft. Diese „Korrelationalität" (Ratzinger 2005, 39) von Vernunft und Glaube gewährleistet, dass um die wert-vollen Inhalte gerungen werden kann.

Die Diskursivität unterscheidet den Wertebegriff von der Norm als verbindliche soziale Regeln - Normen sind Gesetze oder Vorschrift, die bei einer Brechung der Norm Konsequenzen nach sich ziehen. Ein Wert ist dagegen ein „potenzielles Orientierungsmuster" (Fritzsche 2000, 97), an dem sich sowohl der Einzelne als auch die Gesellschaft orientieren kann, aber nicht muss. Hat man sich aber für einen Wert entschieden, dann ist der Wert ein „Standard", d.h. er ist nicht beliebig, sondern dient als Muster für das eigene Verhalten oder das Verhalten einer Gruppe oder Gemeinschaft. Werte haben daher eine identitätstheoretische und soziokulturelle Funktion: Sie geben Orientierung sowohl für den Einzelnen als auch für die Gemeinschaft.

Wie kann man Werte unterscheiden?
Um die inhaltliche Spezifizierung der Werte zu ermöglichen, können Werte in unterschiedliche Bereiche eingeteilt werden: Regenbogen z.B. unterscheidet zwischen vitalen, ästhetischen, ethischen, politischen, ökologischen und religiösen Werten (Regenbogen 2009). Wie bei den Kompetenzen auch werden bereichsspezifische Wertekategorien gebildet, die inhaltlich gefüllt werden können. Vitale Werte sind z.B. Gesundheit und Fitness, ästhetische Werte Schönheit und Erhabenheit, religiöse Werte v.a der Gottesbezug (Lachmann 2009), Ehrfurcht vor Gott oder Gottes- und Nächstenliebe.

Innerhalb dieser Kategorien kann inhaltlich um die Füllung der Werte gerungen werden, was gerade im ästhetischen Bereich deutlich ist: Was als „schön" angesehen wird, ist je nach persönlichem Orientierungsmuster in der „postmodern-ästhetischen Welt" (Eggerl 2010) stark divergierend und lebensweltabhängig. Hier wird wiederum die Notwendigkeit der inhaltlichen Füllung und deren Begründung und Nachvollziehbarkeit für andere deutlich, was den Wertebegriff so stark macht.

Was trägt der Religionsunterricht zur Wertebildung bei?

Folgt man der bisherigen Unterscheidung, dann trägt der Religionsunterricht dreierlei zur Wertebildung bei:

Erstens ist der Religionsunterricht wertebildend in seinem genuinen Bereich, den religiösen Werten. Gerade der konfessionelle Religionsunterricht steht hierfür: Durch die Trias Lehrer - Schüler - Sache (DBK 1996) ist die inhaltliche Füllung der religiösen Werte von der jeweiligen Religionsgemeinschaft bestimmt - natürlich mit Überschneidungen, aber auch Unterschieden zu anderen Religionsgemeinschaften. Der Religionsunterricht liefert somit die Grundlage für die Bildung religiöser Werte.

Zweitens ist der Religionsunterricht wertebildend auch in anderen Bereichen. Gerade ethische Werte wie Nächstenliebe, Umgang miteinander (Zehn Gebote), soziales Verhalten (Compassion) werden im Religionsunterricht thematisiert und sind im Lehrplan zu finden. Aber auch ästhetische, ökologische und politische Werte haben ihren Platz im Lehrplan. Dem Religionsunterricht kommt somit eine exorbitante Stellung bei der Wertebildung zu.

Drittens schließlich ist der Religionsunterricht der Ort, in dem auf der Metaebene über den Prozess der Wertebildung selbst reflektiert wird (Regenbogen 2009, 30). Im Religionsunterricht kommen sowohl die eigenen Werte der Schülerinnen und Schüler als auch die Werte von Gemeinschaften und Kulturen dezidiert zur Sprache. Der Religionsunterricht ist vielmals der einzige schulische Raum, in dem metareflexiv eigene Werte und die Werte anderer bewusst gemacht und die impliziten Muster und Handlungsmodelle vorgestellt und z.T. auch umgesetzt werden.

Fazit: Der Religionsunterricht ist unverzichtbar für die Werteerziehung auf drei Ebenen: religiöse Werte, Werte aus anderen Bereichen, Reflexion über Werte. Dem Religionsunterricht kommt daher bei der Werteerziehung eine bedeutende Rolle zu, sowohl zur Identitätsstiftung als auch Sozialität.

Subjektiv

Der erste Teil des Kompositums Werte-Erziehung - die Werte - kommt in jedem Religionsunterricht in den drei erläuterten Bereichen vor, allein schon deswegen, weil sie im Lehrplan enthalten sind. Der zweite Teil des Begriffs - die Erziehung - unterliegt häufig jedoch der subjektiven Färbung. Erziehung beschreibt die Art und Weise, *wie* Werte im Religionsunterricht vorkommen. Zur Beschreibung der Art und Weise der Erziehungsstile unterscheidet Mokrosch sechs Modelle (Mokrosch 2009, 35ff.):

Abb. 41 Modelle der Werteerziehung nach Mokrosch

Modell	Erklärung
Wertvermittlung	„quasi objektive Herleitung und Deduktion von Werten im Sinne einer kritiklosen Aneignung, Teilhabe der Schülerinnen und Schüler an vorgegebenen Werten.
Wertklärung	Bewusstwerdung eigener Wertvorstellung der Schülerinnen und Schüler, um die eigenen Muster zu erkennen und entsprechend danach zu handeln.
Wertentwicklung	Entwicklung eines moralischen Urteils im Sinne einer unumkehrbaren Stufentheorie als Voraussetzung für moralisches Handeln.
Wertfühlung	Förderung der affektiven Potenziale des Menschen wie Sympathie, Empathie oder Rollenreziprozität, um zum quasi intuitiven moralischen Urteil über das Gefühl zu kommen.
Wertanalyse	Am Beispiel von konfliktiven Situationen sollen die im Werturteil impliziten Faktoren, Bedingungen, Haltungen und Folgen auseinandergenommen werden.
Sensibilisierung für eine Überlebensverantwortung	Im Zentrum steht hier ein kosmozentrisches Weltbild, ein Einswerden mit der Natur - im Sinne des Lassens sollen hier Risiken und Gefahren menschlichen Handelns beschrieben und konkrete Szenarien entwickeln werden.“

Mokrosch folgert: „Die sechs Modelle überschneiden und ergänzen sich. Trotzdem muss jede Lehrkraft entscheiden, an welchem Modell sie sich primär orientieren möchte. Davon hängen auch die Ziele und Kompetenzerwartungen einer Werte-Erziehung in der Schule ab“ (Mokrosch 2009, 39).

Eine andere Unterteilung in vier Bereiche nimmt Ziebertz vor (Zitate nach Ziebertz 2010b, 439ff), der die Modelle der Werteerziehung auf den pädagogischen Prozess anwendet:

Abb. 42 Modelle der Werteerziehung nach Ziebertz

Modell	Erklärung
Wertübertragung	„Jugendliche sollen Werte und Normen übernehmen, die in intentionalen Lernprozessen vonseiten der Lehrerinnen und Lehrer aus einer Reihe möglicher Alternativen ausgewählt und für wichtig befunden werden, damit sie daraus eine Werthaltung ausbilden und ihr Handeln danach ausrichten.
Werterhellung	Jugendliche sollen sich die Werte und Normen reflexiv bewusst machen, die sie in der Vergangenheit internalisiert haben und im Hinblick auf ihre Gefühle, die sich heute dabei einstellen, Konsistenzen sowie Inkonsistenzen wahrnehmen und bearbeiten mit dem Ziel, durch die Herstellung einer Einheit von Denken, Fühlen und Handeln ihre persönliche Identität zu finden und zu stabilisieren.
Wertentwicklung	Jugendliche sollen ihre moralische Urteilsfähigkeit stufenweise erweitern und über die Arbeit an Dilemmata zu einem prinzipiengeleiteten moralischen Urteil befähigt werden.
Wertkommunikation	Jugendliche sollen in der Kommunikation über Werte und Normen mittels argumentativer Verfahren eine Urteilskompetenz ausbilden und „problematisch gewordene Selbstverständlichkeiten" nach Inhalt und Begründung rekonstruieren lernen, um von einer ethischen Perspektive aus zu klären, welche Werte und Normen als Leitorientierung für das konkrete Handeln Geltung beanspruchen können."

Während die ersten drei Kategorien ähnlich wie bei Mokrosch sind, ist Wertkommunikation eine neue Kategorie. Wertkommunikation bedeutet, dass sich Werte erst in der Interaktion herausbilden und es zu einem Wertkonsens in der Interaktion kommen kann. Die Erziehung von Werten ist daher prinzipiell zukunftsoffen, über die Inhaltlichkeit wird gestritten. Ziebertz folgert daraus: „Jugendliche sollen in der Kommunikation über Werte und Normen mittels argumentativer Verfahren eine Urteilskompetenz ausbilden und problematisch gewordene Selbstverständlichkeiten nach Inhalt und Begründung rekonstruieren lernen, um von einer ethischen Perspektive aus zu klären, welche Werte und Normen als Leitorientierung für das konkrete Handeln Geltung beanspruchen können" (Ziebertz 2010b, 439). Entscheidend hierfür ist der Vorgriff auf eine im Sinne von Habermas ideale Sprechsituation, die kommunikatives Handeln ermöglicht.

Die verschiedenen Modelle liefern unterschiedliche Arten und Weisen, wie Lehrkräfte im Religionsunterricht agieren können. Die Art und Weise der Werte-Erziehung ist daher von Lehrkraft zu Lehrkraft und auch von Thema zu Thema unterschiedlich. Dies wird bei den vier strukturellen Handlungsmöglichkeiten nochmals deutlich.

(2) Vier strukturelle Handlungsmöglichkeiten

Ermitteln

Das Ermitteln entspricht dem Vorgang der Werterklärung oder auch Werterhellung. Hier kann die bekannte Abfolge verwendet werden, was am Beispiel des Themas „Todesstrafe" deutlich wird:

- W-Fragen: „Wie stehst du zur Todesstrafe", „Was hälst du davon, wenn Menschen für ihre Taten hingerichtet werden?", „Was ist deine Einstellung zum geschilderten Fall?".
- Sinnmachende Kontexte: „Bedeutet deine Einstellung zur Todesstrafe etwa…?", „Kann es … meinen?".
- Zentrierung: „Bleib mal dabei!"; „Was meinst du jetzt genau dazu?".
- Ableitungen: „Wenn Du die Todesstrafe ablehnst, dann glaubst du vielleicht an eine andere Form von Gerechtigkeit?"
- Zuordnungen: „Ist Gerechtigkeit für dich etwas anderes als Vergeltung?".

Ermitteln intendiert, die eigenen Werturteile sokratisch aufzudecken. Häufig wird didaktisch dazu ein konkreter Fall oder eine Dilemmageschichte verwendet, um daran die eigene Einstellung deutlich werden zu lassen. Im Sinne eines ersten Meinungsbildes ohne eine vertiefende Auseinandersetzung kann aber auch die eigene Einstellung zu einem Thema abgefragt und begründet werden. Wichtig ist, wirklich Themen zu finden, die für Schülerinnen und Schüler relevant sind, denn dazu existiert ein Erfahrungskontext der Wertebildung, der bewusst gemacht werden kann. Die eigenen Werte gewinnen dadurch eine subjektive Plausibilität und können auch den anderen Schülerinnen und Schüler verständlich gemacht werden. Es bleibt dann nicht nur bei einem Meinungsaustausch, sondern die biographische Genese von Werten wird deutlich.

Vermitteln

Zur Handlungsoption des Vermittelns gehören natürlich die Wertvermittlung sowie die Wertanalyse und Sensibilisierung für eine Überlebensverantwortung.

Wertvermittlung folgt der deduktiven Logik, indem die jeweilige religiöse Position im Unterricht präsentiert und eingeübt wird. Zu beachten ist, dass bei der Wertvermittlung immer auch die affektive Taxonomie „Aufnehmen-Reagieren-Einstellungen und Werte bilden-Werte internalisieren und handeln“ (siehe Kap. 2.1) angewendet wird. Eine einfache Übermittlung im Sinne einer bloßen Nennung des Wertes zeigt nach dieser Taxonomie keinen nachhaltigen Lernerfolg. Schülerinnen und Schüler müssen zuerst aufmerksam sein für den Wert, bereit sein, darauf zu reagieren, den Wert schließlich in ihr Lebensbild übernehmen und auch im Alltag anwenden. Dies bedarf eines längeren Zeitraums und ist sicherlich nicht mit einer Stunde zu erledigen. Wertvermittlung ist daher ein längerfristig angelegter Prozess im Religionsunterricht, der über Werteinformation hinausgeht.

Wertanalyse zielt dagegen auf den kognitiven Bereich. Es wird deutlich, welche impliziten Faktoren bei Werteentscheidungen eine Rolle spielen. Anhand von Fallbeispielen aus fremder oder eigener Praxis werden die Urteile selbst sowie deren Möglichkeitsbedingungen und Folgen in den Blick genommen. Was bedeutet z.B. die Entscheidung für bestimmte Formen der Technik (Kerntechnik, alternative Techniken, E-Auto etc.) aus dem Bereich der Technik-Folgen-Forschung? Ist es rational, Kerntechnik anzuwenden und welcher Rationalitätsbegriff liegt dem überhaupt zugrunde (Heil/Knörzer 2000)? Wenn Schülerinnen und Schüler sich auf diese kognitiven Prozesse einlassen, dann kann die Wertanalyse einen sinnvollen Beitrag zum reflektierten Umgang mit Werten leisten. Hier berührt sich die Vorgehensweise mit der Sensibilisierung für eine Überlebensverantwortung, betont aber noch stärker kognitiv den Vorgang der Analyse.

Personalisieren

Gerade im Bereich der Werte-Erziehung spielt die Person eine besondere Rolle. Jeder Mensch hat eigene Einstellungen, Gefühle und Haltungen entwickelt. Diese sind jedoch nicht starr, sondern im Fluss und auch kontextuell unterschiedlich. Der Wertfühlung kommt hier die Aufgabe zu, diese Haltungen zu vertiefen durch die Stärkung der affektiven Potenziale. Der Beschäftigung mit eigenem oder fremdem vorbildhaften Handeln, local heroes oder eigenem biographischen Erzählen, soll - neben der berechtigten kognitiven Auseinandersetzung - auch Sympathie und Empathie mit den Betroffenen wecken, um in der Nachahmung oder persönlichen Transformation intuitive, ähnliche Wertenscheidungen zu treffen. Es kommt daher beim Personalisieren und der damit verbundenen Wertfühlung besonders auf die Verantwortung der Auswahl an. Was kann den Schülerinnen und Schülern zugemutet werden, was führt in eine falsche Richtung oder erzeugt Abwehrreaktionen? Da es hier um Emotionen geht, ist eine sorgfältige didaktische Vorauswahl der Beispiele unverlässlich. Gerade bei Kindern und Jugendlichen besteht eine besondere Verantwortung seitens der Lehrkraft. Mit den Emotionen darf nicht gespielt werden, echte Betroffenheit oder Sympathie muss verantwortet ausgewählt werden. Wie auch sonst beim Personalisieren darf der didaktische Rahmen, die didaktische Inszenierung im Kontext Schule, nicht vergessen werden.

Institutionalisieren
Wenn als Handlungsoption das Institutionalisieren gewählt wird, dann können Wertentwicklung und Wertkommunikation besonders hervorgehoben werden. Die Bereiche beziehen sich auf bestimmte Lehrplanvorgaben aus der Lehrplanebene 1 aller Schularten. Exemplarisch kann dies am Grundschullehrplan deutlich gemacht werden: Der Lehrplan bezieht sich auf die Art 131 der Verfassung des Freistaates Bayern. Dort heißt es: „(1) Die Schulen sollen nicht nur Wissen und Können vermitteln, sondern auch Herz und Charakter bilden. (2) Oberste Bildungsziele sind Ehrfurcht vor Gott, Achtung vor religiöser Überzeugung und vor der Würde des Menschen, Selbstbeherrschung, Verantwortungsgefühl und Verantwortungsfreudigkeit, Hilfsbereitschaft und Aufgeschlossenheit für alles Wahre, Gute und Schöne und Verantwortungsbewusstsein für Natur und Umwelt. (3) Die Schüler sind im Geiste der Demokratie, in der Liebe zur bayerischen Heimat und zum deutschen Volk und im Sinne der Völkerversöhnung zu erziehen" (Art. 131 BayVerf). Dieser deutliche Erziehungsauftrag der Verfassung mit einer Liste an Grundwerten - inhaltlicher und formaler Art - wird in der Schule umgesetzt. Im Grundschullehrplan heißt es dazu: „Die Grundschule bahnt freiheitlich-demokratische, religiöse, sittliche und soziale Werthaltungen an. Im Sinne der bayerischen Verfassung stellt das christliche Menschenbild die Grundlage für Wertorientierung und Sinnerschließung in der Grundschule dar. Eine daran orientierte Entwicklung von Wertvorstellungen trägt zur eigenen Standortbestimmung bei und befähigt zu Aufgeschlossenheit und Toleranz gegenüber anderen Wertvorstellungen. Darauf kann der für ein Zusammenleben in einer pluralen Gesellschaft notwendige Wertekonsens aufgebaut werden" (LP Grundschule 7). Der Schule kommt also die Aufgabe der Wertentwicklung hin zu einem christlichen Menschenbild und der Wertkommunikation als Austausch von Werten und Erreichung eines Wertekonsens zu. Wichtig ist, dass Werte nicht nur aufgedeckt, sondern material weiterentwickelt werden sollen. Hierzu ist das christliche Menschenbild leitend.

Kombination
Eine Kombination der Handlungsoptionen ist gerade bei der Werte-Erziehung häufig angebracht, da es um einen sensiblen menschlichen Bereich geht. Auch während einer Stunde oder eines Themas sollten die vier Möglichkeiten zur Verfügung stehen, so dass gewechselt werden kann. Führt eine Wertanalyse z.B. zu einem bestimmten Ergebnis, dann bleibt immer noch die Frage, wie der Einzelne in der Klasse dazu steht. Hier sind Kombinationen sinnvoll.

(3) Personalisierter Klassenplan

Kompetenzen

Welche Kernkompetenzen sind nun im Bereich der Werte-Erziehung notwendig? Um Werte bei Schülerinnen und Schülern ermitteln zu können, ist v.a. eine hermeneutisch-sokratische Kompetenz notwendig, die dazu hilft, Vorhandenes aufzudecken. Daneben ist in diesem Bereich eine empirische Kompetenz notwendig in dem Sinne, dass vorhandene Forschungen zum Wertewandel und Werteaktualität gekannt und gezielt nach solchen Werten gesucht werden. Waren früher v.a. dichotome Konzepte zur Werteverständnis vorhanden (Pflicht- versus Selbstverwirklichungswerte), so werden diese Wertekategorien von Jugendlichen heute zusammengebracht mit dem Leitwert der Autonomie (vgl. Ziebertz/Kay 2009). Werteorientierungen bei Schülerinnen und Schülern zu ermitteln bedarf ein Vorverständnis dieses Konzeptwandels, sonst wird die Suchbrille falsch eingestellt. Zur hermeneutischen und empirischen Kompetenz kommt beim Ermitteln noch eine ethische hinzu, da echtes Interesse an den Wertekonzepten der Schülerinnen und Schüler vorhanden sein muss, sonst kann kein authentischer Austausch über Werte erfolgen. Das Berufsethos spielt gerade in diesem sensiblen Bereich eine große Rolle.

Vermitteln benötigt wiederum eine große fachliche Kompetenz, da die zu vermittelnden Wertepositionen genau dargestellt und mit Beispielen und Fällen gefüllt werden müssen. Gerade in der Werte-Erziehung kommt es auf die nachvollziehbare und sachlich stringente Herleitung und Überzeugung der Werteposition an. Für die Wertanalyse wird darüber hinaus eine philosophisch-analytische Kompetenz vorausgesetzt, die impliziert, sich auf Möglichkeitsbedingungen einzulassen und diese logisch ableiten zu können. Dieser Vorgang fußt auf der Deduktionslogik, indem die Bedingungen und Folgen von Werturteilen abgeleitet werden können.

Personalisieren erfordert im Bereich der Werte Erziehung v.a. Authentizität. Wenn es um persönliche Haltungen und die daraus gewonnenen Einstellungen geht, ist eine authentisch-biographische Darbietung der Werte unerlässlich. Es genügt nicht, hier nur allgemein über bestimmte Werte zu referieren - im Bereich des Personalisierens müssen Werte in der Biographie verankert sein, sonst bleiben sie abstrakt und gehören eher in den Bereich des Vermittelns. Das Personalisieren erfordert daher eine authentische biographische Verortung.

Das Institutionalisieren als Bezug zu Lehrplaninhalten bedarf zuerst einer Sachkompetenz im Hinblick auf die zu berücksichtigenden Werte. Welche Werte sollen von der Institution überhaupt ausgehen, was ist ein Grundwert, wie soll der Wert behandelt werden? Das sind Fragen, die als Verfassungsauftrag an die Lehrkräfte weitergegeben werden. Davon ausgehend werden weitere Werte auf der Lehrplanebene 1 aufgeführt, die zu berücksichtigen sind. Diese Werte müssen beim Institutionalisieren gekannt und dann umgesetzt werden.

Strategie

Die Werte-Erziehung gehört zum grundsätzlichen Aufgabenbereich des Religionsunterrichts. Dabei ist zu unterscheiden zwischen einer akzidentellen und einer intentionalen Erziehung:

Akzidentelle Werte-Erziehung vollzieht sich nebenbei im täglichen Umgang miteinander: Wie begrüße ich die Schülerinnen und Schüler? Welche Atmosphäre und Kommunikationsstruktur herrscht im Unterricht vor? Auch ästhetische Werte spielen eine Rolle: Wie bin ich gekleidet, was wird dabei suggeriert? Hier vollzieht sich Werte-Erziehung unbewusst.

Intentionale Werte-Erziehung führt zum einen Handlungen bewusst aus wie z.B. Gebet am Anfang der Stunde, Kommunikationsregeln, Umgang mit Störungen u.a. Dadurch sollen Schülerinnen und Schüler durch Trainieren zum Nachahmen und Übernehmen von Haltungen angehalten werden. Zum anderen werden Werte bewusst in der Lerngruppe thematisiert, kommen explizit zur Sprache. Diese Strategie setzt auf die Einsicht der Lerngruppe und traut es ihr zu, über bestimmte Werte angemessen reden zu können. Ist dies nicht der Fall, sollte es lieber erst gar nicht versucht werden.

Die Beispiele sollen zeigen, dass der Dreischritt Problematische Situation - vier strukturelle Handlungsmöglichkeiten - personalisierter Klassenplan auf unterschiedliche Situationen und Kontexte anwendbar ist. Ist dieser Dreischritt als Strukturmerkmal der Durchführung von Religionsunterricht erst mal erkannt und internalisiert, dann können unterschiedliche Kontexte schnell und sicher angegangen werden.

III. Religionsunterricht professionell reflektieren

Das dritte Kapitel geht nach der Planung und Durchführung auf die Reflexion von Religionsunterricht ein. Auch der Bereich der Reflexion folgt eigenen Strukturmerkmalen, die im Kapitel rekonstruiert und für die professionelle Praxis umgesetzt werden. Nach der Klärung des Begriffs Reflexion (1) folgt die Bedeutung der Reflexion für Profis als reflektierte Praktikerinnen und Praktiker (2). Auf der Basis dieser Klärung werden Kategorien der Entwicklung von Reflexivität anhand des Habitusmodells vorgestellt (3) und für die Professionalisierung weiter konkretisiert (4).

5. Konzept

5.1 Reflexivität als Schlüsselkompetenz

Reflexive Lehrerbildung

Reflexion ist in der Lehrerbildung ein bekannter Begriff. „Reflexive Lehrerbildung" (Dirks/Hansmann 1999) ist der Titel eines noch immer gültigen und wichtigen Bandes, der die Notwendigkeit der Reflexion als „Schlüsselkompetenz" (Heil/Ziebertz 2005c, 78) des Lehrerberufs beschreibt. Auch die in der Bundesrepublik Deutschland übliche dreiphasige Lehrerbildung in Hochschule (Universität oder PH), Vorbereitungsdienst sowie Fort- und Weiterbildung verdeutlicht die Notwendigkeit der Reflexion: Am Anfang steht die wissenschaftliche Ausbildung als Grundlegung von Reflexion, danach folgt die Einführung in eine reflektierte Praxis als Transformation des bisher Gelernten ins Berufsfeld, im Anschluss daran erfolgt die gezielte reflexive Weiterentwicklung der eigenen Kompetenzen. Diese konsekutiven Phasen werden durch Mischformen vernetzt wie z.B. Schulpraktische Studien als Form der reflektierten Praxis als integraler Bestandteil des Studiums. Da Reflexivität so zentral in der Lehrerbildung ist, muss dem Ruf nach „mehr Praxis" im Studium auch der Ruf nach „mehr Reflexivität" an die Seite gestellt werden - und das in allen Phasen! Reflexivität ist also die Grundvoraussetzung, um den Lehrerberuf ausführen zu können bei allen sonstigen Reformbemühungen (Simon 2005). Doch der scheinbar so klare Begriff der Reflexion ist sehr vielschichtig. Was bedeutet er überhaupt?

Bedeutung von Reflexivität

Schon in den bisherigen Ausführungen sind zwei Formen des Begriffs verwendet worden: Reflexion und Reflexivität. Weitere substantivische grammatische Formen des Wortstamms sind z.B. Reflektor, Reflex, Reflexiv u.a. Diesen Substantiven gemeinsam ist ihre kompositorische Grundstruktur, die etymologisch auf das lat. Präfix re und das Verb flectere zurückzuführen sind. Re bedeutet zurück-, wieder-, in den früheren Zustand oder richtigen Stand versetzten sowie wider-, jeweils in Verbindung mit einem nachfolgenden Wort. Die grundlegende Semantik des Präfix re besteht in einer Bewegung auf etwas hin, etwas Vergangenes (zurück, wieder, früher, z.B. remittere, recognoscere, restituere), Normatives (richtig z.B. redigere) oder Entgegengesetztes (wider z.B. resistere). Das Jetzt verharrt nicht in seinem Zustand, sondern wird auf etwas anderes bezogen. Es wird daraufhin gebogen, worauf das Verb flectere hindeutet als biegen, beugen, krümmen oder auch drehen, wenden, ändern, also einen Zustand zurückzubeugen, ihn richtig zu verändern oder ihn wider, entgegen etwas zu drehen. Diese semantische Bandbreite drückt der Begriff Reflexion aus.

Die Bedeutungsstruktur zeigt anschaulich die Flexibilität des Denkens, der Reflexion. Ein jetziger Gedanke wird auf ein Ereignis hin gedreht. Im übertragenen Sinn meint Reflektieren daher, die jetzigen Gedanken und Theorien an etwas anderes binden können, zwei oder mehrere Gedanken in Beziehung bringen. Reflexion ist der Vorgang dieses In-Beziehung-Setzens, Reflexivität die grundlegende systematische Kompetenz, diesen Vorgang ausführen zu können.

Diese Grundbedeutung kann in verschiedenen Sprachspielen durchgespielt werden, z.B. in der Sprachwissenschaft (Reflexiv, reflexives Verb), in der Mathematik (reflexive Relation), in der Physik (Reflektor), der Philosophie (reflektierter Mensch), der Soziologie (reflexive Moderne) usw. Überall meint Reflexion in der Grundbedeutung Bewegung auf etwas hin.

5.2 Profis als reflektierte Praktiker

Reflexivität als Verbindung von Theorie und Praxis

In der Professionsforschung taucht der Begriff Reflexivität ebenfalls auf. Reflexivität ist hier die grundlegende Kompetenz, singuläre Fälle mit dem bisherigen Professionswissen zu verbinden, also das bisherige professionelle Repertoire auf die zu bewältigende Praxis transformieren zu können. Auch hier wird wieder etwas in Bewegung und Beziehung gesetzt: Der vorgefundene Fall mit dem eigenen Professionswissen. Dies kann bewusst oder unbewusst geschehen - bewusst bedeutet, sich und den anderen darüber Auskunft geben zu können; unbewusst meint, in der Situation „reflexartig" zu handeln, ohne sich dessen bewusst zu sein, und das Handeln erst nachträglich begründen zu können.

Reflexion und Reflexivität dienen im Lehrerberuf wie in jeder Profession dazu, Theorie und Praxis zu verbinden. Dadurch entsteht überhaupt erst die Fähigkeit, Praxis nicht nur beiläufig, nicht nur implizit, sondern unter Verwendung von Theorie zu gestalten. Profis sind daher reflektierte Praktiker, hat ein Profi doch die Pflicht, Praxis überlegt zu bewältigen und nachträglich begründen zu können (Oevermann 1996), sonst bliebe er ausgeliefert an Praxis. Die „reflection-in-action" (Schön 2000), so das bekannteste Buch von Schön, ist daher die Schlüsselkompetenz für Profis und somit auch für Lehrkräfte. Dies macht auch deutlich, dass das vorhandene Professionswissen nicht linear auf praktische Fälle übertragen werden kann, sondern umgekehrt: Ausgehend von dem Fall wird das Professionswissen darauf hin transformiert. Für Lehrkräfte bedeutet dies: Ausgehend von der jeweiligen Lerngruppe wird der Unterricht geplant und nicht ein beliebiger Plan aus einer Praxismappe auf die Klasse übertragen. Dies ist genau der Reiz und die Schwierigkeit des Lehrerberufs: Auszuwählen, was für die Klasse passt und wegzulassen, was nicht geeignet ist und dies auch begründen zu können.

Ein Beispiel: Die Frage, warum eine Stunde so verlaufen ist, wie sie verlaufen ist, lässt sich über die Reflexion der Stunde beantworten. Dabei wird der wahrgenommene Stundenverlauf mit dem eigenen Professionswissen verknüpft. Ein Anfänger bewertet die Stunde häufig anhand von äußeren Details, z.B. wer sich gemeldet hat, ob die Folie richtig gelegen hat oder ob die Gruppenarbeit zügig vorangegangen ist. Ein Fortgeschrittener denkt eher strukturell und bezieht neben den handelnden Personen auch die Rahmenbedingungen und die Struktur des Unterrichts mit ein, z.B. für eine sechste Stunde war zu viel LSG enthalten, Leon konnte heute gut mitarbeiten, weil er seine familiären Probleme gelöst hat, in der Situation hat ein schneller Medienwechsel zur Verunsicherung geführt. Beide, der Anfänger und der Fortgeschrittene, reflektieren, d.h. bringen ihr Professionswissen mit dem Fall, der jeweiligen Stunde, in Beziehung. Dies ist Reflexion. Reflexion kann natürlich auch prospektiv, im Hinblick auf zu haltende Stunden durchgeführt werden. Doch auch hier ist die Struktur gleich: Das Professionswissen wird mit einem praktischen Fall, dem Stundenentwurf, verknüpft.

Reflexion von Religionsunterricht als Beitrag zur Unterrichtsentwicklung
Das hier vorgestellte Modell der Reflexion von Unterricht bezieht sich auf eine Form der Reflexion, bei dem Unterrichtende selbst in den Prozess involviert sind. Reflexion zielt daher auf den Unterricht durch den Unterrichtenden, allein oder mit anderen. Dies ist eine bestimmte Form von Reflexion über Unterricht, die sich von anderen Formen wie Erhebung, Messung, Einschätzung (rating), Diagnose, Monitoring, Benchmarking und Evaluation (Helmke 2009, 268) unterscheidet. Diese Formen der standardisierten Bewertung von Unterricht sind hilfreich, wenn Unterricht beobachtet und verglichen wird. Die hier vorgestellte Form der Reflexion ist in der Unterrichtsentwicklung anzusiedeln vor dem Hintergrund der einzelnen Unterrichtsstunde. Die vorgestellten Methoden konzentrieren sich darauf, eigenen und fremden Unterricht in der Einzelstunde zu analysieren und reflektieren mit dem Ziel, Unterricht zu verbessern.

Modell von Reflexivität
Wie kann Reflexivität nun systematisch erlernt und entwickelt werden?
Zur Beantwortung dieser Frage können die oben beschriebenen Modi des Schließens auf Bedeutung herangezogen werden - Deduktion, Induktion und Abduktion. Geht es doch im Kern darum, einer Situation Bedeutung zu verleihen, und dies funktioniert nur innerhalb dieser drei Modi. Eine Ärztin findet z.B. die Ursache einer Krankheit heraus und verleiht damit den geschilderten Symptomen, dem Fall, Bedeutung. Eine Lehrerin verleiht einer Situation Bedeutung, wenn sie die Lernmöglichkeiten einer Klasse herausfindet und von da aus Bildungsprozesse initiiert. Dies ist Reflexivität. Das folgende Modell kann diesen Prozess der reflexiven Bedeutungszuschreibung genauer beschreiben (leicht verändert vgl. Heil/Ziebertz 2003:

Abb. 43 Reflexivität als Zusammenspiel der Schlussmodi

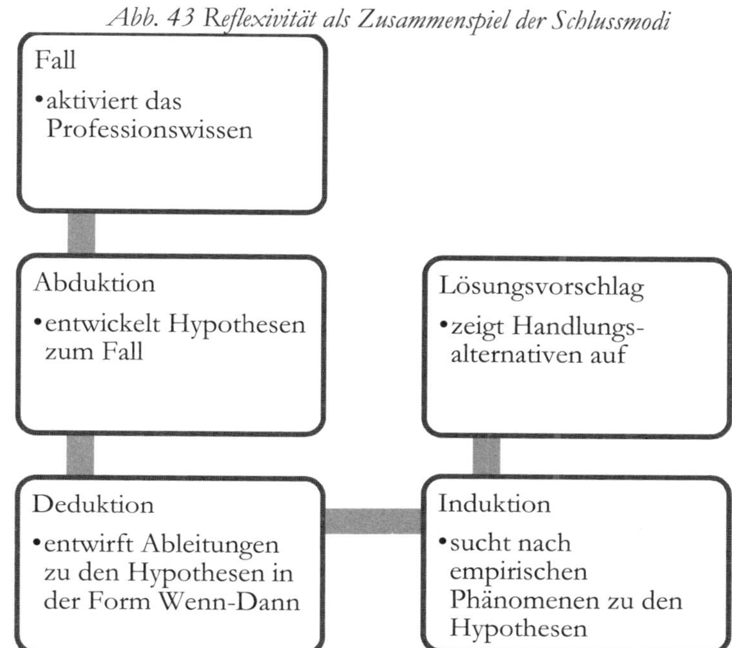

Am Beginn des reflexiven Prozesses steht ein zu lösender Fall, eine problematische Situation. Diese aktiviert das Professionswissen, es zu lösen. Durch die Aktivierung muss sich das Professionswissen auf den Fall einstellen. Dies geschieht durch Abduktion. Zur Erinnerung: Abduktion bedeutet Erklären. Der Profi versucht, Erklärungen für den Fall zu finden, um ihm eine Bedeutung zu verleihen. Lehrerinnen und Lehrer entwerfen Hypothesen, Erklärungen, um die Lerngruppe einzuschätzen und dann geeignete Maßnahmen zu ergreifen. Doch ist die Hypothese wirklich richtig? Um dies herauszufinden folgt die Deduktion. Durch die Deduktion werden die Ableitungen aus der Hypothese in Form eines „Wenn…dann" Satzes vorgenommen. Es werden die Konsequenzen gezeigt, die sich aus der Hypothese notwendig ergeben. Zu diesen theoretischen Ableitungen werden anschließend empirische Phänomene gesammelt, die die Hypothese bestätigen oder sie zu Fall bringen. Am Ende steht ein Lösungsvorschlag, der zum anfänglichen Fall passt.

Dieser fünfschrittige Vorgang kann als Reflexivität bezeichnet werden, indem das Professionswissen auf die Praxis bezogen und getestet wird. Geht man reflektiert vor, dann folgt dies der Abfolge Abduktion-Deduktion-Induktion. Diese Abfolge kann parallel zu einem Fall durchgeführt oder mehrmals wiederholt werden, bis die Lösung des Falls deutlich wird.

An einem Beispiel kann die Anwendung von Reflexivität im pädagogischen Kontext zur Lösung von Problemen beleuchtet werden:

Im Rahmen der Ausbildung zum Religionslehrer wird eine Stunde in der vierten Klasse der Grundschule nachbesprochen. Die Stunde hat zum Thema „Wasser ist Leben“ innerhalb der Themensequenz „In Bildern und Symbolen sprechen“. Ziel der Stunde ist es, den Schülerinnen und Schülern die praktische und symbolische Bedeutung des Wassers bewusst zu machen. Der Schwerpunkt liegt in der Kombination von Werteorientierung und Wissen. Die Stunde selbst ist schüleraktivierend und lebensweltorientiert aufgebaut: Nach einer Aufmerksamkeitsübung zum Thema Wasser am Beginn folgt als Impuls ein pantomimisches Ratespiel. Ein Schüler oder eine Schülerin stellt einen mit Wasser konnotierten Begriff dar, die anderen raten - die Begriffe sind „Regenschirm, Schwimmen, Zähneputzen, Trinken, Waschmaschine“. Die Impulsphase führt direkt zur Themenkonstitution, indem der Lehrer, Herr Seufert-Schmitt, fragt, welches Element hinter den Begriffen steckt. Danach schreibt der Lehrer „Wasser ist Leben“ als Überschrift an die Tafel. In der anschließenden Erarbeitungsphase im Sitzkreis folgt eine interaktive Auseinandersetzung mit einer blühenden und einer verwelkten Blume als Realien und als nächster Schritt als Symbol für Situationen aus dem eigenen Leben. Danach folgt in einem LV und anschließend in PA eine passende Bibelstelle (Ez 47,7-12 Fluss als Wasser des Lebens) zum Thema Wasser, die der Lehrer zuerst vorliest und die dann in PA auf ihren Inhalt hin bearbeitet wird. Die bisherigen Ergebnisse werden anschließend im LSG auf dem OHP gesichert. In der Transferphase schließlich erarbeiten die SuS in EA die Bedeutung des Wassers für ihr Leben. Zwar sind die SuS interessiert und engagiert dabei, werden vom Thema angesprochen und gefesselt - stören jedoch immer wieder den Unterrichtsverlauf auf ihre Weise durch Reinreden, Aufstehen und Kommentare. Diese Ambivalenz durchzieht die Stunde: Auf der einen Seite sind die Mehrzahl der SuS angesprochen von der Vielfältigkeit und Kreativität der Stunde; auf der anderen Seite tragen sie nicht zu einem strukturierten Unterrichtsverlauf bei. Obwohl Herr Seufert-Schmitt viele didaktische Ratschläge und Kniffs aufgenommen hat (motivierendes Spiel, Ausgang aus der Lebenswelt der SuS, mediale Anschaulichkeit und Multikodierung, Sozialformwechsel), bleibt diese Ambivalenz bestehen. Es stellt sich die Frage nach dem „Warum“. Warum ist hier die Ambivalenz von didaktischer Ansprechbarkeit und Störung in der Lerngruppe vorhanden?

Gemeinsam in der Reflexion kann nun zur Klärung der Frage das bisher diskutierte Verlaufsschema angewendet werden:

Abb. 44 Reflexion am Beispiel

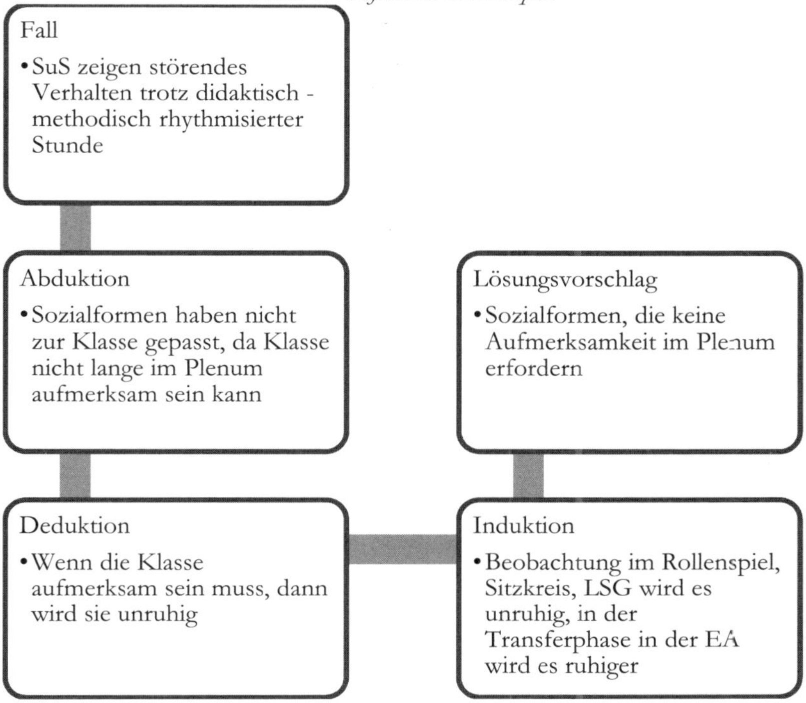

Fall
- SuS zeigen störendes Verhalten trotz didaktisch - methodisch rhythmisierter Stunde

Abduktion
- Sozialformen haben nicht zur Klasse gepasst, da Klasse nicht lange im Plenum aufmerksam sein kann

Deduktion
- Wenn die Klasse aufmerksam sein muss, dann wird sie unruhig

Induktion
- Beobachtung im Rollenspiel, Sitzkreis, LSG wird es unruhig, in der Transferphase in der EA wird es ruhiger

Lösungsvorschlag
- Sozialformen, die keine Aufmerksamkeit im Plenum erfordern

Dieser Fünferschritt führt in der Reflexion zur Beratung, individuell orientierte Sozialformen (EA/PA) für *diese* Klasse zu verwenden und aufmerksamkeitsnotwendige Sozialformen wegzulassen. Dieser Lösungsvorschlag muss nun wiederum in der Praxis, in einem neuen Fall, getestet werden usw.

Anhand des Schemas ist es möglich, konzentriert und zentriert bestimmte Fragen in der Stundenreflexion anzusprechen, um zu einer wirklichen Lösung zu gelangen. Dies ist der Vorteil des Schemas. Ist es verinnerlicht, kann die Stundenreflexion zur spannenden Suche nach Hypothesen werden. Dies schafft Distanz und geht nicht auf die Person des Unterrichtenden ein, sondern auf die Situation in der Stunde - ähnlich wie auch bei der Unterrichtsdurchführung. Im Idealfall gehen alle an der Reflexion beteiligten - Unterrichtender, Beratender, Hospitierende - auf die Suche nach durchaus auch mehreren plausiblen Hypothesen zu problematischen Situationen, erörtern ihre Konsequenzen und suchen nach empirischer Validierung oder Falsifizierung. Wichtig dabei ist, die gebildeten Hypothesen wirklich bis zum Ende des Schemas durchzuspielen. Das ist der Idealfall, der in der gemeinsamen Reflexion stattfinden soll.

5.3 Kategorien der Entwicklung von Reflexivität: das Habitusmodell

Was bedeutet das bisher Erarbeite nun für die reflektierte Praxis von Religionslehrerinnen und Religionslehrern? In welchen Bereichen kann Reflexivität entfaltet werden? Wie kann die Verpflichtung zur Reflexion von Praxis umgesetzt werden, damit jede Lehrkraft sofort Kategorien zur Reflexion zur Verfügung hat - und nicht „ins Blaue" hinein reflektieren muss? Hier ist das Habitusmodell weiterführend als Diagnoseinstrument der eigenen oder fremden Praxis. Das Modell gibt Auskunft darüber, in welchen Bereichen Profis ihre Reflexivität aufbauen können. Es fußt auf einem empirisch rekonstruierten Modell zum religionspädagogischen Habitus (Heil/Ziebertz 2005a) und erweitert es im Hinblick auf das gestellte Thema.

Habitus

Der Begriff Habitus kommt etymologisch von lateinisch habitus und bedeutet das äußere Gehabe (von lat. habere), die Erscheinung oder das Ansehen, aber auch die Haltung, die Gestalt oder das Verhalten. In dieser Spannung zwischen beobachtbarem Äußeren und konstituierendem Inneren bewegt sich die Bedeutung des Habitusbegriffs. Der Habitus eines Menschen ist die Summe seiner Eigenschaften, die sich in seinem Verhalten ausdrücken. Aus dem Verhalten können die Eigenschaften rekonstruiert, aus den Eigenschaften die Handlungen prognostiziert werden. Beide Determinanten des Habitus, innere Eigenschaften und beobachtbares Verhalten, stehen in einem Wechselverhältnis.

Der Habitus ist nach Bourdieu, dem bekanntesten Analysten des Habitus, ein „Stil" von Menschen (Bourdieu 1982). Dieser Stil ist zugleich individuell einmalig und sozial ähnlich - er setzt sich zusammen aus den einmaligen genetischen Voraussetzungen sowie den vergangenen Erfahrungen in einem gemeinsamen sozialen Raum. Damit erklärt Bourdieu, dass der Habitus von Menschen gleichzeitig individuell und sozial ist. Menschen, die sich in einem gleichen sozialen Umfeld bewegen, zeigen ähnliche Habitusformen, die aber je nach eigenen Voraussetzungen gestaltet sind. Der Habitus wird somit von diesen beiden Determinanten, dem Individuellen und Sozialen, konstituiert, ist „inkorporierte" (Bourdieu) Erfahrung im sozialen Raum.

Erfahrungen im sozialen Raum, im sozialen Umfeld bilden sich demnach im eigenen Körper ab. Wechselt das soziale Umfeld - oder verändern sich die Voraussetzungen - so kann sich auch der Habitus neu konstituieren. Doch aufgrund seiner „Trägheit", d.h. aufgrund seiner bisherigen Prägungen, nur langsam und aufbauend auf dem, was er bisher mitbringt. Der Satz „Ich fange nochmal ganz von vorne an" ist nach dieser Theorie nicht möglich, da sich der Habitus nie ganz neu verändern kann, sondern immer nur graduell, indem er auf Vorhandenem aufbaut.

Die Habitustheorie löst ein Dilemma der Identitätskonstruktion: Einerseits hinsichtlich subjektivistischer und idealistischer Identitätstheorien, die den Menschen als freiheitliches Wesen ohne soziale Determinanten sehen; andererseits hinsichtlich deterministischer Identitätstheorien, die den Menschen nur als von seinem sozialen Umfeld bestimmt deuten und ihm die Freiheit absprechen. Das Habituskonzept betont gegenüber beiden sowohl die soziale Determiniertheit als auch die Freiheit zur Veränderung - jedoch nicht direkt als Akt des reinen Willens, sondern durch Veränderung der Determinanten des Habitus, der eigenen biologischen Voraussetzungen oder des Wechsels des sozialen Raumes.

Unterstützt wird die aus der Soziologie stammende Habitustheorie - Bourdieu hat sie u.a. aus ethnologischen Studien zur kabylischen Gesellschaft sowie der Beobachtung unterschiedlicher Schichten in Frankreich z.B. hinsichtlich ihrer Essgewohnheiten gewonnen - von der neueren Hirnforschung. Wie die Hirnforschung zeigt, bilden sich im Bewegen in einem bestimmten sozialen Umfeld neuronale Verschaltungen, synaptische Verbindungen oder „scripts", die eine Person zum Handeln befähigen. Dadurch entstehen konstante Verhaltensmuster. Die neuronalen Verschaltungen bilden somit die Grundlage für Verhalten. Sie nehmen Erfahrungen aus der sozialen Wirklichkeit auf und verarbeiten sie physiologisch. Zwar sind die Verschaltungen prinzipiell veränderbar, findet im Gehirn „eine ständige Stabilisierung, Auflösung und Umgestaltung synaptischer Verbindungen und neuronaler Verschaltungen statt" (Hüther 2009, 14); doch aufgrund ihrer Vielzahl und Komplexität besitzt das Gehirn eher Konstanz als Veränderbarkeit, sonst wäre Orientierung im Alltag nicht möglich. Strukturelle Veränderungen, größere Neuorganisationen sind daher nur durch massive Veränderungen der äußeren und inneren Bedingungen möglich. Diese müssen jedoch von der Person ergriffen und entschieden werden. Weiterhin gilt: „Neue Interaktionen (hier: neuronale Verbindungen und synaptische Verschaltungen) können nur auf der Grundlage bereits etablierter Interaktionsmuster ausgebildet und stabilisiert werden" (Hüther 2009, 87). Diese Strukturiertheit und damit verbunden auch Trägheit des Gehirns ist äquivalent zur Habitustheorie.

Nebenbei bemerkt: Auch die noch zu besprechende Transzendental-Theologie (siehe Kap. 6.3) ist affin zu dieser Theorie der individuellen und gleichzeitig sozial ähnlichen Verarbeitung von sozialer Wirklichkeit. Erfahrung ist somit „Dialog mit der Wirklichkeit", wobei Wirklichkeit hier auch in soziale Räume unterteilt wird wie ästhetische, ethische, religiöse u.a. (vgl. Schaeffler 1995). Die Transzendentaltheologie fragt darüber hinaus noch nach den Bedingungen der Möglichkeit der Veränderbarkeit der Persönlichkeit. Wer garantiert eigentlich, dass soziale Wirklichkeit angemessen vom

Subjekt verarbeitet wird, damit sich dessen Erfahrungshorizont neu konstituieren kann? Da die Verarbeitung von Erfahrung immer krisenhaft ist, da sich hierdurch der bisherige Erfahrungshorizont (oder auch Habitus) verändert, stellt sich die Frage, wie dies überhaupt möglich ist. In diesem transzendentalen Kontext gewinnt die Rede von Gott einen neuen Sinn. Dies kann an anderer Stelle vertieft werden (vgl. Heil 1999). Festzuhalten bleibt aber, dass in unterschiedlichen Zugängen die Habitustheorie implizit unterstützt wird. Sie ist daher für die Konstitution des eigenen Ich von großer Bedeutung.

Habitus von Religionslehrerinnen und Religionslehrern
Warum ist die Theorie des Habitus nun für die Professionalität von Religionslehrerinnen und Religionslehrer relevant? Weil damit erklärt werden kann, wie Religionslehrerinnen und Religionslehrer einerseits durch die sozialen Räume geprägt werden, andererseits diese Prägung persönlich verarbeiten. Das Habituskonzept wendet sich gegen persönlichkeitszentrierte Theorien, die Professionalität primär von der Person der Religionslehrkraft konzipieren, als auch gegen Professionalitätstheorien, die Schule nur als didaktisches Handwerk sehen. Stattdessen werden beide Prägungen - sozialer Raum Schule und Person - in ihrer Bedeutung für den Habitus mitgedacht. Dies gilt im Übrigen für jede Profession. Gleichzeitig ermöglicht die Theorie des Habitus zu klären, wie Theorie in Praxis wirksam ist, ohne das Konstrukt eines „pädagogischen Taktes“ (Herbart, vgl. Wagner 1998, 41) als separates Instrument bemühen zu müssen. Durch den Habitus wird es möglich zu erklären, wie theoretisches Wissen direkt in praktisches Handeln professionell umgesetzt wird.

Da sich Religionslehrerinnen und Religionslehrer im sozialen Raum Schule bewegen, muss nach dieser Theorie auch ein eigener Habitus, ein eigener Religionslehrer-Stil konstituiert werden. Dieser Stil ist wiederum nicht uniform, da hier die eigenen genetischen Determinanten und bisherigen habituellen Erfahrungen einwirken, aber auch nie ganz unterschiedlich, da der soziale Raum im Habitus inkorporiert wird. Je länger sich eine Person im sozialen Raum Religionsunterricht bewegt, umso eher entwickelt sich der Habitus. Dieser kann noch verfeinert werden, z.B. Grundschullehrerhabitus, Hauptschullehrerhabitus, Realschullehrerhabitus, Förderschullehrerhabitus, Gymnasiallehrerhabitus usw. Ein Habitus ist also ein eigener Stil von Religionslehrerinnen und Religionslehrern, der individuell und doch vergleichbar ist. Wenn zwei Religionslehrer den gleichen Unterrichtsverlaufsplan hätten, würden sie wahrscheinlich nicht die gleiche Stunde halten - sie bringen ihre eigenen Determinanten mit - aber auch eine nicht ganz unterschiedliche Stunde. Was prägt nun genau den Habitus von Religionslehrerinnen und Religionslehrern? Dazu kann das folgende Modell helfen.

Habitusmodell

Das Modell besteht aus folgenden Kategorien:

Abb. 45 Professioneller (religions-)pädagogischer Habitus

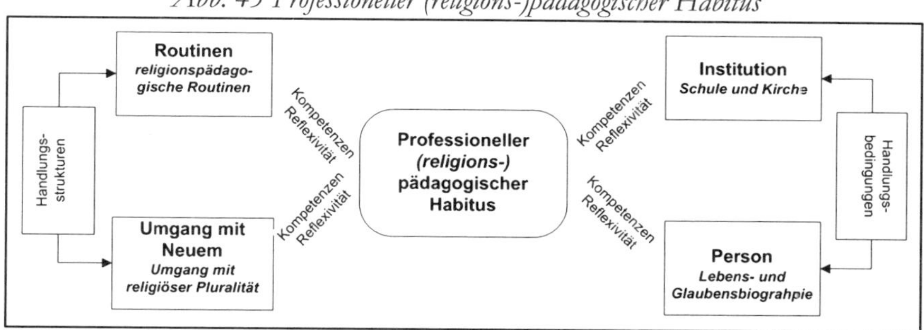

In der Mitte steht der professionelle religionspädagogische Habitus. Der Habitus setzt sich zusammen aus den alltäglichen professionellen Handlungen im Berufsfeld Schule, hauptsächlich im Unterricht (Handlungsstrukturen) sowie den mitgebrachten Prägungen, die in eine professionelle Beziehung eingehen (Handlungsbedingungen).

Die Handlungsstrukturen bestehen aus dem Zusammenspiel von bisher erworbenen Routinen auf der einen und Umgang mit Neuem auf der anderen Seite. Ohne Routinen ist kein Handeln möglich - aber ohne den Umgang mit Neuem kann auch bei noch so viel routinisiertem Handeln Praxis nicht angemessen bewältigt werden. Handlungsbedingungen sind die Institution, in der gehandelt wird (Schule und Kirche) sowie die eigene Person in ihrer Lebens- und Glaubensbiographie. Diese Dimensionen wirken auf die Bildung des Habitus, des eigenen Stils, ein. Je nachdem, mit welchen Kompetenzen und mit welcher Reflexivität sie gefüllt sind, wird der Stil geprägt (Näheres siehe Heil/Ziebertz 2005a.2010; Mendl/Heil/Ziebertz 2005; zur weiteren Diskussion Burrichter u.a. 2012).

Bedeutung der einzelnen Bereiche

Routinen

Religionspädagogische Routinen sind „inkorporierte", in Fleisch und Blut übergegangene Muster des Handelns. Neurowissenschaftlich könnte man Routinen als synaptische Schaltungen bezeichnen, die einen Ablauf ermöglichen, ohne dass darüber nachgedacht wird. Routinen ermöglichen es, in einem bestimmten sozialen Feld sicher zu handeln. Sie sind nach der Habitustheorie nichts anderes als die individuelle Einverleibung des sozialen Raums vor dem Hintergrund der bisherigen Erfahrungen. Idealtypisch setzten sich die bisherigen Erfahrungen aus Theorien und Kategorien zum sozialen Raum Universität und Schule zusammen, wie sie z.B. im Studium vermittelt werden, und werden praktisch mit sozialer Wirklichkeit angereichert. Die Routinen entstehen wiederum in diesem bekannten Zusammenspiel von bisherigen Prägungen und dem Bewegen in einem sozialen Raum. Dadurch wird ein professionelles Fall-Repertoire aufgebaut. Je mehr sich dies wiederholt, umso mehr werden Routinen ermöglicht. Wenn eine Lehrkraft z.B. jedes Jahr die fünfte Klasse unterrichtet, dann entwickeln sich durch die Begegnung mit diesem sozialen Raum, mit diesen Fällen, Routinen für den Umgang mit einer fünften Klasse. Spezialisierung entsteht durch die Vielzahl an ähnlichen Fällen, die ein Fallrepertoire aufbauen, das wiederum zu Routinen führt. Ohne Routinen ist Handeln im sozialen Raum Schule sehr anstrengend, da hierfür die habituellen Muster fehlen.

Umgang mit Neuem

Umgang mit Neuem bedeutet, dass Praxis nicht vollständig durch Routinen bewältigbar ist. Überall, wo Interaktion zwischen Menschen stattfindet, entsteht Neues, Unbekanntes, das nicht zu den Routinen passt (Heil 2007b). Eine neue Zusammensetzung in der fünften Klasse, Tagesform, Fehlen von Schülern, familiäre Veränderungen, Noten u.a. - ständig ist Praxis im Fluss, wodurch Neues entsteht. Schulische Praxis ist nie vollständig routinisierbar. Der Habitus von Religionslehrerinnen und Religionslehrern muss sich darauf einstellen. Wie zu jeder Profession gehört damit die alltägliche Unsicherheit und nicht vollständige Planbarkeit von (unterrichtlicher) Praxis. Im Kontext des Religionsunterrichts bedeutet dies den Umgang mit religiöser Pluralität (siehe Kap. 4.2). In diesem Wechselspiel von Routinen einerseits und Umgang mit Neuem andererseits vollzieht sich die Handlungsstruktur des Habitus.

Person

Die Handlung im sozialen Raum ist von bestimmten Eigenschaften abhängig. Diese bringen Religionslehrerinnen und Religionslehrern mit. Sie bestehen aus der Person und der Institution. Persönliche Eigenschaften wie die Lebens- und Glaubensbiographie prägen den Habitus mit. Aussehen, Kleidung, Einstellungen, Gefühle, Eigenarten, Alter, Körper - dies alles geht auch in den Habitus mit ein. Die Person ist immer beteiligt in professionellen Prozessen - der gut gemeinte Satz „Nimm es doch nicht persönlich" ist nach dieser Theorie unmöglich. Genauso ist es natürlich auch in anderen Interaktionssituationen z.B. bei Störungen oder mangelnder Mitarbeit. Auch hier nimmt dies nach dieser Theorie die Religionslehrerin oder der Religionslehrer notwendig immer persönlich - aber eben nicht nur persönlich. Auch die professionelle Handlung und die Institution sind vorhanden. Die Person ist zwar dabei, aber auch andere Determinanten konstituieren den Habitus mit.

Institution
Religionslehrerinnen und Religionslehrer bewegen sich im sozialen Raum Schule. Die Institution prägt den Habitus - durch Gesetze, Lehrpläne, Hierarchien, kollegialen Umgang, Schulgebäude, Rahmenbedingungen des Unterrichts oder auch das hidden curriculum in der Schule, die geheimen Regeln und Umgangsformen. All dies konstituiert den Habitus mit. Hinzu kommen als Fachlehrerin oder Fachlehrer die spezifischen Rahmenbedingungen des Religionsunterrichts und seine Stellung in der Schule. Ein weiterer institutioneller Faktor neben der Schule ist für Religionslehrerinnen und Religionslehrer die Institution Kirche. Kirche als Institution prägt den religionspädagogischen Habitus, formal durch die Erteilung der kirchlichen Lehrerlaubnis (vocatio, missio canonica) und die Auswahl der Inhalte des Religionsunterricht nach Art. 7.3 GG inhaltlich durch den eigenen Bezug zur Kirche sowie das Bild von Kirche in der Öffentlichkeit. Religionslehrerinnen und Religionslehrer sind Repräsentanten der jeweiligen Kirche, bei den Schülerinnen und Schülern, aber auch im Kollegium. Sie stehen in ihrem Bereich für die konkrete Form von Kirche, was auch in ihren Habitus übergeht. Schule und Kirche sind demnach die beiden institutionellen Prägungen für den Habitus.

Der Habitus setzt sich zusammen aus Handlungsstrukturen (Routinen, Umgang mit Neuem) und Handlungsbedingungen in Beziehung (Person, Institution). Diese Unterteilung liefert ein Instrument, um über Praxis reflektieren zu können. Ähnlich sieht dies auch die Professionalisierungstheorie, aus denen die Kategorien Handlungsstruktur und Handlungsbedingungen stammen (Oevermann 1998).

Rekonstruktiv und normativ
Das Habitusmodell ist rekonstruktiv und normativ zugleich. Rekonstruktiv bedeutet, dass das Modell aus der theoriegeleiteten Beobachtung empirischer Praxis heraus entstanden ist. Das Modell ist eine Rekonstruktion von religionspädagogischer Praxis von Religionslehrerinnen und Religionslehrern. Leitend ist das Strukturmodell von Professionalität, verstanden als Transformation des bisher erworbenen bereichsspezifischen Repertoires auf einen Fall aus der Lebenswelt auf der Grundlage eines Arbeitsbündnisses zwischen Profi und Klienten, um den Fall zu lösen (s.o.). Diese Strukturen lassen sich im Modell wiederfinden und für (religions-)pädagogische Praxis weiterentwickeln.

Normativ wird das Modell, wenn es als Folie der Reflexion fungiert. Denn das Ziel der Reflexion ist es, den Habitus auszubalancieren. Balance meint, Ressourcen und Entwicklungspotentiale zu erkennen, zu entdecken, wo in der Aus- und Fortbildung Stärken, aber auch Schwächen liegen, die dann angegangen werden können. Besteht der Unterricht des eigenen Habitus z.B. nur noch aus Routinen ist es sicherlich sinnvoll, auf Neues einzugehen. Die Norm des Habitusmodells ist also, in allen Bereichen des Habitus gleich gut professionell konstituiert zu sein.

Parallelen zur pädagogischen Professionalitätsforschung
Das Habitusmodell hat Parallelen zu anderen Modellen zur Professionalisierung in der Lehrerbildung, etwa bei Miller, der den Lehrerberuf als „Drei-Sparten-Beruf" (Miller 2005, 18) kennzeichnet:

- Selbsttyp: Achtsamkeit für sich selbst
- Beziehungstyp: Achtsamkeit für andere
- Sachtyp: Beherrschung der Sache, worunter auch die Vermittlung der Sache fällt.

Hieran wird deutlich, in welchen „Sparten" Kompetenzen erworben werden sollen. Eine solche übersichtliche didaktische Reduktion macht es einfacher, in der Reflexion über den eigenen Unterricht zu wissen, wo man steht. Ist es eher die Arbeit am Selbst und der Persönlichkeit, die Arbeit am Beziehungsverhalten einschließlich der professionellen Beziehung des Classroom-Management oder das Erlernen von Techniken und Inhalten bezogen auf die Sache.

Die größte Übereinstimmung besteht aber zu Fend. Fend entwirft ein ähnliches Habitusmodell mit dem Titel „Primäre und sekundäre Kompetenzstrukturen im Lehrberuf" (Fend 2008, 331). Fend unterscheidet folgende Dimensionen:
„Primäre Rekontextualisierung als methodisches Wissen und Können der Maximierung von Anschlussfähigkeit, bestehend aus:

- Fachkompetenz: Das Kulturprogramm beherrschen: Wissen und Können in \`Fächern´
- pädagogisch-psychologische Kompetenz: Wissen und Diagnosefähigkeit zum \`lernenden Subjekt´ Synchronisierungsqualitäten

Sekundäre Rekontextualisierung als Kompetenz zur Anschlussfähigkeit an soziale Erwartungen, bestehend aus

- institutionelle Kompetenz: Anschlussfähigkeit an Rahmenvorgaben: Lehrplankonvergenz, Standards, Prüfungssysteme
- personale Kompetenz: Anschlussfähigkeit an die innere Umwelt."

Das Modell enthält vier Dimensionen, die in zwei Bereichen wirken und zur Lösung pädagogischer Probleme notwendig sind. Es weist dabei erstaunliche Parallelen zum unabhängig davon entwickelten Habitusmodell auf.

Lehrerbildung
Man kann aus Parallelen zu diesen und anderen Modellen erkennen (z.B. aus der klassischen Studie von Bauer/Kopka/Brindt 1996), dass dem professionellen Lehrerhandeln Strukturen und ihre Füllung durch Kompetenzen zugrunde liegen, die aufgedeckt und für die Lehrerbildung nutzbar gemacht werden können. Darin liegt die Stärke des Modells. Die eigenen reflexiven

Ressourcen können aufgedeckt und Entwicklungsbereiche der Reflexion deutlich gemacht werden.

Habitus-Typen im Unterricht
Aus den bisherigen Bereichen lässt sich idealtypisch ein Modell entwickeln, das unterschiedliche Habitustypen im Unterricht enthält. Unterrichten ist der zentrale Bestandteil des professionellen Berufsfelds. Das Habitusmodell lässt sich besonders auf den Unterricht konkretisieren, um Typen des Unterrichtens zu bilden. Ein Typ ist eine Sammlung von Merkmalen anhand bestimmter Vergleichsdimensionen (Kelle/Kluge 2010). Ein Typ ist also kein Mensch, sondern ein theoretisches Konstrukt aus den jeweiligen Vergleichsdimensionen. Je nachdem, welche Dimensionen angelegt werden, entstehen bestimmte Typen. Ein Typ ist immer determiniert von seinen Dimensionen und kann somit aufgrund dieser Reduktion per se kein komplexer Mensch sein - Typen reduzieren Wirklichkeit, helfen aber zu erkennen, in welchem Bereich man sich am ehesten bewegt. Auf den Religionslehrerhabitus kann man folgende Typen dimensionalisieren:

Abb. 46 Typen des religionspädagogischen Habitus im Unterricht

		Beziehung	
		institutionell	persönlich
Unterricht	Routinen	institutioneller Routinier	persönlicher Routinier
	Neues	institutioneller Innovator	persönlicher Innovator

Die Typen bedeuten Folgendes:
Typ 1 - institutioneller Routinier - besteht aus den Dimensionen Routinen und institutionelle Beziehung, die besonders prägnant sind. Er verkörpert das System Schule und Kirche, der Unterricht verläuft meist nach den gleichen Mustern. Dieser Typ ist an einer institutionellen Beziehung zu den Schülerinnen und Schülern interessiert, sein Unterricht ist gleichförmig. Es ist zu erwarten, dass dieser Typ neue, ungewohnte Situationen im Berufsfeld wie das Eingehen auf religiöse Pluralität der Schülerinnen und Schüler zu vermeiden sucht und auch seine Person nicht in den Unterricht mit einbringt. Dafür ist der Verlauf des Unterrichts transparent und berechenbar. Religionspädagogisch entspricht dieser Typ einem Unterrichtsstil, der stark an der Übertragung bestimmter Inhalte nach vorgefertigtem Muster interessiert ist und Neues ablehnt.

Typ 2 - persönlicher Routinier - stellt ebenfalls den routinisierten Ablauf des Unterrichts in den Vordergrund, jedoch im Unterschied zu Typ 1 auf der Grundlage einer persönlichen Beziehung zu den Schülerinnen und Schülern. Der Unterricht lässt wenig Platz für Neues, versucht aber trotzdem, eine persönliche Beziehung zu den Schülerinnen und Schülern aufzubauen. In dieser eigenartigen Spannung geht der Unterricht nicht auf religiöse Pluralität und damit auf den religiösen Horizont der Schülerinnen und Schüler ein, die Beziehungsebene ist aber trotzdem persönlich. Dies bedeutet, dass die Lebenswelt der Lerngruppe nur in der Beziehung berücksichtigt wird, nicht aber in unterrichtlichen Inhalten. Religionspädagogisch fällt in diesen Bereich der biographische oder narrative Unterricht, der aus dem eigenen Leben erzählt, ohne dies jedoch an die Unterrichtsinhalte zurückzubinden.

Typ 3 - institutioneller Innovator - akzentuiert zwar ebenfalls stark die institutionelle Beziehung, ist aber offen für religiöse Pluralität der Schülerinnen und Schüler als Eingehen auf Neues. Sein Unterricht nimmt Schülerreligiosität als Inhalte auf, gleichzeitig wird ein Ordnungsrahmen über die Institution akzentuiert. Es wird betont, dass sich Unterricht im Raum Schule bewegt, inszeniert wird, gleichzeitig jedoch auch flexibel auf Neues reagieren muss. Das neue wird auf die Institution hin kanalisiert. Die Person tritt hier eher in den Hintergrund, eine persönliche Beziehung wird nicht in den Vordergrund gestellt. Religionspädagogisch ist der korrelative Unterricht gemeint, in dem Inhalte aus der Lebenswelt der Schülerinnen und Schüler an Inhalte des Lehrplans, der Institution rückgekoppelt werden.

Typ 4 - persönlicher Innovator - nimmt religiöse Pluralität der Schülerinnen und Schüler in den Unterricht mit auf, ist aber im Unterschied zu Typ 3 an einer persönlichen Bearbeitung dieser Pluralität interessiert. Er bringt viel Eigen- und Fremdbiographisches mit in den Unterricht ein, ist aber immer auch offen für Neues aus der religiösen Pluralität der Schülerinnen und Schüler, sucht dies regelrecht. Dieser Typ gestaltet einen offenen Unterricht und betont die persönliche Beziehung als die Institution Schule. Religionspädagogisch steht hier der problemorientierte oder sogar therapeutische Unterricht im Vordergrund, da es um das Bewältigen von Neuem auf dem Hintergrund einer eher persönlichen Beziehung geht.

Heuristische Funktion der Typen

Es muss nochmals betont werden: Ein Typ ist kein Mensch! Es ist daher auch nicht möglich, eine bestimmte Lehrkraft in dieses Schema einzuordnen, das wäre verkürzt. Doch zu was dient die Typologie dann? Sie ist ein heuristisches Instrument, um herauszufinden, welcher Stil am ehesten in bestimmten Situationen bevorzugt wird und welche nicht, also ein Mittel der Reflexion. Das Ideal ist es, alle vier Typen in seinem Repertoire zu haben und auf bestimmte Situationen reagieren zu können: Typ 1 z.B. in Vorbereitung auf eine Prüfung, Typ 2 beim Erzählen aus dem eigenen Leben, Typ 3 im Hinblick auf eine spannende Unterrichtsgestaltung und Typ 4, wenn es um persönliche Probleme geht. Die Typologie hilft zu verstehen, welcher Typ nun angebracht wäre, und an welchem Typ gearbeitet werden muss. Als Reflexionsmoment ist die Typologie daher geeignet, eigenes Handeln in bestimmten Situationen einordnen und auch verbessern zu können, um am eigenen Habitus zu arbeiten. Die typologische Entfaltung dient der Diagnose, um sich selbst einzuschätzen und gezielt an den eigenen Kompetenzen zu arbeiten. Durch die Typisierung kann gezeigt werden, welche Dimensionen des Habitus professionalisiert werden können. Es ist ebenfalls möglich, potenzielle Fehlentwicklungen analytisch zu greifen. Im Folgenden wird diese Arbeit am Habitus weiter konkretisiert.

5.4 Professionalisierung durch Arbeit am Habitus

Das Modell hilft, Praxis gezielt zu reflektieren, am eigenen Habitus zu arbeiten. Es gibt eine Orientierung zur Frage „In welchem Bereich der reflektierten Praxis bin ich jetzt?" und schafft somit einen reflektorischen Rahmen. Davon ausgehend können die einzelnen vier Elemente des Habitus im Sinne der Füllung mit Kompetenzen wie im Habitusmodell noch weiter entfaltet werden:

Religionspädagogische Routinen

- RU planen
- RU durchführen
- RU reflektieren
- RU verwalten
- RU weiterentwickeln
- RU im Schulleben vertreten …

Umgang mit Neuem, mit religiöser Pluralität

- den Sinn religionspädagogischer Situationen deuten
- mit religiöser Pluralität umgehen
- in ungeplanten Situationen flexibel reagieren
- Schüleräußerungen wahrnehmen und deuten
- Lernzuwachs der Schülerinnen und Schüler erheben …

Institutionen

- Handlungsmuster der Institution Universität kennen und gestalten
- Handlungsmuster der Institution Schule kennen und gestalten
- Handlungsmuster der Institution Kirche kennen und gestalten
- weitere Handlungsmuster in außerschulischen Institutionen (Fortbildungsinstitute, Kooperationspartner etc.) kennen …

Person in Lebens- und Glaubensbiographie

- persönliche Eigenschaften registrieren, annehmen und weiterentwickeln
- lebensbiographische Merkmale für das professionelle Handeln verwenden
- eigenen Glauben bewusst machen
- glaubensbiographische Merkmale für das professionelle Handeln verwenden …

Diese Auswahl-Kompetenzen füllen die einzelnen Bereiche des Habitusmodells, weitere sind natürlich vorhanden und müssten ergänzt werden (Heil

2006b; Heil/Faust-Siehl 2000). Im Folgenden werden die vier Bereiche des Habitus exemplarisch beleuchtet. Dabei wird aus einem Bereich des Habitus je ein Schwerpunkt als Problem behandelt.

5.5 Zusammenfassung

Reflexivität ist die Schlüsselkompetenz von Profis, da sie gewährleistet, dass das fachspezifische Wissen auf den Fall transformiert wird. Denn Reflexivität meint, die jetzigen Gedanken, Kategorien und Theorien an etwas anderes binden können, zwei oder mehrere Gedanken in Beziehung zu bringen. Damit wird die Grundstruktur von Professionalität ausgeführt, auch in der Verbindung von Theorie und Praxis.

Systematisch kann Reflexivität erlernt werden an der Phasenabfolge Fall-Abduktionen-Deduktionen-Induktionen-Lösungsvorschlag. Ein Fall als „surprising fact" (Peirce) will gelöst werden, fordert den professionellen Prozess heraus. Der Profi entwirft dazu Hypothesen, die den Fall erklären (Abduktionen). Danach folgen Ableitungen zu diesen Hypothesen in der „Wenn…dann"-Form (Deduktionen), die dann anschließend empirisch validiert oder falsifiziert werden (Induktionen). Übrig bleibt ein Lösungsvorschlag, der den Fall erklärt.

Das Habitusmodell als Diagnoseinstrument kann helfen, Bereiche zu identifizieren, in denen die Reflexivität als Ressource verstärkt vorhanden ist, aber auch noch Entwicklungspotential zu erkennen. Der Habitus eines Menschen ist die Summe seiner Eigenschaften, die sich in seinem Verhalten ausdrückt. Der professionelle Religionslehrerhabitus besteht aus den Bereichen religionspädagogische Routinen, Umgang mit religiöser Pluralität, Person und Institution. In diesen Bereichen können Kompetenzen und Reflexivität erworben werden.

Professionalisierung bedeutet dann, in diesen Bereichen am eigenen Habitus zu arbeiten. Dies kann für die einzelnen Bereiche noch weiter differenziert werden, um den professionellen Habitus zu entwickeln.

6. Alltagsprobleme: Beispiele und Fälle

Der erste Reflexionsbereich bezieht sich auf die religionspädagogischen Routinen. Die Entscheidung, was zu Routinen werden soll und was nicht, bezieht sich auf die Frage nach einem „gutem Religionsunterricht". Die Reflexion im Habitusbereich Routinen widmet sich daher dieser Frage genauer.

6.1 Routinen: Bewertung von „gutem" RU

Was ist guter RU?

Lehramtsanwärter Herr Zeißel erhält zur heutigen 3. Stunde in der sechsten Klasse Hauptschule einen qualifizierenden Unterrichtsbesuch von seinem Ausbildungsleiter, Herrn King. Herr Zeißel ist vorbereitet, hat eine ausführliche Elementarisierung samt Unterrichtsverlaufsplan erstellt und rechtzeitig dem Ausbildungsleiter zugesendet, er fühlt sich sicher. Der Ausbildungsleiter kommt, setzt sich auf einen vorbereiteten hinteren Platz, packt sein Notebook aus, schaut sich die Stunde an und schreibt mit. Die Stunde verläuft in etwa wie geplant, nur die Mitarbeit der Lerngruppe war heute - wohl aufgrund des Unterrichtsbesuchs - etwas stockend, einige Arbeitsanweisungen von Herrn Zeißel waren nicht so gezielt und klar wie sonst - Herr Zeißel war ein wenig irritiert, dass der Ausbildungsleiter so viel mitgeschrieben hat - und beim Tafelbild hat bunte Kreide gefehlt, Herr Zeißel hatte vergessen, noch ins Sekretariat zu gehen, um sich bunte Kreide zu besorgen, da er einen Stuhl für den Ausbildungsleiter organisieren musste.

Die nachfolgende Besprechung dreht sich um die Frage eines „guten" Religionsunterrichts. Nach Herrn King ist ein guter Religionsunterricht bestimmt durch die Faktoren hohe thematische Schülerbeteiligung sowie anschauliche und klare Struktur des Unterrichts. Herr King geht nun anhand dieser Kriterien die Stunde chronologisch durch und zeigt im Gespräch auf, was daran verwirklicht worden ist und was nicht. Besonders kritisiert er die zurückhaltende Schülerbeteiligung sowie die teils unklaren Arbeitsanweisungen und die fehlende bunte Kreide, ansonsten wäre der Unterricht aber in Ordnung. Herr Zeißel bekommt die Note zwei und ist damit zufrieden, er unterdrückt seine Beobachtung, dass die beanstandeten Punkte aufgrund der künstlichen Situation entstanden seien, denn er will den Ausbildungsleiter nicht noch gegen sich aufbringen.

Die Fallbeschreibung enthält in ihrer Überzeichnung einige Charakteristika eines typischen Reflexionsgesprächs:

Erstens besteht bei der Reflexion eine hierarchische Beziehung zwischen den Reflektierenden. Herr Zeißel ist der Auszubildende, Herr King der Ausbilder, der mit seiner Note über die Zukunft von Herrn Zeißel mitentscheidet. In dieser Beziehung kann keine gleichberechtigte Reflexion erfolgen, da ein Abhängigkeitsverhältnis besteht.

Zweitens wird der Unterricht anhand vorgegebener Kriterien bewertet. Die aktuelle Situation wird nicht miteinbezogen, gut ist, was vorher so definiert worden ist und sich in der Lern-Situation wiederfinden lässt. Der Ausbildungsleiter hat vorgefertigte Kategorien von einem guten Religionsunterricht und sucht diese in der jeweiligen Situation verwirklicht zu sehen.

Drittens wird der Lernerfolg der Lerngruppe als Hauptkriterium für guten RU vernachlässigt. Besteht der professionelle Auftrag von Lehrkräften darin, partizipative Lernsituationen zu schaffen, damit möglichst viele Schülerinnen und Schüler daran teilnehmen können, dann sollte dies in der Reflexion thematisch werden.

Dreht man diese Kriterien ins Positive, dann sind für die Reflexion von gutem Religionsunterricht mindestens folgende Punkte ausschlaggebend: gleichberechtigte Kommunikation der Reflexionspartner; situativ entwickelte Kriteriologie guten Unterrichts, die allen Reflexionspartnern bekannt sein muss, sowie Einbezug des Lernerfolgs der Lerngruppe als Leitkriterium.

Unabhängig von dem geschilderten Fall kann sich aber die Frage gestellt werden, was grundsätzlich guten Religionsunterricht ausmacht. Aus dem Vorherigen lassen sich zwei Zugänge wählen:

1. Guter Religionsunterricht ist, wenn die gewählten Mittel situativ zur Lerngruppe passen, damit ein Lernerfolg möglich ist.
2. Guter Religionsunterricht ist, wenn vorher festgelegte Kategorien situativ angewendet werden.

These 1 vertritt einen situativen Ansatz von gutem Unterricht. Dieser Zugang muss immer wieder neu inhaltlich gefüllt werden. Dabei ist die jeweilige Perspektive zu beachten, was unter gut verstanden wird. Das Jahrbuch der Religionspädagogik 22 z.B. geht in einem ganzen Sammelband der Frage nach „Was ist guter Religionsunterricht". Und das Vorwort bemerkt treffend: „Niemand, der mit Religionsunterricht in irgendeiner Funktion näher zu tun hat, kommt um diese Frage herum: `Was ist guter Religionsunterricht?´ Aber kaum jemand dürfte in der Lage sein, diese Frage in wenigen Sätzen zu beantworten" (9). Es geht also nicht um eine vorschnelle Einordnung gut/mittel/schlecht, sondern um die Entwicklung von Kriterien, was überhaupt in der jeweiligen Situation unter gutem Religionsunterricht verstanden wird. Hierbei können die vier Modi der Korrelation hilfreich sein, um einen Zugang zum Phänomen zu bekommen. Je nach Lerngruppe kann im „guten Unterricht" dann deduktiv, induktiv, abduktiv oder Nicht-Schließen angebracht sein - dies entscheidet sich in der Situation selbst.

These 2 vertritt eher einen normativen Ansatz. Am bekanntesten sind hierzu die 10 Thesen von Hilbert Meyer (Meyer 2004) für guten Unterricht:

- „klare Strukturierung des Lehr-Lernprozesses
- intensive Nutzung der Lernzeit
- Stimmigkeit der Ziel-, Inhalts- und Methodenentscheidungen
- Methodenvielfalt
- intelligentes Üben
- individuelles Fördern
- förderliches Lernklima
- sinnstiftende Unterrichtsgespräche
- Schüler-Feedback
- klare Leistungserwartungen und -kontrollen".

In der Religionspädagogik hat Bahr zwölf Kriterien für guten Unterricht entwickelt (Bahr 2011a, 487-489):

- „lebensrelevanter Unterricht
- Thematisierung explizit religiöser Themen, insbesondere Gott
- Ermöglichung der Selbsttätigkeit der Schülerinnen und Schüler
- Anpeilung und partielle Erreichung der vorgegebenen Ziele
- Freude
- Strukturiertheit
- angemessener Umgang mit Theologie
- methodischer Variantenreichtum
- positive Unterrichtsatmosphäre
- gute Gestalt
- exemplarische Vertiefung
- Berücksichtigung angemessener didaktischer Prinzipien".

Diese oder ähnliche Listen enthalten klar formulierte Kriterien für guten Unterricht. Wer z.B. keine Methodenvielfalt anwendet, der macht keinen guten Unterricht. Die Bewertung von gutem Unterricht ist also an eine Liste von Eigenschaften des Unterrichts gebunden. Dahinter steht die Vorstellung, dass es übersituative Normen der Unterrichtsstunde gibt, die auf unterschiedliche Unterrichtsformen angewendet werden können.

Beide Thesen widersprechen sich nur auf den ersten Blick. Auf den zweiten wird deutlich, dass auch situative Ansätze einem impliziten normativen Anspruch folgen, allein schon durch die Negation. Wählt eine Lehrkraft z.B. keine Methodenvielfalt, so muss sie dies begründen, warum für die Lerngruppe Methodenvielfalt nicht geeignet ist. Auch hier ist eine implizite Kriteriologie vorhanden, denn auch der situative Ansatz kommt nicht ohne Inhaltlichkeit aus - freilich jedoch nicht als Modell für jeden Unterricht.

Die folgenden Diagnoseinstrumente versuchen, beide Ansätze zu verbinden. Sie sind dazu da, über allgemeine Reflexionen hinaus konkrete Hilfen anzubieten, wie Religionsunterricht bewertet werden kann. Die Instrumente sind unterteilt in quantitative und qualitative Instrumente. Quantitative Instrumente sind Fragebögen mit theoriegeleiteten Kategorisierungen und Operationalisierungen in Itemform. Qualitative Instrumente sind leitfadengestützte Beobachtung, Füllung von Kategorien mit empirischem Daten sowie Offenheit für neue Kategorien. Daneben existieren Kombinationsinstrumente aus quantitativen und qualitativen Verfahren. Beide Verfahren sind geeignet, „guten RU" zu diagnostizieren.

Qualitative und quantitative Diagnoseinstrumente der Unterrichtsbeobachtung

„Guter Religionsunterricht ist zuallererst guter Unterricht" (Kiesow 2006, 31). Mit dieser Gleichung macht Kiesow klar, dass sich Religionsunterricht trotz aller Eigenheiten an allgemeinen Qualitätsmaßstäben messen lassen muss. Dafür gibt es verschiedene Instrumente. Ein bekanntes und empirisch erprobtes quantitatives Instrument liefert Helmke in Form eines Fragebogens anhand bestimmter Kategorien (nach Helmke 2009, 292f., mit kleinen Änderungen):

Abb. 47 Instrument der Unterrichtsbeobachtung nach Helmke

			- -	-	+	+ +	x
Klas	1.	Die Zeit wird für Lernen genutzt.					
	2.	Die Lehrperson hat den Überblick über Schüleraktivitäten.					
	3.	Die Schüleräußerungen sind gut verstehbar.					
	4.	Der Unterricht ist störungsfrei.					
LeKL Mo	5.	Der Umgangston zwischen Lehrperson und Schüler/innen ist wertschätzend.					
	6.	Der Umgangston zwischen Lehrperson und Schüler/innen ist freundlich.					
	7.	Die Lernsituation ist entspannt.					
	8.	Die Lehrperson geht mit Schülerfehlern verständnisvoll um.					
	9.	Die Lehrperson geht mit Schülerfehlern so um, dass sie eine Lernchance darstellen.					
	10.	Die Wartzeiten (nach Fragen) sind ausreichend.					
	11.	Die Wartezeiten (nach Antworten) sind ausreichend.					
	12.	Es gibt Verknüpfungen mit Erfahrungen aus der Lebenswelt.					
	13.	Es werden Hinweise auf die Wichtigkeit des Stoffs für die Zukunft gegeben.					
	14.	Die Lehrperson gibt differenzierte Rückmeldungen.					

	15.	Die Schwerpunkte des Lernens werden ausdrücklich thematisiert.					
	16.	Der Stoff wird strukturiert.					
	17.	Die Lehrperson drückt sich sprachlich prägnant aus.					
	18.	Die Schüler/innen drücken sich sprachlich prägnant aus.					
	19.	Der Zusammenhang mit bisher Gelerntem wird angesprochen.					
	20	Es finden Übungsphasen statt.					
Str - Kon	21.	Das Gelernte wird auf neue Fragestellungen übertragen.					
	22.	Das Verhalten der Schüler/innen lässt erkennen, dass mehrere Lösungswege in Frage kommen.					
	23.	Die Schüler/innen sind aufmerksam, aktiv und engagiert.					
	24.	Die Schüler/innen kontrollieren oder bearbeiten ihre Arbeitsergebnisse.					
	25.	Die Schüler/innen nehmen zum eigenen Lernen Stellung.					
	26.	Die Schüler/innen praktizieren Formen des selbstregulierten Lernens.					
	27.	Der Unterricht eröffnet Freiräume.					
	28.	Die Schüler/innen gestalten den Unterricht aktiv mit.					
	29.	Die Schüler/innen zeigen in den Lehr- und Lernsituationen methodische Kompetenzen.					
Akt	30.	Die Lehrperson ist um eine breite Beteiligung bemüht.					
	31.	Die Lernarrangements (Medien, Material, Organisationsform) ermöglichen individuelles Lernen.					
	32.	Die Schüler/innen wählen zwischen unterschiedlichen Aufgaben, Medien oder Lernwegen (je nach Interesse, Lernpräferenz oder Vorkenntnissen).					
	33.	Die Lehrperson ist bemüht sicherzustellen, dass alle Schüler/innen den Unterrichtsinhalten folgen können.					
	34.	Es wird ein Helfersystem (tutorielles Lernen, Helferprinzip, „Lernen durch Lehren“) praktiziert.					
Dif	35.	Die Schüler/innen können phasenweise in indi-					

		viduellem Tempo lernen.					
Üf - Kom	36.	Sozial-kommunikative Kompetenz (Stichworte: Hilfsbereitschaft, Teamfähigkeit, Höflichkeit, Respekt, Mitleid).					
	37.	Sprachkompetenz (Stichworte: genauer Ausdruck, situationsangemessene Sprech- und Ausdrucksweise).					
	38.	Lernkompetenz (Stichworte: Selbstständigkeit, Lernstrategien und -techniken).					
	39.	Selbstkompetenz (Stichworte: Selbstkontrolle, Selbstvertrauen).					
	40.	Interkulturelle Kompetenz (bei Schulen mit ≥ 25% Schüler/innen mit Migrationshintergrund) (Bsp.: Wahrnehmung und Wertschätzung der jeweiligen nicht-deutschen Kultur und Sprache).					

Legende:

--	trifft nicht zu	Klas	Klassenmanagement
-	trifft eher nicht zu	LeKl	Lernförderndes Klima
+	trifft eher zu	Mo	Motivierung
++	trifft zu	Str	Strukturierung
X	nicht beurteilbar	Kon	Konsolidierung
		Akt	Aktivierung
		Dif	Differenzierung
		Üf Ko:	Akzentuierung überfachlicher Kompetenzen.

Der Fragebogen arbeitet mit sechs Hauptkategorien: Klassenmanagement bezieht sich auf die Führung der Klasse und der Herstellung eines gemeinsamen Ordnungsrahmens; lernförderndes Klima/Motivierung spricht das professionelle Verhältnis von Lehrkraft und Lerngruppe an; Strukturierung/Konsolidierung meint die didaktische Aufbereitung der Stunde; Aktivierung stellt die Schüleraktivität und breite Beteiligung in den Mittelpunkt; Differenzierung zielt auf individuellen Unterricht ab und Akzentuierung überfachlicher Kompetenzen meint die Betonung von Kompetenzen über das Fach hinausgehend. Der Fragebogen berücksichtigt Erkenntnisse der Lehr-Lernforschung (z.B. Classroom-Management, selbstorganisiertes Lernen, strukturierter Unterricht, individuelles Lernen), indem Kategorien und Operationalisierungen gebildet werden, um guten Unterricht bewerten zu können.

Zu dieser quantitativen Vorlage kommt ein qualitativer „Appendix" hinzu, der die einzelnen Items mit Inhalten aus dem konkret beobachteten Unterricht füllt. Dazu ein Beispiel:

„Die Zeit wird für Lernen genutzt:

- + Pünktlichkeit der LP und SCH
- + Material und Geräte liegen bereit
- + Auslagerung von „Administrativa" und „Orgakram"
- - Leerlauf
- - Zeitverlust durch Probleme mit Technik" (Helmke 2009, 295).

Welchen Vorteil bietet nun ein solches Instrument? Es gibt eine breite Übersicht über bestimmte Kategorien, verhilft zur schnellen Orientierung, ermöglicht Vergleichbarkeit der Kategorien, das Füllen mit empirischem Material gewährleistet die Rückbindung an die konkrete Stunde.

Welche Nachteile bestehen trotzdem? Es wird ein Lernbegriff angewendet, der vorformulierte Erwartungen an den Unterricht heranträgt.

Der Fragebogen eignet sich besonders, wenn die Klassen bekannt sind. Es kann schnell deutlich werden, welche didaktischen und pädagogischen Maßnahmen gegriffen haben und welche nicht. Weiterhin soll es dazu sensibilisieren, ein spezifisches Angebot an die Klasse zu machen: Helmke drückt dies in einem Interview so aus: „Ein und derselbe Unterricht kann für einen Teil der Schülerinnen und Schüler günstig, für einen anderen Teil eher von Nachteil sein. Schüler mit geringerem Vorkenntnisniveau und geringerer Sprachkompetenz benötigen beispielsweise deutlich mehr Vorgaben und Feedback als leistungsstärkere. Letztere profitieren mehr von offenen Lernsituationen und entdeckenlassendem Lernen. Aber grundsätzlich gilt: Die Forschung liefert keine stromlinienförmig umsetzbaren Handlungsanweisungen für den Unterricht, geschweige denn Rezepte, sondern ermöglicht eine Sensibilisierung des Lehrenden für wichtige Einflüsse auf das Unterrichtsgeschehen" (Helmke 2007). Darum geht es: Zu sensibilisieren, bewusst zu machen, welche Variablen wie auf den Unterricht einwirken. Dazu soll das Schema dienen.

Ein qualitatives Instrument wurde extra für Unterrichtsbesuche und Unterrichtsbeobachtungen entwickelt. Es wurde in einer empirischen Try-Out-Phase erprobt und hat sich für Unterrichtsbeobachtungen mit anschließender Beratung oder Benotung bewährt:

Abb. 48 Beobachtungsbogen Religionsunterricht

Statistische Daten

Name		Seminar	
Datum		Uhrzeit	
Schule		Klasse	
Thema		Lehrplanbezug	

1. Unterrichtsplanung

Kategorien	Beratungspunkte
Elementarisierung	
Sequenzplanung	
U-verlaufsplan	
Lernziele	
Korrelation	deduktiv o induktiv o abduktiv o Nicht-Schließen o

2. Unterrichtsdurchführung

Analyse der Lerngruppe

Statistik	Zahl		m	w	homogen o	heterogen o
Raum	groß o	mittel o	klein o	Besonderheiten:		
Sitzordnung	frontal o U-Form o erweiterte U-Form o Gruppen o Sonstige:					
Mitarbeit Schüler/in	++	+	0	-	--	
Störungen Schüler/in	++	+	0	-	--	
Auffälligkeiten						
Heft/Mappe						

Didaktische Maßnahmen

Phase	Inhalt: Strukturierung Balance	Sozialformen: Rhythmisierung Angemessenheit	Medien: Multikodierung Lesbarkeit
Be			
Au			
Th			
Er			
Si			
An			
Be			

Klassenführung

Kategorien	Beratungspunkte
Lernstruktur schaffen	☺
	➡
Lernatmosphäre schaffen	☺
	➡
Störprävention	☺
	➡
Verhalten (Stimme, Gestik, Bewegung)	☺
	➡

3. Unterrichtsreflexion

Begründung eigenes Verhalten	
Lernzuwachs bei SuS	
rp. Fachterminologie	
Bereitschaft	

Gesamtbewertung: __________

Rekonstruktion der Stunde

Z	Tz	Ph	In	So	Me	Kommentar
		Be				
		Au				
		Th				
		Er Be Ke Se Ve In Zu				
		Si				
		Tr/ An				
		Be				

Abkürzungen siehe Kapitel 2.1

Der Beobachtungsbogen zum Religionsunterricht enthält Kategorien, die erklärt werden müssen.

Am Beginn stehen statistische Angaben zur beobachteten Klasse. Danach folgt die Abfolge der Beobachtung im Dreischritt Unterrichtsplanung-Unterrichtsdurchführung-Unterrichtsreflexion:

Die Unterrichtsplanung berücksichtigt fünf Kategorien, die in der Planung eine besondere Rolle spielen. Es geht darum, Stärken aufzudecken und an bisherigen Schwächen zu arbeiten, sie zu verbessern. Die ersten vier Kategorien beziehen sich auf die Erstellung einer schriftlichen Unterrichtsplanung, die fünfte Kategorie (Korrelation) berücksichtigt die strukturelle Metaebene der Planung.

Die Unterrichtsdurchführung ist dreigeteilt in die Punkte Analyse der Lerngruppe, Didaktische Maßnahmen und Klassenführung. Vor einer vorschnellen Bewertung des Lehrerhandelns steht zuerst die Analyse der Lerngruppe. Vor dem „Therapievorschlag" erfolgt also die Diagnose. Hierzu werden einige Kategorien aufgeführt, die aus der Unterrichtsplanung heraus oder im Verlauf der Stunde für den Berater erkennbar sind. Die Analyse der Lerngruppe anhand einiger zentraler Kategorien soll die Lerngruppe in den Blick nehmen, um einer Subsumtionslogik entgegenzuwirken, d.h. nicht allgemeine Kategorien auf die Gruppe zu übertragen. Dies dient gleichzeitig der Vorbereitung der späteren Reflexion. An die Analyse schließen sich dann die didaktischen Maßnahmen an, d.h. welche didaktischen Schritte ergriffen werden, die zur diagnostizierten Lerngruppe passen. Die Kategorien hierzu stammen aus dem Unterrichtsverlaufsplan und werden hier mit Kommentaren versehen. Die Orientierung am Unterrichtsverlaufsplan ermöglicht eine chronologische, sequenzielle Besprechung der Stunde und springt damit nicht von Kategorie zu Kategorie. Gerade am sequenziellen Vorgehen werden Entscheidungen der Lehrkraft nochmals deutlich und begründbar. Die Klassenführung schließlich nimmt Kategorien aus dem Classroom-Management auf und erweitert sie durch die Kategorie des Lehrerverhaltens. Auch der Lehrer oder die Lehrerin ist natürlich Teil der Interaktion und sollte berücksichtigt werden. Die Symbole sollen ausdrücken, was sehr gut gelungen war, welche Ressourcen vorhanden sind, aber auch, an welchem Bereich des Habitus noch gearbeitet werden kann.

Die Unterrichtsreflexion schließlich will die bisherige Beobachtung zusammen mit dem Beratenden durchspielen. Hierbei werden die Kategorien Begründung des eigenen Verhaltens, Lernzuwachs bei Schülerinnen und Schülern, religionspädagogische Fachterminologie sowie Bereitschaft zur Mitarbeit verwendet. Diese Kategorien sollen zeigen, inwiefern der zu Beratende sowohl kognitive Fähigkeiten zur reflektierten Praxis als auch die dazu nötige affektive Bereitschaft mitbringt, an seinem Habitus zu arbeiten, um den Unterricht zu verbessern.

Anhand dieser drei Bereiche erfolgt die Gesamtbewertung, falls eine Note erwartet oder gefordert wird. Dem halboffenen, leitfadengestützten Beobachtungsbogen wird eine Rekonstruktion des Unterrichts in Form eines

Unterrichtsverlaufsplans beigefügt. Dies dient der Veranschaulichung und nochmaligen Verortung der Kategorien, allerdings rechts mit einer Kommentarspalte, die auf den Beobachtungsbogen verweist.

Der Vorteil dieses halboffenen Beobachtungsbogens liegt darin, dass nur formale Kategorien zur Verfügung gestellt werden, die dann inhaltlich mit empirischem Material gefüllt werden. Es wird also kein vorformulierter inhaltlicher Erwartungshorizont an die Stunde herangetragen, sondern anhand von formalen Kategorien wird der didaktische Bezug zur Lerngruppe untersucht, zugleich soll die Fähigkeit des zu Beratenden geschult werden, seine Praxis kategoriengeleitet zu reflektieren.

Beratungsgespräche führen

Die vorherigen Instrumente können eingesetzt werden, um Unterricht zu reflektieren. Dies erfolgt vielmals in Form eines Beratungsgesprächs. Dabei gibt es mindestens drei unterschiedliche Formen dieses Gesprächs: Bewertung, kollegiale Beratung oder wissenschaftliche Analyse.

Das Beratungsgespräch als Bewertung ist im Kontext der Ausbildung in der ersten und zweiten Phase oder auch der dienstlichen Beurteilung in der dritten Phase der Lehrerbildung situiert. Aufgrund der hierarchischen Struktur zwischen Ausbilder/Vorgesetztem und Auszubildendem/Untergebenen ist es trotzt allen Wohlwollens immer eine Prüfungs- oder zumindest Bewährungssituation. Es geht darum, möglichst „guten“ Religionsunterricht zu zeigen, um den Besucher zu überzeugen. Diese Beratung wird dokumentiert und kommt auch in die Personalakte, ist damit Teil der Berufsbiographie. Schon daran zeigt sich die Eigenstruktur dieser Form der Beratung. Hier sollten die Kriterien des Beratenden möglichst vorher transparent und dem Beratenden zugänglich sein.

Einen anderen Kontext hat die kollegiale Beratung. Sie dient der „Stärkung der Handlungskompetenz..., indem sie einen neuen Blick ermöglicht und Lösungen anbietet (Schmid 2005, 319). Ziel ist es, den Unterricht des Besuchten in einer neuen Dimension wahrzunehmen und Lösungen für problematische Situationen aufzuzeigen, um den Unterricht zu verbessern. Die kollegiale Beratung ist verhältnismäßig offen, ein halboffener Leitfaden ist jedoch von Vorteil, um sich der eigenen Bewertungsmuster bewusst zu werden. Schmid hat hierzu ein Stufenmodell entwickelt: Hospitation - Beratungsgespräch mit den fünf Stufen (1) Eindrücke der Lehrkraft, (2) Beobachtungen des Beraters, (3) Allgemeine Eindrücke des Beraters, (4) Reflexion des Unterrichts, (5) Was der Lehrkraft im Beratungsgespräch wichtig wurde - allgemeine Niederschrift ohne Eingang in die Personalakte (vgl. Schmid 2005, 320ff). Die Beratung wird nur formal, nicht inhaltlich-bewertend dokumentiert, das Gesprochene bleibt im Forum internum. Das Modell dient dazu, strukturiert die Beratung anzugehen. Häufig ist die kollegiale Beratung reziprok, d.h. auf der Grundlage eines Vertrauensverhältnisses besuchen und unterstützten sich die Lehrenden gegenseitig.

Die wissenschaftliche Analyse schließlich zielt nicht auf den konkreten Unterricht, sondern untersucht allgemeine Strukturen des Unterrichts unabhängig vom jeweiligen Fall. Ziel ist es, im Fallvergleich und Fallkontrastierung Erkenntnisse über Unterrichtsprozesse und deren Abhängigkeitsvariablen herauszufinden. Es soll deutlich werden, welche Strukturen dem Unterricht zugrunde liegen und welche Bedingungen darauf einwirken. Die Fragestellung: „Wie können Religionslehrerinnen und Religionslehrer auf Schülerbeiträge reagieren und welche Bedingungen wirken darauf ein?" ist z.B. eine solche wissenschaftliche Analyse (vgl. Heil 2006a). Die Prozesse werden computergestützt anonymisiert dokumentiert und veröffentlicht, ohne Rückschlüsse auf die beteiligten Personen schließen zu können. Dabei entstehen als Ergebnis neue Theorien zum Unterricht.

Für den Beratenden ist es wichtig, die Rahmenbedingungen und damit die jeweiligen Rollen des Beratungsgesprächs zu klären und die einzelnen Muster nicht zu vertauschen. Ein Beratungsgespräch in der Ausbildung ist nun mal keine kollegiale Beratung und sollte nicht verwechselt werden. Dies muss beim Beratungsgespräch unbedingt berücksichtigt werden.

Lernzuwachs evaluieren

Ziel professioneller Lehrerarbeit ist es, partizipative Lernsituationen herzustellen, damit Schülerinnen und Schüler ihr Lernrepertoire erweitern können - alle anderen didaktischen, persönlichen oder institutionellen Maßnahmen sind Mittel zum Erreichen dieses Ziels. Dies soll hier nochmals betont werden, um den eigentlichen Zweck des Lehrerhandelns nicht aus den Augen zu verlieren. Dieses Ziel muss in mehrfacher Weise evaluiert werden. Dabei können kognitive, affektive, soziale und psychomotorische Bereiche evaluiert werden. Im Folgenden wird anhand eines Beispiels der jeweilige Kernbereich kurz vorgestellt.

Kognitiv

Evaluationen des Lernzuwachses im kognitiven Bereich gehören zum Schulalltag, meist über schriftliche und mündliche Leistungsmessungen wie Schulaufgaben, Kurzarbeiten, Stegreifaufgaben, Rechenschaftsablagen, mündliche Mitarbeit oder auch über alternative Formen wie Portfolio, Projektarbeit, Referat, Monitoringtests u.a. Schriftliche (aber auch mündliche) Aufgabenformen folgen der aus der Lernzieltaxonomie bekannten Stufenabfolge Reproduktion, Reorganisation, Transfer und Problemlösen (siehe Kap. 2.1). Hierzu einige Erläuterungen und Beispiele aus der Handreichung „Herausforderung Quali" (RPZ Heilsbronn/RPZ Bayern 2011, 10 ff., z.T. ergänzt), die neben der Hauptschule auch für alle anderen Schulformen exemplarisch sind:

„Reproduktion
Der Schüler bearbeitet Sach- und Wissensfragen, die genauso im Unterricht behandelt wurden. Verlangt wird die einfache Wiedergabe von Daten, Namen, Begriffen, Sachzusammenhängen und zusammengefassten Informationen aus dem Gedächtnis.
Formulierungsvorschläge: Nenne; Zähle auf; Berichte; Beschreibe; Kreuze das Richtige an.

Beispiele: Ergänze den Lückentext: Jesus wurde in ____________ geboren. Nenne drei Menschenrechte. Zähle die vier Evangelisten auf.

Reorganisation
Der Schüler verarbeitet den gelernten Stoff selbständig. Dabei ist er in der Lage Kürzungen, Ergänzungen, Vergleiche und Akzentuierungen vorzunehmen. Hier wird eine selbständige Anordnung und Gliederung von Gelerntem auf eine entsprechende Zielfrage hin erwartet.
Formulierungsvorschläge: Erkläre; Vergleiche; Stelle Zusammenhänge her zwischen; Ordne; Stelle zusammen; Gliedere; Erläutere

Beispiele: Erläutere den Sinn der „Ich-bin-Worte" Jesu aus Joh 15,5. Vergleiche Joh 15,5 mit Joh 6,35.

Transfer
Der Schüler überträgt Grundprinzipien des Gelernten auf neue, wenn auch ähnliche Aufgabenstellungen. Transfer erfordert die Anwendung und Übertragung prinzipieller Erkenntnisse aus einem Lernvorgang auf Sachverhalte, die von denselben Erkenntnissen her erschlossen werden können.
Formulierungsvorschläge: Übertrage auf folgendes Beispiel; Wende an, Erarbeite

Beispiele: Wende die Bergpredigt Jesu auf heutige Beispiele an. Übertrage das sechste Gebot auf ein Beispiel aus der heutigen Zeit.

Problemlösendes Denken
Der Schüler löst auf der Basis des gelernten Stoffes in kreativer Weise Aufgaben mit relativ neuen Strukturen. Es ist eine selbständige schöpferische Leistung zu erbringen, indem in vorgegebenen problemhaltigen Sachverhalten das Problem erkannt und formuliert und mit Hilfe selbst arrangierter Strategien und Methoden gelöst wird.

Formulierungsvorschläge: Analysiere; Beurteile; Entwickle einen Lösungsvorschlag zu; Nimm kritisch Stellung zu; Entscheide, Untersuche Alternativen zu.

Beispiele:
Untersuche Alternativen zu Jesu Handeln während des Pessah-Festes in Jerusalem.
Analysiere die Situation vor der Einberufung des II Vaticanums anhand der folgenden beiden Texte.

Affektiv
Eine Evaluation im affektiven Bereich ist in der Schule eher untypisch - obschon gerade der Religionsunterricht einige Lehrplanthemen gerade aus dem affektiven Bereich enthält und dem Religionsunterricht eine besondere Rolle bei der Wertebildung in der Schule zukommt. Zur Evaluation im affektiven Bereich können qualitative und quantitative Instrumente der Erhebung aus der empirischen Sozialforschung eingesetzt werden wie z.B. Interviews, Kinderzeichnungen oder Fragebögen. Instrumente zur Erhebung von Einstellungen haben sich in der empirischen Religionspädagogik bewährt. Dabei ist zu unterscheiden zwischen der Konzeptualisierung und der Operationalisierung.

In der Phase der Konzeptualisierung wird eine Bandbreite an Kategorien für eine Fragestellung entworfen, entweder als Typen anhand von bestimmten Vergleichsdimensionen oder als Übernahme theoretischer Kategorien zu einem bestimmten Thema.

In der Phase der Operationalisierung werden den Kategorien empirisch erforschbare Instrumente zugeordnet wie z.B. Items (Aussagesätze) in Fragebögen. Die Operationalisierung setzt die in der Konzeptualisierung entworfenen Kategorien so um, dass sie für die jeweilige Zielgruppe empirisch erforschbar sind.

Ein Beispiel: In einer Studie zu Weltbildern Jugendlicher haben Ziebertz und Riegel in der Phase der Konzeptualisierung dreizehn unterschiedliche Zugänge zur Welt als Kategorien verwendet: Pragmatismus, Humanismus, Naturalismus, Deismus, Kosmologie, Immanenz, Nihilismus, Atheismus, Religionskritik, Agnostizismus, Universalismus, Metatheismus sowie Pantheismus (siehe Ziebertz/Riegel 2008, 207ff.). In der Phase der Operationalisierung werden diesen Kategorien nun jeweils Items (Satzaussagen) zugeordnet, z.B. Christentum: „Gott ist für mich `der Gott der Bibel´. Es gibt einen Gott, der sich in Jesus Christus zu erkennen gegeben hat“ oder Pragmatismus: „Was das Leben bedeutet, muss jeder mit sich selbst ausmachen; Für mich besteht der Sinn des Lebens darin, dass man versucht, das Beste daraus zu machen“. Dieser Vorgang der Formulierung von Items für Kategorien muss für alle Kategorien weitergeführt werden. Man verwendet ca. 4-5 Items pro Kategorie. Dies kann natürlich im alltäglichen Gebrauch reduziert werden; es muss aber deutlich werden, dass hinter den einzelnen Aussagen (Items) unterschiedliche Kategorien stehen und die Aussagen nicht willkürlich zusammengestellt sind.

Mit einem solchen oder ähnlichen Fragebogen können Einstellungen zu allen Bereichen und - nach einiger Zeit neu vorgelegt - Unterschiede und Entwicklungen gemessen werden. Um gleich einem Missverständnis vorzubeugen: Selbstverständlich gibt es auf Einstellungen keine Noten - aber es ist wichtig zu erfahren, ob z.B. „Ehrfurcht vor Gott“ auch im Religionsunterricht erreicht worden ist.

Sozial
Der soziale Bereich wird ebenfalls relativ wenig evaluiert. Instrumente der Erhebung sind z.B. das Einzel- oder das Gruppen-Interview, der Kummerkasten oder das quantitative Schülerfeedback. Wichtig ist es, eine Feedback-Kultur zu entwickeln, um das Ziel nicht aus den Augen zu verlieren. Ein Beispiel hierfür ist die Methode des SGD (survey guided development), wie sie in Kapitel 4.1 vorgestellt worden ist. Diese Methode ist geeignet, mehr über die Schülerinnen und Schüler und ihre Bewertung des Unterrichts zu erfahren und den eigenen Unterricht zusammen mit den Schülerinnen und Schülern zu verbessern.
Das folgende Beispiel geht kategoriengeleitet vor, indem es bestimmte Dimensionen des Unterrichts von Schülerinnen und Schülern bewerten lässt, einschließlich der eigenen Rolle im Unterrichtsgeschehen als Teilnehmende, nicht nur Beobachter. Das Beispiel zur Evaluation ist in unterschiedlicher Form mehrfach eingesetzt und bewährt (Heil/Prokopf 2001; Ziebertz/Kalbheim/Riegel 2003; Ziebertz/Riegel 2008). Es kann beliebig modifiziert und dem eigenen Unterricht angepasst werden. Auch ist es sinnvoll, die Evaluation in der Mitte des Schuljahres und nicht erst am Ende durchzuführen; erstens kennt man dann die Lerngruppe bereits, zweitens können noch Veränderungen durchgeführt werden und drittens haben die Schülerinnen und Schüler die Möglichkeit, zusammen mit der Lehrkraft den Unterricht im zweiten Halbjahr zu entwickeln:

Abb. 49 Beispiel Evaluation des eigenen Unterrichts

Liebe Schülerin, lieber Schüler,
das Halbjahr neigt sich dem Ende zu. Es ist daher an der Zeit, ein Zwischenfazit zu ziehen. Es ist wichtig zu erfahren, wie Du Dich im Religionsunterricht siehst. Kreuze bitte eines der Kästchen von +2 bis -2 an. Die Zahlen bedeuten Folgendes:

+2 voll und ganz einverstanden
+1 einverstanden
0 teils einverstanden, teils nicht einverstanden
-1 nicht einverstanden
-2 ganz und gar nicht einverstanden

Vielen Dank für Deine Mitarbeit!!

1 Person (freiwillig)
Klasse________________________
Name_________________________

2 Der Stoff

Der Stoff war abwechslungsreich	+2	+1	0	-1	-2
Ich konnte eigene Erfahrungen einbringen	+2	+1	0	-1	-2
Die meiste Zeit habe ich mich gelangweilt	+2	+1	0	-1	-2
Wir hätten mehr aus der Bibel machen müssen	+2	+1	0	-1	-2
Ich weiß nun doch mehr als vorher	+2	+1	0	-1	-2
Ich nehme den Stoff sowieso nicht ernst	+2	+1	0	-1	-2
Der Religionsunterricht hat mir nicht viel gebracht	+2	+1	0	-1	-2
Ich kann nun besser über religiöse Fragen sprechen	+2	+1	0	-1	-2

Bitte bewerte die durchgenommenen Themen nach Schulnoten von 1-6:

Thema	Note
Judentum und Christentum	
Freiheit und Aufbruch im AT	
Ich und die anderen	

Was hat Dich bei den negativ bewerteten Themen am meisten gestört?

____

____

Was hat Dir bei den positiv bewerteten Themen am besten gefallen?

____

____

3 Der Unterricht

Der Lehrer kennt sich in seinem Fach aus	+2	+1	0	-1	-2
Die Klasse ist zu laut	+2	+1	0	-1	-2
Es gibt zu gute Noten	+2	+1	0	-1	-2
Ich kann mich gut einbringen	+2	+1	0	-1	-2
Wir sollten mehr in Gruppen arbeiten	+2	+1	0	-1	-2
Einzelne aus der Klasse stören den Unterricht	+2	+1	0	-1	-2
Wir sollten mehr beten	+2	+1	0	-1	-2
Ich würde gerne noch besser mitarbeiten	+2	+1	0	-1	-2

Anmerkungen

___

Bitte bewerte die eingesetzten Medien nach Schulnoten

Medium	Note
Filme	
Texte	
PC und Beamer	
CD	
Overheadfolien	
Arbeitsblätter	
Lieder	
Internet	
Buch	
Sonstige	

Anmerkungen

___

4 Dein Verhältnis zur Religion

Ich glaube an Gott oder an eine höhere Macht	+2	+1	0	-1	-2
Glaube finde ich altmodisch	+2	+1	0	-1	-2
Meine Eltern haben mich religiös erzogen	+2	+1	0	-1	-2
Wenn ich heirate, dann auch kirchlich	+2	+1	0	-1	-2
Ich glaube an einen persönlichen Gott	+2	+1	0	-1	-2
Ich spreche mit meinen Eltern über religiöse Dinge	+2	+1	0	-1	-2
Ich bete manchmal	+2	+1	0	-1	-2
Religion ist wichtig für unser Zusammenleben	+2	+1	0	-1	-2

5 Willst Du abschließend noch etwas sagen?

___

___“

So oder ähnlich könnte ein Feedback-Bogen aussehen. Es können natürlich noch weitere Kategorien hinzukommen wie Schulleben, Interaktion in der Klasse u.a.; der Feedback-Bogen sollte jedoch nicht zu lange sein und das Ziel verfolgen, den Unterricht zu verbessern.

Psychomotorisch
Die psychomotorische Evaluation bezieht sich auf den Ablauf von Bewegungsmustern. Eine Abfrage über diese Muster ist kognitiv, sie müssen körperlich gezeigt werden können. Hier eigenen sich Simulationen und kontextuelle Einbindung: Die Bewegungsmuster im Gottesdienstverlauf zum Beispiel können erst in der Klasse simuliert und dann im Kirchenraum kontextuell eingebunden werden. Simulation und kontextuelle Einbindung sind dann aufeinander bezogen. Auf diese Weise können Bewegungsmuster internalisiert und auch in der Situation selbst abgerufen werden.

Fazit
Die vorgeschlagenen Reflexionsmethoden dienen dazu, selbst zu reflektieren, was „guter RU" eigentlich ist, um den RU weiterzuentwickeln. Für die Reflexion in den einzelnen Bereichen ist es wichtig, sich bewusst zu werden, welche Kriterien und Kategorien an den eigenen oder beobachteten RU angelegt werden. Dadurch bleibt der RU in Bewegung im Sinne der Reflexion.

6.2 Umgang mit Neuem: Deutung neuer Situationen

Der zweite Reflexionsbereich im Habitusmodell zeigt den Umgang mit Neuem auf. Das Eingehen auf Neues, im Religionsunterricht spezifisch das Eingehen auf religiöse Pluralität, aber natürlich wie in jedem anderen Fach auch die Deutung neuer Situationen, ist ein zentrales Kennzeichen von Professionalität. Beispielhaft wird hier die Kompetenz zur reflexiven Deutung neuer Situationen vorgestellt.

Problematische Situation

In einem Interview zum Religionslehrerhabitus fasst Herr Strothmann am Ende des Interviews seine Sicht auf den Lehrerberuf wie folgt zusammen (vgl. Heil 2006a):

Abb. 50 Experteninterview Lehrerhabitus

„Interviewer: Wollen Sie abschließend noch irgendetwas sagen? Es ist jetzt
das Interview dann vorbei.
Strothmann: Ja, ich hab eigentlich, äh, wie gesagt, äh, sehr viel, denk ich,
gesagt, vielleicht Manches nicht deutlich genug, vielleicht Manches doch
sehr deutlich.
Ich seh' es natürlich, meinen Beruf, den ich mache, also sehr realistisch auch.
Ich sehe das also nicht so pädagogisch verbrämt: `Alle sind liebe Kinderlein,
ach ja und es ist alles nicht so schlimm.`
Und ich gebe schon zu, dass mir diese beide Klassen schon etwas zu
schaffen machen. Auch jetzt, auch wenn Manches etwas besser läuft.
Ganz einfach, weil ich nie weiß, was geschieht heute wieder,
wie ist dieser oder jener drauf, was wird ganz einfach vorkommen,
ähm, weil ich dann doch ein Stück weit, äh meine, ich stehe irgendwo auch
ein wenig hilflos da.
Und das verursacht immer so eine gewisse Unsicherheit oder,
ja ich sags durchaus, manchmal auch etwas Ängste.
Ich versuche diese Angst zu unterdrücken, aber sie ist irgendwo latent da.
Und das zehrt natürlich dann auch schon ein bisschen an den Nerven.
Und deswegen habe ich Ihnen auch die Situation, so wie ich sie sehe,
realistisch geschildert.
Aber ich darf Ihnen versichern, dass andere Lehrkräfte, die jetzt nicht dieses
Fach unterrichten, die aber gleichaltrig etwa mit mir sind, an der Schule sind
und andere Fächer oder die in diesen Klassen unterrichten,
dass die wohl das auch so ähnlich sehen und sagen:
´Du liegst mit deinen Äußerungen gar nicht so falsch, wir denken ähnlich,
empfinden ähnlich.´
Ja.
Interviewer: Ich bedanke mich, Herr S., für die Offenheit, vielen Dank."

Im ersten Schritt einer qualitativen Inhaltsanalyse lässt sich der Interviewtext in mehrere Sinneinheiten (Sequenzen) unterteilen:

Z1-2: Der Interviewer gibt am Ende eines ca. 45-minütigen Interviews zum Lehrerhabitus anhand von Videomitschnitten von zwei gerade gehaltenen Unterrichtsstunden in achten Klassen der Hauptschule (die Methode dazu heißt „Video Stimulated Recall“) dem interviewten Lehrer die Gelegenheit, abschließend nochmals das Wichtigste seiner Aussagen zu akzentuieren. Der Nachsatz „Es ist jetzt das Interview dann vorbei“ unterstreicht diese Endgültigkeit und letzte Gelegenheit zur Stellungnahme.

3-5: Herr Strothmann nimmt den Impuls formal auf und wehrt ihn vorerst ab, das Füllwort „eigentlich“ weist aber darauf hin, dass noch etwas gesagt werden kann. Auch der Nachsatz ist eher allgemein gehalten und bringt keine inhaltlichen Neuerungen.

6-8: Herr Strothmann versucht nach der anfänglichen Abwehrhaltung aber dann doch noch eine allgemeine inhaltliche Zusammenfassung des Interviews und seiner geschilderten Positionen. Er weist Verniedlichungen zurück und nimmt für sich in Anspruch, die Realität des Lehrerberufs zu sehen. Der Ausdruck „pädagogisch verbrämt“ impliziert eine Kritik an beschönigenden und zu theorielastigen Herangehensweisen an den Lehrerberuf. Herr Strothmann positioniert sich dadurch als realistischer Praktiker ohne Beschönigungen.

9-10: Nach den allgemeinen Ausführungen und seiner Positionierung kommt Herr Stothmann nun doch noch einmal auf die beiden Klassen zu sprechen, von denen vorher jeweils eine Stunde aufgezeichnet worden ist. Das Demonstrativpronomen „diese“ leitet auf die Konkretisierungen des Bisherigen hin. Aufgrund seiner Positionierung als realistischer Praktiker kann Herr Strothmann nun „zugeben“, dass ihm die Klasse „etwas zu schaffen“ macht. Das Numerale „etwas“ schwächt das Eingeständnis wieder ab, auch der Nachsatz suggeriert, dass Herr Strothmann mit der Klasse zurechtkommt.

11-12: Nun liefert Herr Stothmann die Begründung dafür, dass ihm die Klasen zu schaffen machen. Die Begründung „weil ich nie weiß, was geschieht heute wieder“ spricht ein Konstitutivum des Lehrerberufs an, die tägliche Unsicherheit und Unplanbarkeit des Berufs, das Reagieren-Müssens auf Neues. Diese strukturelle Offenheit ist für Herrn Strothmann der Kern des Problems. Er konkretisiert dieses Problem am Schülerverhalten („wie ist dieser oder jener drauf“) in der maskulinen Form, was auf den Umgang mit den Jungen schließen lässt. Der Nachsatz („was wird ganz einfach vorkommen“) leitet über ins Allgemeine, was wiederum eine Paraphrase für die strukturelle Unsicherheit und Nicht-Vorhersehbarkeit des Lehrerberufs ist.

13-16: Nach dieser Analyse benennt Herr Strothmann die Folgen der strukturellen Unsicherheit, Hilflosigkeit, Unsicherheit und Ängste. Die Unsicherheit beschreibt Herr Strothmann anschaulich als in der Situation befindlich („stehe da“), Unsicherheit und Ängste sind „immer“ da.

17-18: Danach folgt die Strategie, mit der Herr Strothmann die Folgen zu bearbeiten sucht („unterdrücken"), jedoch ohne größeren Erfolg. Im Gegenteil wirkt sich dies auch auf die Persönlichkeit aus, es „zerrt an den Nerven".

19-20: Nach diesen inhaltlichen Ausführungen begründet Herr Strothmann nun nochmals seine Position. Wiederum verwendet er das Adverb „realistisch" zur Unterstreichung seines Standpunktes. Ein Umgang mit der strukturellen Unsicherheit ist es, dieser ins Auge zu blicken, sie „realistisch" zu schildern.

21-26: Herr Strothmann weitet diese Position nun aus, indem er auch andere, gleichaltrige Kollegen als Gewährsleute für seine Position anführt. Kriterium für die Belastung durch die strukturelle Unplanbarkeit ist nach Herrn Strothmann das Alter, nicht das Fach Religion.

27: Das abschließende „Ja" unterstreicht nochmal das Gesagte, Herr Strothmann setzt damit einen Schlusspunkt und drückt mit dem ja aus, dass er auch inhaltlich hinter seinen Aussagen steht.

28: Der Interviewer dankt und bewertet auch die Aussagen positiv (Offenheit), anscheinend hat Herr Strothmann etwas preisgegeben, was sonst eher nicht gesagt wird.

Die Darstellung des Interviews und der erste Schritt der qualitativen Inhaltsanalyse stellen die strukturelle Unplanbarkeit als Konstitutivum des Lehrerberufs heraus. Herr Strothmann drückt dies prägnant in dem Satz aus: „weil ich nie weiß, was geschieht heute wieder". Nicht jeder geht damit wie Herr Strothmann um: Es bleibt aber die tägliche Herausforderung für (Religions-) Lehrerinnen und Lehrer, auf Unplanbares, Neues eingehen zu müssen, sonst tritt die Situation ein, die Herr Strothmann beschrieben hat: „ich stehe irgendwo auch ein wenig hilflos da".

Hermeneutik von Fällen

Neue Situationen, die strukturell konstitutiv für den Lehrerberuf sind, also in der täglichen Praxis immer auftauchen, müssen gedeutet werden, um adäquat handeln zu können. Die reflexive Deutung von Unterrichtssituationen soll hier vorgestellt und trainiert werden. Das Einüben von Deutungen zu unbekannten Situationen kann helfen ein Repertoire aufzubauen, um ähnliche Situationen später gezielter einschätzen und bewältigen zu können. Um sich auf diese strukturelle Unwägbarkeit wenigstens ansatzweise vorzubereiten ist es sinnvoll, die hermeneutischen Fähigkeiten zu schulen. Dies meint, unterschiedliche Situationen wahrzunehmen und deren Sinn zu entschlüsseln. Dies kann am fallbasierten Lernen erfolgen.

Der Begriff des „Falls" stammt auf den ersten Blick nicht aus der didaktischen Fachsprache des Lehrerberufs. An einen Fall denkt man eher im kriminalistischen, juristischen oder medizinischen professionellen Bereich: Der Kommissar hat einen Mordfall zu lösen, der Arzt einen Krankheitsfall, der Jurist einen Rechtsfall. Dass der Lehrer oder die Lehrerin täglich einen „Lernfall" oder auf längere Sicht einen „Bildungsfall" zu lösen hat, ist zumindest in der Sprache - noch - nicht verankert, wenn auch im täglichen Alltag vorhanden. Professionelle Lehrerinnen und Lehrer müssen sich täglich auf neue Lernfälle einstellen mit der Frage, wie bringe ich inhaltliche Themen und genau die Schülerinnen und Schüler in einer bestimmten Klasse zusammen, um Lernen zu ermöglichen. Geschieht dies in einem zeitlich längeren Zusammenhang, dann kann man von einem Bildungsfall sprechen.

Die Arbeit am Fall gehört neben der theoretischen Ausbildung zum unverzichtbaren Bestandteil der Professionalisierung in jedem Beruf - nur durch die Anwendung des Gelernten in konkreten Situationen kann ein Fallrepertoire aufgebaut werden, das als Grundlage für professionelles Handeln überhaupt dient. Je mehr Fälle in der Berufsbiographie bearbeitet werden, desto mehr Repertoire steht dem Profi in seinem Bereich zu Verfügung. Seit der empirischen Wende in der Pädagogik hat sich die Bedeutung der Fallarbeit auch in der Professionalisierung von Lehrerinnen und Lehrern durchgesetzt - z.B. durch die Errichtung eines Online-Fallarchivs (http://www.fallarchiv.uni-kassel.de/startseiten/suche.php) oder verschiedener Publikationen zur Fallarbeit in der Religionslehrerbildung (exemplarisch Kliemann/Schweitzer 2007) oder zum Forschenden Lernen (Freudenberger-Lötz 2007). Die Fallarbeit gehört damit zum unverzichtbaren Bestandteil der Lehrerbildung in allen drei Phasen. Was aber ist überhaupt ein Fall? Und welche Struktur weisen Lernfälle im Lehrerhandeln auf?

Fallbegriff: Besonderes und Allgemeines

Ein Fall ist ein besonderes, problematisches Ereignis innerhalb einer bestimmten professionellen Domäne. Er ist singulär und einmalig - deshalb ist der Begriff Einzelfall auch ein Pleonasmus, da ein Fall immer besonders ist (Kelle/Kluge 2010). In einem Fall zeigt sich die Besonderheit einer konkreten Situation - der Fall passiert in einem einmaligen zeitlichen und räumlichen Kontext. Gleichwohl enthält ein Fall immer auch allgemeine Muster, die ihn mit früheren Fällen vergleichbar und damit einordnetbar machen. Ein Fall ist nicht losgelöst von früheren Fällen; er impliziert regelgeleitete Muster, die mit Früher vergleichbar sind. Diese Allgemeinheit von Fällen ermöglicht erst Orientierung im professionellen Handeln.

Die „Fallstruktur" (Wernet 2000) setzt sich daher aus der Antinomie zwischen einem besonderen Ereignis und allgemeinen Mustern zusammen. Ein Mordfall z.B. findet immer in einer besonderen Situationen statt, zu einer bestimmten Zeit, an einem Ort, mit jeweiligen Tatwaffen usw. - der Fall enthält jedoch gleichzeitig allgemeine Muster, die ihn mit früher vergleichbar machen, z.B. das Milieu, die Ausführung oder sonstige Spuren am Tatort. In dieser Spannung von unbekannt (Besonderes) und bekannt (Allgemeines) muss der Fall geklärt werden.

Zwei Gefahren tuen sich hier auf: Erstens, wenn das bisherige Fallrepertoire sehr umfassend ist, besteht die Gefahr, das singuläre Ereignis zu missachten und nur noch Analogien zu früheren allgemeinen Mustern zu sehen: „Das ist jetzt genau so wie..." (reine Subsumtion). Zweitens, wenn das bisherige Fallrepertoire zu gering ist, besteht die entgegengesetzte Gefahr, nur die Besonderheiten zu sehen und allgemeine Muster zu vernachlässigen, die auf typische Merkmale schließen lassen: „Das ist alles neu" (reine Rekonstruktion). Die Lösung eines Falls muss die beiden Elemente Besonderes und Allgemeines abwägen - einerseits die Singularität des Ereignisses wahrnehmen, andererseits die strukturellen Muster kennen. Nur so kann ein Fall gelöst werden. Die Lösung eines Falls bedeutet, Hypothesen zu dessen Struktur zu entwerfen und demgemäß zu handeln. Ein Fall ist dann gelöst, wenn bestimmte Hypothesen zu seiner Lösung aufgestellt werden und diese auch zu einem Ergebnis führen, das das Problem aus der Lebenswelt auflöst.

Um diesen beiden Gefahren zu entgehen, bieten sich die Fallkontrastierung und der Fallvergleich an. Fallkontrastierung bedeutet, dass vorliegende Fälle anderen gegenüber gestellt werden, um eher das Allgemeine herauszufinden. Eine leistungsstarke Klasse wird z.B. mit einer leistungsschwachen kontrastiert um herauszufinden, was das allgemeine Muster „Leistung" bedeutet. Fallvergleich zielt dagegen darauf ab, ähnliche Fälle miteinander zu vergleichen, um nicht die Muster, aber die Besonderheit herauszufinden, z.B. der Vergleich von zwei leistungsstarken Klassen. Was macht die Besonderheit aus? Was fördert Leistung? könnten die Fragen sein.

Lernfall

Was ist nun ein Lernfall oder Bildungsfall im Lehrerberuf? Lehrerhandeln ist sehr komplex. In vielen Bereichen bestehen Gemeinsamkeiten zu anderen Professionen wie z.B. die Beratung (von Eltern und Schülern). Grundlegend unterscheidet sich jedoch die Fallarbeit in der didaktischen Situation der Klasse. Ist das Ziel des Lehrerhandelns die Herstellung von partizipativen Lernsituationen in einer bestimmten Klasse, dann ist der Fall die Lösung dieses Problems in dieser Klasse. Die Lösung des didaktischen Lernfalls besteht darin, genau dieser Klasse zum Lernen eines bestimmten Stoffes zu verhelfen. Dazu bedarf es wiederum der Doppelstruktur des Falls, einerseits die konkrete Klasse wahrzunehmen, andererseits allgemeine Muster z.B. der Jahrgangsstufe zu kennen und zu verwenden.

Es kommt nun hinzu, dass es sich beim didaktischen Lernfall nicht um eine dyadische Situation handelt, sondern um eine Gruppensituation. Der didaktische Fall bezieht sich immer auf die gesamte Klasse im Zusammenspiel der unterschiedlichen Individuen. Gerade das unterscheidet den didaktischen Lernfall von anderen Fällen. Die besondere Schwierigkeit ist immer der Bezug zur Klasse - nur der klassische Hauslehrer (oder neuerdings der Förderlehrer) hat es noch mit dyadischen Fällen zu tun.

Es gilt also, z.B. die 4., 5. oder 9. Klasse in ihrer Singularität wahrzunehmen und gleichzeitig übergreifende Strukturen zu früheren Klassen festzustellen. Die heutige 5. Klasse ist nicht grundsätzlich anders als die letztjährige, hat aber doch spezifische Unterschiede aufzuweisen - genauso wie die 5a anders und doch gleich der 5b ist. Dies erklärt z.B., warum eine Konzentration auf eine bestimmte Klassenstufe hilfreich sein kann - vorausgesetzt, die oben aufgeführten Gefahren werden vermieden. Diese Antinomie gilt es v.a. im Lehrerhandeln zu beachten. Ein didaktischer Fall ist also dann gelöst, wenn es gelingt, genau dieser Klasse zum Lernen zu verhelfen. Die Instrumente der Elementarisierung enthalten genau diese Struktur - die Klasse wahrzunehmen (elementare Erfahrungen) und übergreifende Strukturen herzustellen (elementare Zugänge).

Fallhermeneutik durch abduktive Analyse

Hermeneutik ist die Wissenschaft vom Verstehen. In unserem Fall die Wissenschaft vom Verstehen von Fällen, also von Situationen aus dem Schulalltag. Das Einüben von Verstehensprozessen von Fällen soll dazu dienen, auf unvorhergesehene Situationen besser vorbereitet zu sein, deren latenten Sinn zu erschließen, um angemessen reagieren zu können.

Es gibt in der Hermeneutik eine Vielzahl von Techniken, wie Sinn erschlossen werden kann. Eine Technik ist die qualitative Sozialforschung. Sie wird hier kurz vorgestellt, um eine Methode daraus auszuwählen, die für Fallhermeneutik besonders geeignet ist und auch im Buch schon vorgestellt wurde: die abduktive Analyse. Da die Analyse aus der qualitativen Sozialforschung stammt, zuerst einige Bemerkungen zu dieser sozialwissenschaftlichen hermeneutischen Methodik.

Die qualitative Sozialforschung ist ein Teil der empirischen Sozialforschung neben der quantitativen. Ihr Gegenstandsbereich ist die soziale Wirklichkeit, im religionspädagogischen Kontext die soziale Wirklichkeit von Lehr-Lernprozessen. Der religionspädagogischen qualitativen Sozialforschung als hermeneutische Wissenschaft geht es darum, den Sinn von religionspädagogischen Lehr-Lernprozessen zu rekonstruieren und Bedingungen dieses Sinns aufzuzeigen. Eine klassische Fragestellung ist z.B., was Jugendliche glauben und welche Bedingungen wie Schule, Elternhaus, Freunde, Kirche u.a. darauf einwirken.

Die qualitative Sozialforschung ist methodengeleitet. Sie kennt prinzipiell zwei Arten von Methoden: Kodierverfahren und sequenzielle Verfahren. Bei den Kodierverfahren werden Abschriften sozialer Wirklichkeit - Texte, Videos, Audios, Gegenstände - kodiert, verglichen und zu einer Theorie geordnet wie z.B. bei der qualitativen Inhaltsanalyse oder der Grounded Theory. Der Weg führt vom Text weg hin zu größeren Sinneinheiten. Der prägnante Satz aus dem obigen Interview „weil ich nie weiß, was geschieht heute wieder" entspricht z.B. dem Kode „strukturelle Ungewissheit". Dieses Verfahren ist theoriegeleitet. Bei der sequenziellen Analyse hingegen wird der Text extensiv analysiert wie bei der Objektiven Hermeneutik. Es entsteht mehr Text bei der Interpretation, als der Text selbst ausmacht. Zu dem Satz „weil ich nie weiß, was geschieht heute wieder" können z.B. verschiedene Lesarten seiner Bedeutung gebildet werden. Dieses Verfahren ist auch theoriegeleitet, aber eher vom Erkenntnisinteresse als von der Analyse her. Es ist daher für die hier vorgestellte Übung von einigem Interesse.

Einige Prinzipien der sequenziellen Analyse hat Wernet zusammengestellt (Wernet 2000 für das Verfahren der Objektiven Hermeneutik, was aber prinzipiell auch für andere sequenzielle Verfahren gilt).

- Die Analyse bezieht sich auf Texte, genauer auf Protokolle als vertextete soziale Wirklichkeit.
- Der Text enthält latente Regeln, die die soziale Wirklichkeit bestimmen.
- Der konkrete Fall wählt bewusst oder unbewusst aus diesen Regeln aus und realisiert sie auf eigene Weise.
- Das Protokoll kann in Sinneinheiten (Sequenzen) eingeteilt werden, in denen jeweils soziale Regeln unterschieden werden können.
- Die Perspektive des Handelnden, seine Motive sind nicht primär relevant, sondern die dahinter liegende soziale Regel.
- Im einzelnen Fall realisiert sich eine allgemeine Regel.
- Die Protokolle müssen wörtlich wiedergegeben werden, auf Korrekturen, Verbesserungen jedweder Art muss verzichtet werden.

Werden diese Prinzipien beachtet, dann liegt ein Protokoll einer sozialen Wirklichkeit vor, das interpretiert werden kann. Die Objektive Hermeneutik hat hierzu ein erprobtes Verfahren, die Sequenzanalyse, entwickelt. Im Anschluss daran wurde als Abkürzungsverfahren die sog. abduktive Analyse konzipiert (Ziebertz/Heil/Prokopf 2003). Dieses Verfahren ist geeignet, um die Deutung von Fällen rund um den Religionsunterricht einzuüben. Dies wird im Folgenden beschrieben.

Abduktive Analyse

Die abduktive Analyse ist ein sequenzielles Verfahren zur Deutung sozialer Wirklichkeit, spezieller zur Deutung von Medien (meist Texten) als Protokoll sozialer Wirklichkeit. Ziel ist es herauszufinden, welchen latenten Sinn soziale Phänomene wie z.B. Unterrichtsinteraktionen besitzen. Daran kann geübt werden, den Sinn von Situationen zu deuten, die latent wirkenden Regeln von Interaktionen aufzudecken. Die abduktive Analyse ist ein erprobtes Verfahren zur Deutung von Unterrichtsinteraktionen (Ziebertz/Heil/Prokopf 2003; Heil/Ziebertz 2004). Durch frühzeitige Entwicklung von Hypothesen (Abduktionen) zu einem zu klärenden Phänomen werden Möglichkeiten des Sinns in den Blick genommen, dazu werden Ableitungen entworfen und dazu wiederum empirische Fakten gesammelt. Das Verfahren ist also adäquat dem oben beschriebenen Reflexionsablauf, spezifiziert dies jedoch noch im Hinblick auf die regelgeleitete und damit intersubjektiv überprüfbare Analyse von sozialer Wirklichkeit. Das Verlaufsmodell ist als allgemeines Modell des Reflektierens bekannt und kann als hermeneutisches Instrument noch verfeinert werden:

Abb. 51 Verlaufsmodell der abduktiven Analyse

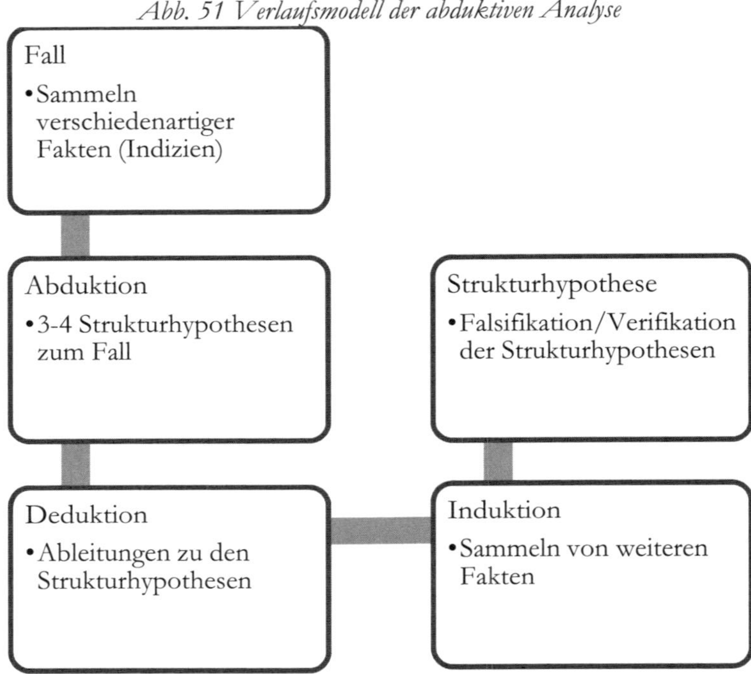

Die erste Phase ist die Fallbestimmung als Sammeln von Fakten zum Fall. Diese Fakten sollen möglichst breit angelegt und verschiedenartig sein, da die Fakten als Indizien für die Entwicklung von Strukturhypothesen dienen. Es soll in dieser Phase möglichst nach unterschiedlichen, sogar antinomischen Fakten gesucht werden, um später drei oder vier Strukturhypothesen entwerfen zu können. Damit wird eine Engführung auf eine Hypothese von Anfang an ausgeschaltet.

Die zweite Phase ist die Entwicklung von Strukturhypothesen (Abduktionen) zur Erklärung des Falls. Die Strukturhypothesen können wie bei jedem Vorgang des abduktiven Schließens nicht kausal hergeleitet werden, sondern sind Bedeutungszuschreibungen zu den gefundenen Fakten. Der Akt des Schließens selbst ist also nicht unmittelbar aus den Fakten ersichtlich, sondern ein hermeneutischer Akt der Bedeutungszuschreibung. Dadurch werden die Fakten in einen sie erklärenden Kontext gestellt. Die

Abduktionen erklären den Fall als normale Ausprägung einer allgemeinen Regel. In dieser Phase sollen drei oder vier Strukturhypothesen entwickelt werden, um ein möglichst breites Spektrum an möglichen Erklärungen zu gewährleisten. Die Hypothesen sollen sich durchaus widersprechen, um die Eigenart der jeweiligen Hypothese herauszuarbeiten. Drei oder vier ist ein Erfahrungswert, kein Normwert; zu wenige Hypothesen schränken die Erklärungsmuster von vornherein ein, zu viele sind nicht mehr praktikabel.

Die dritte Phase der Entwicklung von Deduktionen entwirft nun Ableitungen zu den Strukturhypothesen, wieder als Wenn-Dann-Sätze mit folgender Form: Wenn A wahr ist, dann muss B gelten. Die Hypothesen werden auf ihre implizite Konsequenz hin befragt. Die Deduktionen ermöglichen es, nach weiteren Fakten zu suchen, die den Ableitungen entsprechen. Dadurch wird das Suchen und Zuordnen nach Fakten auf eine genaue und breite Basis gestellt.

Die vierte Phase der Induktion als Zuordnung von Fakten zu Hypothesen subsumiert einzelne Fakten unter die Strukturhypothesen und deren Ableitungen. Dieser Prozess füttert nun quasi die Hypothesen mit empirischen Fakten. Je mehr Fakten sich finden und zuordnen lassen, desto plausibler wird die Evidenz der Hypothese. Das Sammeln bereitet die Falsifizierung oder Verifizierung der Strukturhypothesen durch Zuordnung von Fakten vor.

Die abschließende fünfte Phase entwickelt eine vorläufig geltende Strukturhypothese zum anfänglichen Fall durch Verifikation oder Falsifikation der drei oder vier Strukturhypothesen. Da immer nur eine Strukturhypothese zum Fall passen kann, werden die anderen verworfen (oder auch neu kombiniert zu einer neuen Hypothese). Auch dies ist ein hermeneutischer Akt, der sich am Plausibilität- und Evidenzprinzip orientiert. Eine Unterstützung hierfür liefern die gesammelten Fakten. Passt keine der Strukturhypothesen, muss wieder von vorne begonnen werden.

Mittels dieser fünf Phasen wird nun ein Fall hinsichtlich seiner latenten Sinnstruktur interpretiert. An diesem Beispiel wird das Verfahren veranschaulicht.

Beispiel

Ziel des folgenden Beispiels ist es, anhand des hermeneutischen Verfahrens der abduktiven Analyse Sinnstrukturen von Interaktionen im Religionsunterricht herauszufinden und dadurch einzuüben, wie neue Situationen schnell gedeutet werden können (vgl. Heil/Ziebertz 2003).

Das Beispiel stammt aus einer von Herrn Strothmann beschriebenen Klasse. Herr Strothmann hat dort eine Unterrichtsstunde zum Thema „Unauflöslichkeit der Ehe“ in einer achten Klasse Hauptschule durchgeführt. Als Impuls spielt Herr Strothmann das Stück „Treulich geführt“ auszugsweise auf CD vor (s.o. Kap. 4.1)

1. Phase: Sammeln von Fakten zum Fall

Nachdem Herr Strothmann den CD-Player ausgestellt hat, kommt es zu folgender bekannter Interaktion:

„Hr. Strothmann:	Schon mal gehört das Stück?
Schüler:	Nein!
Hr. Strothmann:	Sean!
Sean:	Eindeutig Beerdigung. (Schüler lachen).“

Welche Struktur steckt hinter diesem Fall? Oder anders gefragt: Wie kann Herr Strothmann angemessen auf die Schüleräußerung reagieren? Dazu muss deutlich werden, was mit der Schüleräußerung gemeint ist. In einem ersten Schritt müssen weitere Fakten gesammelt werden. Wie reagiert die Klasse auf Sean? Die Klasse lacht zum Teil. Wie reagiert Herr Strothmann? Herr Strothmann geht nicht auf die Äußerung ein, sondern wiederholt kurz die Antwort und ruft als nächstes eine andere Schülerin auf („Beerdigung. Wer weiß es? Verena“). Was macht Sean? Er ruft hinein „Dann Hochzeit“. So viel zu den Fakten.

2. Phase: Abduktionen als Strukturhypothesen

Welche Strukturhypothesen lassen sich nun hier aufstellen? Welcher Sinn steht hinter der Interaktion? Aus dem bisherigen Sammeln von Fakten lassen sich 3 Hypothesen aufstellen.

a) Sean gibt bewusst eine falsche Antwort, um den Lehrer zu provozieren: Disziplinproblem Lehrer-Schüler.

Diese Hypothese könnte plausibel sein, da Sean durch das Adverb „eindeutig“ seine falsche Antwort nochmal hervorhebt und auch bewusst eine für ihn gegenteilige Veranstaltung wie die Beerdigung wählt. Hier will Sean gezielt die Autorität des Lehrers untergraben

b) Sean gibt bewusst eine falsche Antwort, um die Klasse zum Lachen zu bringen: Klassenclown.

Diese Hypothese könnte plausibel sein, da Sean das anfängliche Gemurmel aufnimmt und bewusst eine genau entgegengesetzte Antwort gibt, um das Lachen der Klasse zu bekommen. Die Antwort ist nicht in erster Linie auf den Lehrer gemünzt, sondern zielt eigentlich auf die Klasse.

c) Sean weiß die Antwort zuerst wirklich nicht: Nichtwissen.

Diese Hypothese könnte plausibel sein, da Sean nach der Reaktion des Lehrers schnell die richtige Antwort gibt. Die richtige Antwort fällt ihm erst verspätet ein, und er will damit sein anfängliches Nichtwissen korrigieren.

3. Phase: Deduktion als Konsequenzen der Strukturhypothesen

- Wenn a, dann müsste auch an anderen Stellen des Unterrichts dieses massive Problem aufscheinen.

Es kann angenommen werden, dass, wenn ein gestörtes „Arbeitsbündnis" zwischen Lehrer und Schüler vorliegt, es auch an anderen Stellen im Unterricht immer wieder aufscheint. Es müsste nun nach Stellen im Unterrichtsverlauf gesucht werden, an denen dies vorkommt. Da der Lehrer die Schülerantwort ignoriert und keine weiteren Sanktionen angedroht hat, müsste dieses Disziplinproblem auch wieder auftauchen, da Sean ja erst am Anfang seiner Provokationen steht.

- Wenn b, dann würde sich Sean über das Gelächter freuen und es gezielt an anderer Stelle nochmals versuchen.

Wenn sich Sean als Klassenclown produzieren will, dann würde er eine freudige Reaktion auf das Gelächter der Klasse zeigen, da er ja sein Ziel erreicht hat. Weiterhin würde er es wahrscheinlich versuchen, bei einer passenden Gelegenheit wieder Lacher zu erzeugen. Es müssen also entsprechende Daten gesammelt werden, die in diese Richtung weisen.

- Wenn c, dann müsste Sean im Unterrichtsverlauf bemüht sein, diesen Eindruck zu korrigieren.

Falls die Antwort von Sean wirklich auf Nichtwissen basiert, dann müsste Sean alles daran setzen, diesen Eindruck des Nicht-Wissens beim Lehrer zu revidieren. Sean ist dann im Unterrichtsverlauf bemüht, sein Wissen zu zeigen, um die falsche Antwort auszugleichen. Die folgende Datensammlung sollte nun auf die Suche gehen, um diese Hypothese zu falsifizieren oder verifizieren.

4. Phase: Induktion als zuordnende Datensammlung

Zu a Es finden sich im Unterricht keine Stellen mehr, an denen Sean stört.

Zu b Unmittelbar nach der Interaktion freut sich Sean tatsächlich, indem er grinst und aufgeregt auf seinem Stuhl hin und her wackelt. Im weiteren Verlauf der Stunde macht Sean jedoch keine neuen Witze.

Zu c Sean ist nicht bemüht, durch Mitarbeit und kluge Antworten auf sich aufmerksam zu machen.

5. Phase: Strukturhypothese

Die Hypothese b - Sean gibt bewusst eine falsche Antwort, um die Klasse zum Lachen zu bringen - erweist sich am plausibelsten, auch wenn die Deduktionen nicht vollständig zutreffen. Es kann aber aufgrund des Ausschlusses der anderen Hypothesen angenommen werden, dass diese Erklärung für Seans Verhalten am plausibelsten ist.

Die Ausgangsfrage „Wie kann Herr Strothmann angemessen auf die Schüleräußerung reagieren?" lässt sich dahingehend spezifizieren, wie er auf die clowneske Äußerung Seans reagieren kann. Herr Strothmann handelt hier intuitiv, indem er die Äußerung übergeht (Nicht-Schließen), um Sean kein Podium zu gewähren.

Deutung von Situationen

Die Vorstellung des Verfahrens und das Beispiel aus der Unterrichtsinteraktion sollen zeigen, wie der Sinn von Situationen gedeutet werden kann. Durch das Entwerfen von Hypothesen, das logische Ableiten von Konsequenzen und die Suche nach weiteren Fakten soll die hermeneutische Kompetenz der Lehrkraft geschult werden. Im konkreten Unterricht muss natürlich schnell gehandelt werden. Ist das Verfahren aber erst mal eingeübt, kann es auch in Unterrichtssituationen angewendet werden.

Nebenbei bemerkt: Das vorgestellte Verfahren entspricht der Vorgehensweise in jeder Profession - Ärztinnen, Juristinnen, Pfarrer, Architekten, Sozialpädagoginnen, Kriminalisten, Sportlerinnen u.a. Am bekanntesten ist das Vorgehen beim Ermitteln zur Lösung eines Kriminalfalls (Schulz 2003); Der Lehrerberuf befindet sich in guter Gesellschaft, will er sich als Profession neben anderen verstehen. Eine Profession zeichnet sich durch ihre Strukturmerkmale in der Handlung selbst aus, nicht nur aus historischen und machttheoretischen Gründen durch ihre systemische Stellung in der Gesellschaft. Und diese professionelle Handlung kann über Fallhermeneutik weiter verbessert werden.

6.3 Person: Beachtung der Transzendentalität

Der dritte Reflexionsbereich des professionellen religionspädagogischen Habitus ist die Person. Die eigene Person ist immer in professionelle Prozesse involviert und bedarf der Reflexion. Das Kapitel thematisiert daher exemplarisch ein Thema aus der Lebens- und Glaubensbiographie der Lehrkraft als Person. Beispielhaft und grundlegend gerade für den Religionsunterricht ist die Transzendentalität des Menschen, d.h. die Reflexion auf die Bedingungen der Möglichkeit seiner Existenz überhaupt. In Erweiterung etwa zu Spiritualität - dem bis in die Lehrpläne hinein geläufigeren Begriff in der Religionspädagogik - lohnt es sich, auf die grundlegenden Bedingungen zu schauen, die menschliches Leben überhaupt möglich machen als „Haltung geistlichen Lebens“ (DBK 1987. Um dieses Phänomen aus theologischer Sicht angehen zu können, werden vier anthropologische Dimensionen unterschieden: intrapersonal, interpersonal, intergenerativ und transzendental (vgl. Ziebertz/Heil/Riegel 2004). Durch diese Dimensionen kommt theologisch gesehen Menschsein überhaupt und damit auch die Person in den Blick.

Intrapersonale Dimension: der Mensch als Körper-Seele-Geist-Einheit
Intrapersonal bedeutet, den Menschen als Person in seiner Konstitution zu betrachten. Die ganzheitliche Sicht auf den Menschen als Einheit von Körper-Seele-Geist ist seit der Antike ein bekanntes analytisches Modell des Menschseins. Die Klarheit dieses Modells ist zugleich seine Gefahr, kann doch die Tendenz bestehen, einen Bereich überzubetonen oder wegzulassen wie im mechanistischen Menschenbild. Und so folgert Hieke prägnant: „Eigentlich wusste man es schon in der Antike und auch heute ahnt jeder vernünftige Mensch, dass der Mensch nur dann einigermaßen glücklich leben kann, wenn alle drei Bereiche in Einklang sind“ (Hieke 2012, 7). Solche Interdependenzen sind z.B. Spiritualitätserfahrung beim Sport, Beruhigung des Körpers durch Gebet oder Stärkung des Geistes durch Ernährung, um nur einige Beispiele zu nennen. Daran soll deutlich werden: Wird für einen Bereich etwas getan, wie z.B. Ernährung für den Körper, hat dies auch Auswirkungen auf die anderen Bereiche. Diese auf den ersten Blick einleuchtende Beziehung kann nun noch weiter analysiert werden, indem die einzelnen Bereiche Körper, Seele und Geist genauer betrachtet werden.

Körper ist hier im individuellen Sinne gebraucht, im Sinne des Begriffs „Leib“ als je eigene Physis, die einzigartige physische Konstitution. Die Bibel spricht deshalb von der leibhaftigen Auferstehung als Auferstehung des je eigenen Menschen. Zum Körper gehören die genetischen Grundlagen sowie alle Ausprägungen des Leibes, Haut, Knochen, Muskeln, Sehnen, Organe, Hormone etc. Der Körper ist daher am ehesten sicht- und messbar.

Die Seele hingegen ist schon schwieriger zu fassen. Was bedeutet Seele? Meint Seele die Summe aller neuronalen Verschaltungen und synaptischen Verbindungen im Gehirn? Oder die Summe aller hormonbasierten Stoffwechselvorgänge? Ist Seele also nur eine Chiffre für leibliche Vorgänge? Oder ist Seele doch mehr als die Summe der körperlichen Vorgänge, eine eigene immaterielle Qualität, ein „Seelenfünklein" (Meister Eckhart), eine nicht material greifbare Form, die den Körper in seiner Summe zusammenhält im aristotelischen Sinne? Seele ist in beiden Beschreibungen ein Ausdruck für das eigene Empfinden, das Gemüt, den aktuellen Zustand der Person. Seele ist also die Verfassung, das Befinden des Menschen.

Neben Körper und Seele gehört die geistige Dimension zum Menschsein dazu. Hierauf hat neben der Philosophie und Theologie v.a. der Psychologe Viktor E. Frankl hingewiesen. Verkümmert dieser geistige Bereich, entstehen sog. „noogene Neurosen" (Frankl 2012). Zum Geist gehören Inhalte wie Sinn, Bewusstsein, Freiheit, Transzendenz - alles Begriffe, die nur schwerlich innerpsychisch erklärt werden können. Mit Geist wird der Bereich des Menschen verstanden, der über den Menschen hinausweist, ihn transzendiert.

Diese drei Bereiche gehören zusammen und bedingen sich gegenseitig - mit aller Konsequenz. Veränderungen in einem Bereich haben Auswirkungen auf die anderen Bereiche. Wird der Körper z.B. in Mitleidenschaft gezogen, dann wirkt sich dies nach dieser Interdependenztheorie auch auf Seele und Geist aus oder auch in anderer Reihenfolge. Körper, Seele und Geist bilden somit eine Einheit und sind nur analytisch zu trennen. Problematische Situationen entstehen dann, wenn ein Bereich absolutiert wird, eine Dimension verneint wird oder die Interdependenzen nicht gesehen werden. Die Reflexion auf die Person kann helfen, diese Bereiche auch im schulischen Bereich in Einklang zu halten. Während der Akzent hier eher auf dem Bereich der Seele liegt - Lehrergesundheit ist ein gut erforschtes Gebiet - müssen auch die Bereiche des Körpers und des Geistes beachtet werden.

Interpersonale Dimension: der Mensch in Beziehung

Für sich allein kann (fast) niemand leben. Die intrapersonale Dimension des Menschseins strebt nach Entfaltung und Veränderung, und zwar in der sozialen Interaktion. Sonst könnte sich die intrapersonale Dimension nicht entwickeln. Der Mensch ist somit zwischen anderen, er konstituiert von da aus seinen Habitus (Kap. 6.3) und damit seine intrapersonale Dimension. Die empirische Säuglingsforschung hat beispielsweise nachgewiesen, dass bereits Babies auf Leben in Beziehungen angewiesen sind - sie leben nicht in einer Symbiose mit der Mutter, sondern lernen durch Beziehung zur Umwelt. Interpersonal, In-Beziehung-Sein zu anderen Menschen und zur Umwelt konstituiert den Menschen mit.

Intergenerative Dimension: der Mensch in der Kultur
Menschen leben für sich, leben in Beziehung zu anderen und zur Umwelt, stehen aber auch in einem bestimmten kulturellen Kontext, in den sie hineingeboren werden. Unter Kultur werden alle Kodes verstanden, die eine Tradition zur Weltdeutung zur Verfügung stellt (Schreijäck/Heil 1999), z.B. Sprache, Verhaltensformen, Werte, Medien, Gesetze, Räume usw. Kultur ermöglicht Leben, wird aber nicht nur übernommen, sondern von der Person immer auch mit gestaltet. Kulturelle Kodes werden von der Person übernommen, aber auch immer intrapersonal und interpersonal mitgestaltet. Durch diese Dialektik von Kontinuität und Diskontinuität sind Menschen von Kultur geprägt, prägen diese jedoch auch mit. Diese Dialektik liefert wieder einen intergenerativen Kontext für weitere, später aufwachsende Menschen. Die intergenerative Dimension von Menschsein ist also ein weiteres Konstitutivum des Menschen.

Transzendentale Dimension: Möglichkeitsbedingungen des Menschseins
Die bisher aufgezählten Dimensionen des Menschseins reichen jedoch noch nicht aus, um theologisch Menschsein zu konstituieren. Denn in diesen Dimensionen ist eine weitere Dimension inhärent, die quasi quer zu den bisherigen Dimensionen liegt: die transzendentale Dimension. Transzendental bedeutet „Bedingung der Möglichkeit“. Was ermöglicht überhaupt intrapersonales, interpersonales und intergeneratives Menschsein? Welche Bedingungen müssen erfüllt sein, damit diese Dimension entfaltet werden können? Die Reflexion auf die Transzendentalität des Menschen fügt also nicht nachträglich etwas hinzu, sondern deckt auf, was immer schon vorhanden, jedoch in den anderen drei Dimensionen nicht eigens thematisiert wird. Auf diese grundlegende Dimension wird im Folgenden näher eingegangen.

Transzendentalität
Der Begriff „Transzendenz“ ist landläufig bekannt. Er kommt von lat. transcendere (trans-scendere) und bedeutet überschreiten, hinübersteigen. Dieser Prozess bezieht sich von der Überschreitung des Alltäglichen bis hin zur Überschreitung auf das Unbedingte, auf Gott hin. Transzendenz ist also die Überschreitung von etwas (Alltag) auf etwas hin (Gott). Erfahrung der Transzendenz ist ein Konstitutivum von Religiosität, die Erfahrung, dass es mehr gibt als das eigene Ich und die säkulare Welt. Der Begriff Transzendenz ist also ein durchaus bekannter Begriff. Doch was ist Transzendentalität?

Transzendentalität bedeutet die Bedingung der Möglichkeit von etwas. Die etwas eigentümliche Zusammensetzung Bedingung der Möglichkeit meint, dass die Bewältigung des Alltags auf der einen und die Transzendierung des Alltags auf der anderen Seite Möglichkeiten zum Handeln bieten -

diese Möglichkeiten sind jedoch nicht selbstverständlich, sondern unterliegen wiederum Bedingungen, die sie überhaupt ermöglichen. Mit diesen Bedingungen beschäftigt sich Transzendentalität. Es geht also darum aufzuzeigen, was eigentlich selbstverständlich immer vorausgesetzt wird, jedoch nicht selbstverständlich ist, was alltägliches Handeln überhaupt erst ermöglicht. Diesen Aufgaben stellen sich die Transzendentalphilosophie und Transzendentaltheologie. Ein kurzer Überblick kann zeigen, was der für unser Thema relevante Kern beider Richtungen ist (siehe auch LThK 10, 182ff.; Heil 1999):

Die Transzendentalphilosophie fragt nach den Bedingungen der Möglichkeit des Seienden, hauptsächlich hinsichtlich Erkenntnis und moralischem Handeln sowie neuzeitlich gewendet den Voraussetzungen auf Verständnis zielenden Sprechens und Handelns des Menschen. Ausgehend von der Lehre über die Transzendentalien werden in der neuzeitlichen Philosophie und Theologie verstärkt die Möglichkeitsbedingungen des Menschseins in den Blick genommen. Darauf aufbauend kann die Frage gestellt werden, auf welchen Bedingungen die Fähigkeit zur alltäglichen Erfahrung ruht. Dieser Frage hat sich v.a. Richard Schaeffler gewidmet (Schaeffler 1995):

Erfahrung ist ein dialogischer Prozess, bei dem eine Widerfahrnis von einem Subjekt wahrgenommen und verarbeitet wird. Im Unterschied zum reinen Erlebnis bedeutet Erfahrung, dass die Widerfahrnis den deutenden Erfahrungshorizont verändert. Entscheidend ist die Veränderung beim Subjekt: Durch ein äußeres Geschehen kommt ein Prozess in Bewegung, der Wahrnehmung und Denkschablonen verändert. So entsteht eine eigene Tradition durch den Dialog von Widerfahrnis und Erfahrungshorizont. Erfahrung ist dann gegeben, wenn eine äußere Gegebenheit den Erfahrungshorizont erweitert - die Gegebenheit wird so integriert, dass der Horizont verändert wird, um die Gegebenheit zu verarbeiten und neue Erfahrung zu ermöglichen. Ein Beispiel für diesen Prozess sind krisenhafte Erfahrungen: Krise bedeutet eigentlich, dass eine Widerfahrnis nicht vom bisherigen Erfahrungshorizont gedeutet werden kann - der Erfahrungshorizont selbst muss sich verändern, indem die Widerfahrnis integriert wird. Hier entsteht eine doppelte Bedrohung: Zum einen, indem die Widerfahrnis lediglich unter den Erfahrungshorizont subsumiert wird, ohne wirklich Neues zu schaffen; zum anderen, indem die Widerfahrnis den Horizont sprengt, ohne dass er neu zusammengesetzt wird. Im Idealfall führt eine Widerfahrnis, ein neues Ereignis der Wirklichkeit, zu einer Veränderung des Erfahrungshorizonts, um mit dieser Widerfahrnis umgehen zu können und sich auf Zukunft hin zu erweitern. Dies ist eine Erfahrung. Doch warum kann überhaupt der Erfahrungshorizont verändert werden? Was sind die Bedingungen der Möglichkeit der Erfahrung? Hier kommt die transzendentale Frage ins Spiel. Nach Schaeffler ist diese Kompetenz nur durch eine andere Kompetenz außerhalb des eigenen Ich möglich, da der Erfahrungshorizont in höchstem Maße kontingent ist. Insofern diese Kraft außerhalb des Menschen selbst liegt, kann dies als transzendentales Phänomen bezeichnet werden. In diesem Kontext ist es für Schaeffler plausibel, von Gott zu sprechen: „Von Gott reden könnte dann bedeuten: von jener Wirklichkeit reden, deren freie Zuwendung zum Menschen die kontingente Fähigkeit zur Erfahrung angesichts ihres drohenden Selbstaufhebens wiederherzustellen vermag“ (Schaeffler 1996, 1). Die Erfahrung, dass dies möglich ist, ist die religiöse oder transzendentale Erfahrung, die Erfahrung, dass jemand die Fähigkeit zur Erfahrung ermöglicht. Der Mensch kann dies nicht aus eigener Kraft schaffen - es muss eine Kraft geben, die ihn befähigt, Erfahrungen zu machen.

In theologischer Hinsicht hat Rahner den Begriff der transzendentalen Erfahrung erhellt. Rahner geht von der Prämisse aus, dass, wenn es Gott gibt, er irgendwie im menschlichen Leben erfahrbar sein muss - jedoch nicht als Gegenstand neben anderen, sondern als Grund der Erfahrung. Dieses eigentliche Paradox löst Rahner auf mit dem Begriff der transzendentalen Erfahrung. Dies bedeutet eine Erfahrung nicht neben anderen, sondern in den anderen Erfahrungen, ein „mit-erfahren“ (Rahner 1984) in den anderen Erfahrungen. In diesem Mit-Erfahren greift der Mensch nach Rahner auf eine Wirklichkeit vor, die er selbst nicht ist, indem er sich übersteigt. Rahner erläutert dies am Beispiel der Endlichkeit: Der Mensch kann sich nur als endlich begreifen, indem er darüber hinaus nach Unendlichkeit greift. Transzendentalität umfasst demnach - anders als bei Kant, aber ähnlich wie bei Schaeffler - den ganzen Menschen, der in seinen Erkenntnis- und Handlungsvollzügen auf eine Wirklichkeit vorgreift, die er selbst nicht ist. Dieser „Vorgriff“ ist die Möglichkeitsbedingung für menschliches Handeln überhaupt. Döring fasst dies so zusammen: „Rahner hat nun Kants transzendentales Denken darin um eine entscheidende Variante erweitert, daß der, der einen raumzeitlichen Gegenstand erfassen will, ihn also in seiner konkreten Abgegrenztheit begreifen will, dies nur tun kann, wenn er seine Grenze überschreitet“ (Döring 1992). Die Erfahrung dieses Überschreitens, dieses Vorgriffs und der Verwiesenheit nennt Rahner die transzendentale Erfahrung. In dieser Erfahrung wird das Woraufhin als Gott erfahren. Die „Selbstmitteilung Gottes“ in der transzendentalen Erfahrung ist demnach der Kern der Theologie Rahners. Diese Erfahrung ist wiederum wie bei Schaeffler immer da, in allen Einzelerfahrungen mitgegeben, bleibt aber meist unberücksichtigt. Es gibt aber „Orte“, an denen diese Erfahrung besonders deutlich wird. Es gilt nun nach Rahner, solche „Orte“ der Erfahrung aufzudecken. Diese Orte sind z.B. Orte der Hoffnung, der Liebe, des Glaubens, des Gewissens, der Natur, der Mitmenschlichkeit, aber auch der Krise. Solche Orte sollen bewusst gemacht werden.

Zusammenfassend kann festgehalten werden: Transzendentalität bedeutet, dass menschliche Erfahrung und menschliches Sein überhaupt auf Bedingungen fußt, die der Mensch nicht selbst ist. Theologisch verdankt sich der Mensch Gott, er ist ein geschenktes Subjekt. In diesem Sprachspiel ist es mit Schaeffler sinnvoll, den Begriff „Gott“ zu verwenden als Möglichkeitsbedingung der Fähigkeit zur Erfahrung und zur Orientierung in der Welt überhaupt. Wird Erfahrung verstanden als objektive Veränderung der Wirklichkeitsinterpretation - im Unterschied zum Erlebnis -, dann ist damit notwendig das Moment des Neuen impliziert. Erfahrung ist ein responsorischer und antizipatorischer Vorgang: In der Antwort auf einen Anspruch der Wirklichkeit wird der eigene Erfahrungshorizont so verändert, dass er neu zusammengesetzt wird (responsorisch), damit jedoch offen ist für Neues und auf Zukunft hin offen ist (antizipatorisch). Diese Neukonstitution auf Zukunft hin in der Gegenwart auf der Grundlage der Vergangenheit ist geschenkt und wird immer wieder neu geschenkt. Gott ist also in diesem transzendentalphilosophischen Kontext die Möglichkeitsbedingung der Fähigkeit zur Erfahrung und zur Orientierung in der Welt. Menschliche Subjektivität ist möglich, da sie von einem Grund getragen wird, der der Mensch nicht selbst ist. In der transzendentalen Perspektive liegt die Aufgabe somit darin, sich des Grundes zu vergewissern, der die individuelle Subjekthaftigkeit trägt. Speziell religiöses Lernen wird immer wieder darauf hinweisen, dass Gott dieser Grund ist und „Orte“ seiner Erfahrbarkeit in der Welt offenlegen.

Transzendentale Erfahrung als Kraftquelle in der (Auto-) Biographie

Was bedeutet dies nun für die Persönlichkeitsbildung von Religionslehrerinnen und Religionslehrern? Ohne die Beachtung der eigenen Transzendentalität und ihre christliche Deutung kann keine christliche „Zeugenschaft“ oder Spiritualität an Schülerinnen und Schüler vermittelt werden. Transzendentalität gewinnt somit eine inhaltliche Erweiterung. Es geht um die Beachtung des christlichen Gottes als Bedingung der Möglichkeit der eigenen Existenz in seiner dreifaltigen Selbstmitteilung. Aufgrund dieser christlichen Inhaltlichkeit wird Transzendentalität gedeutet, und es können sich von da aus Suchbewegungen ergeben, um Orte der transzendentalen Erfahrung in der eigenen oder fremden Biographie aufzuspüren. Auf dieser Grundlage können weitere Übungen wie z.B. Gebetsübungen vorgenommen werden, die die transzendentale Erfahrung auf christlicher Grundlage vertiefen und die Person ins „Gleichgewicht“ (Putz 2008) bringen.

In der eigenen und fremden Biographie können demnach Orte der transzendentalen Erfahrung aufgespürt werden, gewinnen ihre raumzeitliche Konkretisierung. Doch was ist eigentlich eine Biographie (zum Folgenden vgl. Heil 1999; Heil 2012b):

„Die Biographie ist eine deutende Lebens-Geschichte zu einem bestimmten Zeitpunkt. Im Unterschied zum Lebenslauf ist die Lebensgeschichte eine interpretative und narrative literarische Gattung. Die Biographie präsentiert an einem Leben das, was zum gegenwärtigen Zeitpunkt für den Biographen von Bedeutung ist. Einzelereignisse werden in einen Zusammenhang gebracht und erhalten einen Sinn. Dies wird auch in der Etymologie des Begriffs deutlich von griech. bios (Leben, Lebenszeit, Lebenswandel, Lebensverhältnisse) und graphein (ritzen, malen, auf-schreiben). Biographie meint daher, die Lebenszeit in eine Form zu bringen, das Leben auf eine bestimmte Weise zu „ritzen" oder modellieren.

Die beiden wichtigsten Kennzeichen einer Biographie sind ihre raumzeitliche Konkretheit sowie ihre Exemplarität. In der Biographie werden einzelne Fakten und Ereignisse aus einem Leben so komponiert, dass sie sowohl für das Leben selbst als auch für den historischen Kontext eine paradigmatische Bedeutung bekommen. An einer Biographie lassen sich so neben der Kenntnis über die Person auch immer zeittypische Eigenheiten ablesen, z.B. in der biographischen Rekonstruktion des historischen Jesus zeittypische Elemente des ersten Jahrhunderts wie Alltag, politische Situation, Religiosität u.a. An der Auswahl konkreter Ereignisse aus einem Leben wird deutlich, warum gerade so und nicht anders gehandelt worden ist - was wiederum exemplarischen Charakter hat. Dadurch wird die Biographie auch immer zum Muster für eine bestimmte Handlungsform im Vergleich zu anderen.

Die beiden aufeinander bezogenen Kennzeichen der Konkretheit und Exemplarität lassen Biographien bedeutsam für religiöse Bildung werden. An der jeweiligen Darstellung des Lebens wird transparent, welche konkreten Erfahrungen mit Gott dahinter stehen und wie diese im Leben gedeutet werden. Solche „Orte" (Karl Rahner) der Glaubenserfahrung machen Glauben be-greifbar. Hier können eigene biographische Erfahrungen - sog. identifikatorische Topoi - anschließen.

Eine zusätzliche Dimension biographischen Lernens ist der Bezug auf lokale Biographien. Die Dimension der Lokalität konkretisiert Mendl an „(außer-gewöhnlichen)" Biographien aus der näheren Umgebung. Mendl konstruiert dazu den Begriff der „local heroes", wobei der Begriff „hero" sich auf Helden des Alltags bezieht. Local heroes sind „Menschen aus der mittelbaren und unmittelbaren Umgebung, die den dargestellten Kriterien entsprechend durch außergewöhnliche Verhaltensweisen und exemplarisches Handeln auffallen" (Mendl 2005, 99)." Gerade an diesen Menschen können transzendentale Erfahrungen deutlich werden.

Ein weiteres Beispiel für die Suchbewegungen noch Orten der transzendentalen Erfahrung in der Biographie sind Krisen – eigene und fremde. Gerade in Krisen wird die gewohnheitsmäßige Routine durchbrochen und der Erfahrungshorizont neu geordnet - dies ist nicht selbstverständlich, sondern bedarf einer Kraft, die außerhalb des eigenen Ich wirkt und in der Lebensgeschichte an bestimmten Punkten erfahrbar wird. An diesen Punkten wird Kraft zuteil, wird zugeeignet. Das AT und NT beschreibt diese

Kraft an vielen Stellen - im NT z.B. wird für diese Kraft häufig der Begriff Dynamik (δυναμις) verwendet (Krug/Luther 2010), z.B. im Kontext der Wundergeschichten bei Lk 6,19: „...denn es ging eine Kraft (δυναμις) von ihm aus, die alle heilte". In der Reflexion auf zentrale Punkte der eigenen und fremden Biographie kann die transzendentale Erfahrung der Nähe Gottes deutlich werden, besonders natürlich in den Evangelien im Leben, Sterben und der Auferstehung Jesu und auch an zentralen Entscheidungssituationen der Apostelgeschichte. Es geht in der biblischen Lektüre darum, „daß der Religionslehrer immer mehr sein Leben im Lichte des Evangeliums sehen und aus dem Glauben an den `Mittler´ Jesus Christus gestalten lernt", wie es die Deutschen Bischöfe ausdrücken (DKB 1987, 27).

Der kurze Überblick hat gezeigt, warum Autobiographien und Biographien geeignet sind, transzendentale Erfahrungen anschaulich und konkret werden zu lassen: Sie sind Orte, an denen die Getragenheit von einer Kraft deutlich wird, die Erfahrung überhaupt erst ermöglicht. Die Spurensuche nach der transzendentalen Erfahrung in Autobiographien und Biographien deckt diese auf und trägt somit zur Persönlichkeitsbildung bei.

6.4 Institution: Mitgestaltung der Schulkultur

Der vierte Reflexionsbereich des Habitusmodells bezieht die Institution in den professionellen Reflexionsprozess mit ein. Religionsunterricht vollzieht sich nicht im privaten Raum, sondern ist eine schulische Veranstaltung. Somit ist die Institution Schule immer präsent - der RU ist immer didaktisch „gebrochen", d.h. nicht unmittelbar oder privat zugänglich, sondern durch die Institution Schule mitbestimmt. Wenn dies so ist, dann kann die Religionslehrerin oder der Religionslehrer Schule mitgestalten. Als ein zentraler Reflexionsbereich wird daher die Mitgestaltung der Schulkultur in den Blick genommen.

Schulische Situation

Herr Lahmer hat die Fächerkombination Katholische Religionslehre und Sport. Bisher wurde Herr Lahmer fast ausschließlich in Sport eingesetzt und zwar hauptsächlich am Nachmittag, er hatte nur zwei Stunden Katholische Religionslehre erteilt. Zum neuen Schuljahr unterrichtet er nun zwölf Stunden Religion. Plötzlich wird er von den Schülerinnen und Schülern als Vertreter der Kirche wahrgenommen und mit ihren Fragen konfrontiert, er ist nun mehr in die Fachschaft eingebunden, bereitet Gottesdienste mit vor und wird auch gefragt, ob er nicht in das Kriseninterventionsteam einsteigen will. Nach der Religionsstunde in einer neunten Klasse zum Thema „Menschenwürde" kommt plötzlich eine Schülerin, die ihn um Rat in einer schwierigen Lebenssituation fragen will, „Frag doch mal Herrn Lahmer, er ist ja schließlich der Religionslehrer" hat die Klassenlehrerin ihr geraten. Herr Lahmer spricht mit ihr, fühlt sich aber irgendwie unwohl, da er nicht für Beratungsgespräche ausgebildet ist.

Der Fall zeigt, wie Religionslehrkräfte in das System Schule, in ihre Kultur eingebunden sind. Herr Lahmer wird inzidentell in die Schulkultur mit hineingezogen, er kann sie nicht aktiv gestalten und muss mühsam die Berührungspunkte des Religionsunterrichts im System Schule erlernen. Die folgende Übersicht dient daher dazu, eine Übersicht über Möglichkeiten der bewussten Mit-Gestaltung dieser Kultur zu geben, ohne darin unterzugehen. Dies ist ein Kennzeichen professionellen Handelns.

Schulkultur

Der Begriff Schulkultur ist kein kategorialer Begriff neben anderen - etwa in dem Sinn, dass es den Fachunterricht und daneben eine Schulkultur gibt - sondern umfasst alle Bereiche des Lebensraums Schule; Kultur wird verstanden als umfassendes Kodesystem eines Lebensraums (Schreijäck/Heil 1999). Kultur meint nicht nur Literatur, Musik, Theater, sondern auch alltägliche Kodes wie Fernsehen, Internet, Alltagskommunikation u.a.. Alle diese Bereiche stellen in einem bestimmten Lebensbereich Kodes zur Verfügung, durch die Welt gedeutet wird. Die Schulkultur ist die Summe aller Kodes, die in einer Schule zur Verfügung stehen.

Der Begriff Schulkultur wird synonym verwendet mit anderen Begriffen wie Schulleben, Schulprofil, Corporate Identity oder Schulethos (Langer/Körber 2008, 6). Die „Kultur einer Schule zeigt sich vor allem darin, welcher Geist in ihr spürbar wird" (Scheilke 2002, 352). Dieser „Geist" einer Schule, macht sich auf allen Ebenen bemerkbar, auch im Unterricht. Wird der Unterricht davon ausgespart, geht ein gewichtiger Teil der Schulkultur verloren. Schulkultur umfasst somit den alltäglichen Schulalltag sowie alle außerunterrichtlichen Aktivitäten.

Wie kann man den allgemeinen Begriff der Schulkultur noch genauer eingrenzen? Hier sind zwei Ansätze hilfreich, die sich gegenseitig ergänzen: Helsper arbeitet im Anschluss an Holtappels drei Kategorien der Schulkultur heraus: Lernkultur, Erziehungskultur und Organisationskultur (Helsper 2010, 110f.): „Die Erziehungskultur wird unter der Perspektive normativer Erwartungsstrukturen hinsichtlich des Leistungs- und Sozialverhaltens sowie der Interaktionsstrukturen gefasst. Hier bestehen Bezüge zur empirischen Schul- und Klassenklimaforschung. Organisationskultur bezieht sich auf die pädagogischen Werte und Ziele, die Zeit- und Raumorganisation und die Entscheidungsmuster der Schule. Lernkultur umfasst zentrale Bereiche der Unterrichtsqualität, also etwa curriculare und didaktisch-methodische Bezüge der Unterrichtsgestaltung." Einige weitere Kategorien zur Beschreibung der Schulkultur sind bei Lange und Körber zu finden. Sie zählen zur Schulkultur neben dem Unterricht die Felder äußeres Erscheinungsbild, mediale Präsenz, sozialer Bereich, musischer Bereich, Gestaltung, Events und Zusammenarbeit mit außerschulischen Institutionen (Langer/Körber 2008). In religiöser Perspektive wäre natürlich noch der religiöse Bereich als Ergänzung zu nennen. Beide Ansätze zeigen, dass Schulkultur ein umfassendes System von unterrichtlichen und außerunterrichtlichen Aktivitäten ist, in dem der RU seinen eigenen Platz haben kann.

Schulkultur und Schulentwicklung

Die Schulkultur ist kein monolithischer Block, sondern ständig in Entwicklung. Zur Beschreibung dieses Phänomens kann der Ansatz von Fend dienen, der Schulentwicklung als Zusammenspiel der Makro-, Meso- und Mikroebene beschreibt (Fend 2008). Schule ist auf der gesamtgesellschaftlichen Makroebene immer eingebunden in Gesetze und Verordnungen sowie Bildungs- und Lehrpläne, in Bildungsstandards und zentrale Monitoring- und Prüfungssysteme. Sie bilden den Rahmen, innerhalb dessen sich Schule überhaupt bewegen kann. Eine Schulentwicklung ohne Berücksichtigung dieses Rahmens ist nicht möglich. Auf der Mesoebene der Institutionen gewinnt die einzelne Schule immer mehr an Autonomie als „pädagogische Handlungseinheit" (Fend 2008, 160). Dazu zählt v.a. die Schulleitung aber auch die Einbeziehung des Kollegiums, der Schülerinnen und Schüler, der Eltern (Schulforum) und außerschulischer Kooperationspartner (z.B. Vereine, Kirchen u.a.). Auf der Mikroebene des Individuums schließlich kommen die Lehrkraft und ihre Aufgabenstruktur in den Blick. Hier stehen die individuellen Interaktionen im Zentrum. Die Entwicklung von Schulkultur kann nun auf allen drei Ebenen ansetzen und ist interdependent.

Betrachtet man die Einzelschule genauer, dann kann die Unterscheidung von Rolff weiterhelfen. Zur Schulentwicklung gehören nach Rolff die Bereiche Organisationsentwicklung, Unterrichtsentwicklung und Personalentwicklung (Rolff 2010). Schulentwicklung ist danach nur im „Systemzusammenhang" dieser drei Bereiche zu leisten. Der Ansatz kann in einem der drei Bereiche erfolgen, was sich idealtypisch auf die anderen Bereiche auswirkt. Geschieht Schulentwicklung vom Unterricht her, wie von einigen Autoren gefordert, dann soll dies auch Auswirkungen auf die Organisation und das Personal haben. Das gleiche gilt für den Ansatz bei der Organisation oder dem Personal. Wichtig ist festzuhalten, dass Schulentwicklung der Einzelschule innerhalb dieser drei Größen erfolgt.

Was ist nun das Kriterium der Schulentwicklung? Auch hier macht Rolff einen Vorschlag: die Lernfortschritte von Schülerinnen und Schülern als ultimativer Bezugspunkt (Rolff 2010, 34). Dies ist in professionstheoretischer Sicht nur logisch, hat doch Schule in erster Linie ihren professionellen Auftrag - Bildung - zu erfüllen. Alle Entwicklungsbereiche sind auf dieses Kernziel hin geordnet.

Religion und Schulkultur

Nimmt man dieses Kriterium - die Verbesserung der Lernfortschritte der Schülerinnen und Schüler - als Ausgangspunkt, dann muss sich auch die Rolle der Religion in der Schulkultur daran messen lassen. Religion hat dann eine tragende Funktion in der Schulkultur, wenn sie hilft, das Lernen bei Schülerinnen und Schülern zu verbessern. Was Lernen bedeutet, wurde im Kontext der Ziele und der didaktischen Schwerpunkte bereits ausgeführt (Wissen - Können - Produktiv Denken und Gestalten - Werteorientierung). Wenn Religion in diesem Bereich wirksam ist, dann wird sie zum gelingenden Teil der Schulkultur. Neben dem Religionsunterricht innerhalb der Unterrichtsentwicklung und den Religionslehrerinnen und Religionslehrern innerhalb der Personalentwicklung zählt hierzu besonders die sog. „Schulpastoral" innerhalb der Organisationsentwicklung.

Schulpastoral

Schulpastoral ist ein relativ neuer Begriff und hat sich neben dem Begriff der Schulseelsorge etabliert. Schulpastoral meint das „kirchliche Engagement, das zu einer Humanisierung der Schule beitragen soll" (Kumher 2008, 7), und zwar aus christlicher Perspektive. Darin sind drei Elemente integriert: „Bei Schulpastoral bzw. Schulseelsorge handelt es sich um ein kirchliches Engagement, das mit dem Dienst von Christinnen und Christen in der Schule identifiziert wird. Zweitens spielt das Wort `Humanisierung´ in den meisten Definitionen eine zentrale Rolle. Drittens lässt sich in den Definitionsvorschlägen die Schule als Hauptaspekt, nicht selten in Verbindung mit der Schulkultur, ausmachen" (Kumher 2008, 29). Schulpastoral ist demnach ein Dienst der Kirche innerhalb des Systems Schule, der aber in das System Schule integriert und damit ein schuleigener Dienst ist. Kirche kommt nicht von außen in das System Schule, sondern ist ein Teil der Schulkultur.

Zur Kategorisierung der Schulkultur verwendet die Schulpastoral die klassischen kirchlichen Grundvollzüge Diakonia, Leiturgia, Martyria und Koinonia (zur Vertiefung vgl. Kaupp/Leimgruber/Scheidler 2011). Was sich an konkreten Handlungen im Bereich Schule dahinter verbirgt kann folgende Einteilung deutlich machen: (entnommen aus der Bibliothek des Katechetischen Instituts Würzburg, siehe www.ki.bistum-wuerzburg.de):

„Leiturgia
- Gebete und Lieder
- Gottesdienste (Schulgottesdienste und Klassengottesdienste)
- Meditative Elemente
- Mystagogik
- Wallfahrt/Kreuzweg

Diakonia
- Gespräch und Kommunikation
- Ganztagsbetreuung
- Projekte „Schöpfung" „Eine Welt" „Compassion"
- Trauerbegleitung/Krisenseelsorge
- Supervision und kollegiale Beratung
- Elternarbeit

Martyria
- Tage der Orientierung
- Pädagogischer Tag im Lehrerkollegium
- Kinderbibeltag
- Exerzitien im Alltag
- Orte des Glaubens

Koinonia
- Gestaltung des Schullebens (AG, Projekte, Feste, interreligiöse Begegnung)
- Gestaltung des Schulhauses."

Die Übersicht zeigt exemplarisch, in welchen Bereichen das christliche Engagement für eine humane Schule geleistet wird. Hinzu kommt, dass die einzelnen Bereiche immer mehr ausdifferenziert werden und an Kontur gewinnen. Einige Beispiele mögen dies illustrieren: Im Bereich „Gespräch und Kommunikation" durch eigene Projekte wie dem „Pausenengel" (Vogel 2007), im Bereich der Ganztagsbetreuung durch Ausweitung des kirchlichen Programms (Neudert 2011); im Bereich des Umgang mit Krisen und Tod durch Krisenseelsorge und Trauerarbeit u.a. Schulpastoral wird so zum Feld der Professionalisierung von Schule durch Qualifizierung der eigenen Lehrerinnen und Lehrer, Zusammenarbeit mit säkularen Einrichtungen in der Schule wie z.B. dem Kriseninterventionsteam oder dem schulpsychologischen Dienst sowie durch Kooperation mit außerschulischen Partnern wie z.B. der kirchlichen Jugendarbeit, der Notfallseelsorge, der Gemeinde vor Ort (Geißler/Neudert/Hauck 2011) u.a. Die Schulpastoral hat als dezidiert religiöses Angebot somit ein eigenes Profil und Alleinstellungsmerkmal, bleibt aber nicht im geschlossenen Raum stehen, sondern zieht zum Wohle der Schülerinnen und Schüler (und auch der Lehrerinnen und Lehrer) auch andere Partner und Einrichtungen heran. Bei Schulen in kirchlicher Trägerschaft hat die Schulpastoral einen festen Platz; aber auch in staatlichen Schulen gewinnt die Zusatzleistung der Kirche als Beitrag zu einer humanen Schule immer mehr an Bedeutung.

Schulpastoral und Religionsunterricht

Zieht man nochmal die Kriteriologie von Rolff heran „Organisationsentwicklung, Unterrichtsentwicklung und Personalentwicklung", dann wird deutlich, dass Schulpastoral dann optimal in der Einzelschule implementiert wird, wenn sie auch Auswirkungen auf den Religionsunterricht selbst hat, nicht nur als Entwicklung der Organisation Schule sowie des Personals verstanden wird. Dem wird häufig Rechnung getragen, indem Religionslehrerinnen und Religionslehrer, die schulpastoral tätig sind, Elemente der Schulpastoral in den eigenen Unterricht integrieren.

In der religionspädagogischen Theoriebildung ist die Integration religiöser Praxis in den Unterricht unter dem Namen „performative Religionspädagogik" bekannt (z.B. rhs-Themenheft 45 (2002), 1-44; Englert 2002b; Mendl 2008; Kropač 2010). Performative Religionspädagogik bedeutet, aufgrund der rudimentären religiösen Praxiserfahrungen von Schülerinnen und Schülern (Ziebertz/Riegel 2008) Praxis im Religionsunterricht zu ermöglichen: „Aufgabe eines performativen Religionsunterrichts ist es zuallererst, die christliche Religion in ihren Gehalten und Gestalten zu zeigen, zu erschließen und zu inszenieren, sie als von Menschen hier und jetzt gelebten Glauben erfahrbar zu machen" (Kropač 2010, 66), oder mit Englert ausgedrückt: „Erfahrungen mit Religion auf neuen Wegen in den Unterricht hineinholen" (Englert 2002a, 1). Der „Sitz im Leben" der performativen Religionspädagogik ist ein Themenheft der Zeitschrift rhs im Jahr 2002, in dem bekannte evangelische und katholische Theologinnen und Theologen (Theodor Ahrens, Bernhard Dressler, Rudolf Englert, Hans Schmid, Ingrid Schoberth) das religiöse Erfahrungsdefizit der Schülerinnen und Schüler im Religionsunterricht wenigstens ansatzweise einholen wollen. Englert prägt hierfür den Begriff der „performativen Religionspädagogik" (Englert 2002a, 1).

Interessant ist in diesem Kontext, dass Englert in seinem Übersichtsbeitrag „Religionsunterricht als Realisation" den Begriff der „Realisation" zur Beschreibung dieses neuen Phänomens wählt. Realisation ist ein Fachbegriff von Dorothee Sölle für eine eigene (literatur-) theologische Interpretationsmethode. Mit Realisation wendet sich Sölle gegen eine theologische Vereinnahmung von Literatur und betont deren autonomen ästhetischen Charakter, der aber gleichwohl religiöse Erfahrung auszudrücken vermag: „Realisation ist die weltliche Konkretion dessen, was in der Sprache der Religion `gegeben´ oder versprochen ist" (Sölle 1973, 30; Heil 1999, 32). Wenn Englert diesen Begriff der Realisation wählt, kommt vielleicht etwas von der Autonomie religiöser Praxis zum Vorschein, auch in Verbindung mit der Umschreibung der „neuen Wege" (s.o.). In seinem zusammenfassenden Beitrag umschreibt dies Englert so: „Es geht hier durchgängig darum, heutigen Schülerinnen und Schülern in der tätigen Aneignung und Transformation vorgegebener religiöser Ausdrucksgestalten (insbesondere aus der jüdisch-christlichen Tradition) eigene religiöse Erfahrungen zu eröffnen" (Englert 2002b, 32). Religionsunterricht wäre dann der Ort der Verbindung von Altem und Neuem, von Individualität und Tradition. Der Begriff Realisation hat sich jedoch nicht durchgesetzt, sondern ist durch den Begriff der „performativen Religionspädagogik" ersetzt worden.

Der Begriff kann zweierlei bedeuten: „Performativität" im Sinne des tatsächlichen Vollzugs der Praxis (z.B. ein Gebet sprechen als Beziehungsaufnahme zu Gott) oder Performance als Inszenierung der Praxis (z.B. Durchspielen der Taufhandlung). Beide Bereiche enthalten Chancen und Gefahren, die die performative Religionspädagogik aufgreift und durchbuchstabiert (Kropač 2010) und mit weiteren Bereichen religiösen Lernens wie z.B. dem ästhetischen Lernen (Eggerl 2010, 204) oder mystagogischen Lernen (Schambeck 2006) verbindet. Neben der wissenschaftlichen Reflexion darf aber nicht übersehen werden, dass die Hinführung zur religiösen Praxis bereits in Lehrplänen verankert ist. So ist z.B. im bayrischen Lehrplan für Gymnasien im Fachprofil der Lernbereich „Christliche Spiritualität" einer von sechs Lernbereichen (neben Biblische Botschaft, Christlicher Glaube und Weltdeutung, Christliche Ethik und Lebensbewältigung, Kirchengeschichte, Interreligiöses und interkulturelles Lernen). Dieser Lernbereich „weckt Offenheit für Ausdrucksformen, die in Gebet, Meditation, Gottesdienst und Sakramenten zum Geheimnis Gottes hinführen" (Lehrplan an bayerischen Gymnasien, Ziele und Inhalte). Dieser im Lehrplan grundgelegte Lernbereich impliziert religiöse Praxis, für die zumindest eine „Offenheit" erzielt werden soll. Damit werden Elemente der performativen Religionspädagogik aufgegriffen und umgesetzt. Unter der schulentwicklungsbezogenen Kriteriologie ist die Rückführung der Organisations- und Personalentwicklung in den Unterricht durchaus sinnvoll.

Handlungsorientiertes Lernen

Die performative Religionspädagogik ist m.E. lerntheoretisch eingebettet in das Modell des handlungsorientierten Lernens, wie es in der Diskussion um eine kommunikative Theologie im Anschluss an die Theorie des kommunikativen Handelns von Jürgen Habermas in die Religionspädagogik Einzug gehalten hat (Habermas 1991; Siller 1991). „Unter dem Stichwort `Handlungsorientierung´ oder `Praktisches Lernen´ versuchen Reformansätze, im Lebensraum Schule ein Lernen mit vielen Sinnen zu ermöglichen und in das gesellschaftliche Umfeld handelnd einzugreifen" (Bahr 2011b, 543). Handlungsorientiertes Lernen ist demnach kontextuelles und situativ gebundenes Lernen, das von konkreten Alltagssituationen ausgehend möglichst viele Sinneskanäle anspricht, um ein umfassendes Lernen zu ermöglichen. Im kontextuellen Lernen gewinnt die Handlungsorientierung wieder an Relevanz. Ein Beispiel hierfür ist z.B. das Lernen der Funktion von Wasser an einem Bach, die Reflexion eines Theaterstückes auf der Bühne oder auch die Vorbereitung und Durchführung eines Gottesdienstes. Ziel ist es, ausgehend von einer selbst gemachten alltäglichen Erfahrung diese zu reflektieren und Weiterhandeln zu ermöglichen. Bahr umschreibt dies so: „Ein Kernanliegen ist es, die Schülerinnen und Schüler in unmittelbare Berührung und Auseinandersetzung mit den Dingen und Menschen zu bringen. Schule wird dann nicht als Stätte der Belehrung, sondern als Erfahrungsraum, als Teil des Lebens angesehen" (Bahr 2011b, 543). Dies ist natürlich voraussetzungsvoll. Es erfordert Bereitschaft und Interesse der Schülerinnen und Schüler sowie auch der Lehrerinnen und Lehrer, eine genaue Analyse des Vorwissens und der Vorerfahrungen, einen organisatorischen Plan, Räume des Lernens im Klassenzimmer und anderen Räumen u.a. Selbst wenn die Voraussetzungen gegeben sind, ist das Ziel des handlungsorientierten Lernens nicht immer im Voraus bestimmbar, können doch auf dem Weg dorthin unterschiedliche Erfahrungen gemacht werden. Handlungsorientiertes Lernen ist kein Königsweg, aber ein Weg schulischen Lernens, der es ermöglicht, schulpastorale Elemente in den Unterricht zu integrieren.

Reflexive Schulpastoral

Die Durchführung der Schulpastoral und der Rückkopplung mit dem Religionsunterricht bedarf einer hohen Kompetenz der professionellen Reflexion. Dies ist Aufgabe einer reflexiven Schulpastoral. Die reflexive Schulpastoral soll helfen, die unterschiedlichen Bereiche professionellen Handelns und die dazu notwendigen Kompetenzen transparent zu machen. Das oben vorgestellte Habitusmodell kann dazu helfen: Reflexive Schulpastoral ist daher notwendig auf den Ebenen Person, Institution, Umgang mit Neuem und Routinen. Es soll vor dem Hintergrund dieser Matrix deutlich werden, wo eigene Ressourcen vorhanden sind oder wo Weiterbildung notwendig ist. Am Beispiel eines immer wichtiger werdenden schulpastoralen Handlungsfeldes, der Krisenseelsorge (Diakonia) kann dies anhand von Leitfragen durchgespielt werden:

- Umgang mit Neuem: Was ist genau die vorgefundene Krise? Was sind die Merkmale dieser Krisensituation? Welche Personen sind systemisch daran beteiligt?
- Routine: Gab es bereits solche Fälle? In der eigenen Praxis oder der Literatur? Was sind mögliche Handlungsalternativen?
- Person: Wie stehe ich zur Krise? Habe ich persönlich eine solche oder ähnliche Krise erlebt? Kann ich damit umgehen? Betrifft es mich selbst?
- Institution: Welche Möglichkeiten der Unterstützung bietet die Institution? Wie kann die Krise evtl. in den Unterricht rückgekoppelt werden? Ist die Institution vielleicht selbst an der Krise beteiligt?

Solche und ähnliche Leitfragen in den vier Kategorien des Habitusmodells können helfen, schulpastorale Phänomene reflexiv zu beschreiben und Lösungswege aufzuzeigen. Das Habitusmodell dient dann als Folie, um die einzelnen Phänomene einzuordnen und dadurch greifbarer zu machen. Die reflexive Schulpastoral wird damit zu einem essentiellen und unverzichtbaren Baustein der Entwicklung einer humanen Schulkultur.

Schluss

Die vorgestellten Konzepte zu Strukturmerkmalen von Planung, Durchführung und Reflexion sowie die damit verbundenen Lösungen von Alltagsproblemen sind Theorien. Gute Theorien sind praxisbasiert und praxisrelevant, d.h. sie gehen von der Praxis aus, rekonstruieren ihre Merkmale und sind für praktisches Handeln nützlich. Die Theorien sollen helfen, die richtigen Entscheidungen in der religionspädagogischen Praxis zu treffen und damit praxisunterstützend sein.

Ob sie wirklich hilfreich sind, entscheidet sich hauptsächlich in der täglichen schulischen Praxis selbst - aber auch durch ihre Weiterentwicklung in der akademischen Forschung und Lehre. Religionspädagoginnen und Religionspädagogen als Profis für den Religionsunterricht können helfen, die Theorien ständig zu verbessern und ein Nebeneinander von Theorie und Praxis zu verhindern. Darauf wird es in der Religionspädagogik ankommen.

Literatur

Bahr, M. 2011a, Guten Religionsunterricht in den Blick nehmen, in: Hilger, G./Leimgruber, S./Ziebertz, H.-G., Religionsdidaktik, München, 487-497.

Bahr, M. 2011b, Handlungsorientiertes Lernen, in: Hilger, G./Leimgruber, S./Ziebertz, H.-G., Religionsdidaktik, München, 542-548.

Baudler, G. 2002, Korrelation von Glaube und Leben, in: Neues Handbuch religionspädagogischer Grundbegriffe, München, 446-451.

Bauer, K.-O. 2002, Kompetenzprofil LehrerIn, in: Otto, H.-U./Rauschenbach, T./Vogel, P. (Hg.), Erziehungswissenschaft: Professionalität und Kompetenz, Opladen, 49-63.

Bauer K.-O./Kopka A./Brindt S. 1996, Pädagogische Professionalität und Lehrerarbeit. Eine qualitative empirische Studie über professionelles Handeln und Bewusstsein, Weinheim/München.

Becker-Eckstein, S. 2011, Neue Freiheit durch das Lehrerraumprinzip. Stressreduktion durch Neuordnung der schulischen Raumstruktur, in: engagement 4/2011, 250-254.

Berger, P.L. 1980, Der Zwang zur Häresie. Religion in der pluralistischen Gesellschaft, Frankfurt a.M. (The Heretical Imperative. Contemporary Possibilities of Religious Affirmation).

Bohl, T. u.a. (Hg.) 2010, Handbuch Schulentwicklung. Theorie-Forschungsbefunde-Entwicklungsprozesse-Methodenrepertoire, Bad Heilbrunn.

Böhm, U./Schnitzler M. 2008, Religionsunterricht in der Pubertät. Eine explorative Studie in den Klassen 7 und 8, Stuttgart.

Bourdieu, P. 1982, Die feinen Unterschiede. Kritik der gesellschaftlichen Urteilskraft, Frankfurt a.M.

Bründel, H./Simon, E. [3]2007, Die Trainingsraum-Methode. Unterrichtsstörungen - klare Regeln, klare Konsequenzen, Weinheim und Basel.

Bucher, A. A. [3]2001, Religionsunterricht zwischen Lernfach und Lebenshilfe: eine empirische Untersuchung zum katholischen Religionsunterricht in der Bundesrepublik Deutschland, Stuttgart/Berlin/Köln.

Bund der Deutschen Katholischen Jugend/Misereor (Hg.) 2006, Wie ticken Jugendliche? Sinus-Milieustudie U27, Heidelberg.

Bundesministerium für Bildung und Forschung (BMBF) 2003, Zur Entwicklung nationaler Bildungsstandards. Eine Expertise, Bonn.

Burrichter, R. 2007, Mit Bildern der Kunst arbeiten, in: Rendle, L, (Hg.), Ganzheitliche Methoden im Religionsunterricht. Neuausgabe, München, 218-229.

Burrichter, R./Grümme, B./Mendl, H./Pirner, M.L./Rothgangel, M./Schlag, T. 2012, Professionell Religion unterrichten. Ein Arbeitsbuch, Stuttgart.

Calmbach, M. u.a. 2012, Wie ticken Jugendliche? 2012: Lebenswelten von Jugendlichen im Alter von 14 bis 17 Jahren in Deutschland, Düsseldorf.

Combe, A./Helsper, W. 2002, Professionalität, in: Otto, H.-U./Rauschenbach, T./Vogel, P. (Hg.), Erziehungswissenschaft: Professionalität und Kompetenz, Opladen, 29-48.

Dauber, H./Döring-Seipel, E. 2009, Sind gestaltpädagogisch arbeitende Lehrerinnen und Lehrer gesünder?, in: Zeitschrift für Gestaltpädagogik 20, 49-52.

Deutsche Shell (Hg.) 2010, Jugend 2010. 16. Shell Jugendstudie, Frankfurt a.M.

Die deutschen Bischöfe 1974, Der Religionsunterricht in der Schule, hg. v. Sekretariat der Deutschen Bischofskonferenz, Bonn.
Die deutschen Bischöfe 1987, Zur Spiritualität des Religionslehrers, hg. v. Sekretariat der Deutschen Bischofskonferenz, Bonn.
Die deutschen Bischöfe 1996, Die bildende Kraft des Religionsunterrichts, hg. v. Sekretariat der Deutschen Bischofskonferenz, Bonn.
Die deutschen Bischöfe 2004, Kirchliche Richtlinien zu Bildungsstandards für den Katholischen Religionsunterricht in den Jahrgangsstufen 5-10/die Sekundarstufe I, hg. v. Sekretariat der Deutschen Bischofskonferenz, Bonn.
Die deutschen Bischöfe 2005, Der Religionsunterricht vor neuen Herausforderungen, hg. v. Sekretariat der Deutschen Bischofskonferenz, Bonn.
Die deutschen Bischöfe 2006, Kirchliche Richtlinien zu Bildungsstandards für den katholischen Religionsunterricht in der Grundschule/Primarstufe, hg. v. Sekretariat der Deutschen Bischofskonferenz, Bonn.
Die deutschen Bischöfe 2011, Kirchliche Anforderungen an die Religionslehrerbildung, hg. v. Sekretariat der Deutschen Bischofskonferenz, Bonn.
Dirks, U./Hansmann, W. 1999, Reflexive Lehrerbildung. Fallstudien und Konzepte im Kontext berufsspezifischer Kernprobleme, Weinheim.
Döring, H. 1992, Disput um die Erfahrbarkeit Gottes. Sondierungen zum fundamentaltheologischen Stellenwert der religiösen Erfahrung, in: Kessler, H./Pannenberg. W./Pottmeyer H.J. (Hg.), Fides quaerens intellectum. Beiträge zur Fundamentaltheologie, Tübingen/Basel, 17-39.
Eggerl, H.-P. 2010, Religiöses Lernen ereignet sich ästhetisch. Postmodern-ästhetische Welt und ästhetische Kategorien religiöser Bildung, Winzer.
Englert, R. 2002a, Religionsunterricht als Realisation, in: Religionsunterricht an höheren Schulen 45, 1.
Englert, R. 2002b, „Performativer Religionsunterricht!?". Anmerkungen zu den Ansätzen von Schmid, Dressler und Schoberth, in: Religionsunterricht an höheren Schulen 45, 32-36.
Englert, R. 2007, Religionspädagogische Grundfragen. Anstöße zur Urteilsbildung, Stuttgart.
Englert, R./Porzelt, B./Reese, A./Stams, E. 2006, Innenansichten des Referendariats. Wie erleben angehende Religionslehrer/innen an Grundschulen ihren Vorbereitungsdienst? Eine empirische Untersuchung zur Entwicklung (religions)pädagogischer Handlungskompetenz, Münster.
Erpenbeck, J./v.Rosenstiel, L. (Hg.) ^{2}2007, Handbuch Kompetenzmessung. Erkennen, verstehen und bewerten von Kompetenzen in der betrieblichen, pädagogischen und psychologischen Praxis, Stuttgart.
Eyrainer, J. 2012, Brauchen wir Kompetenzen in der Bildung? Eine Antwort aus Sicht des bayrischen Gymnasiums, in: SchVw BY 2/2012, 34-37.
Faix, T. 2007, Gottesvorstellungen bei Jugendlichen. Eine qualitative Erhebung aus der Sicht empirischer Missionswissenschaft, Berlin/Münster.
Faust-Siehl, G. u.a. 1995, 24 Stunden Religionsunterricht. Eine Tübinger Dokumentation für Forschung und Praxis, Münster.
Feindt, A. u.a. (Hg.) 2009, Kompetenzorientierung im Religionsunterricht. Befunde und Perspektiven, Münster u.a.

Fend, H. 2008, Schule gestalten. Systemsteuerung, Schulentwicklung und Unterrichtsqualität, Wiesbaden.
Frankl, Viktor E. [6]2012, Der Wille zum Sinn, Bern.
Freudenberger-Lötz, P. 2007, Theologische Gespräche mit Kindern. Untersuchungen zur Professionalisierung Studierender und Anstöße zu forschendem Lernen im Religionsunterricht, Stuttgart.
Freudenberger-Lötz, P. 2012, Theologische Gespräche mit Jugendlichen. Erfahrungen - Beispiele - Anleitungen. Ein Werkstattbuch für die Sekundarstufe, München.
Fritzsche, Y 2000, Moderne Orientierungsmuster: Inflation am Wertehimmel, in: Deutsche Shell (Hg.), Jugend 2000, Opladen, 93-156.
Gandlau, H. 2011, Wie Religion unterrichten? Grundlagen und Bausteine für einen qualifizierten Unterricht. Ein Werkbuch für Ausbildungslehrer/innen und Berufsanfänger/innen, München.
Geißler, U./Neudert, H./Hauck, M. 2011, Kooperation zum Wohl der Schüler, in: RU-Kurier 38, 14-16.
Gonschorek, G./Schneider, S. [7]2010, Einführung in die Schulpädagogik und die Unterrichtplanung, Donauwörth.
Grümme, B. 2007, Vom Anderen eröffnete Erfahrung. Zur Neubestimmung des Erfahrungsbegriffs in der Religionspädagogik, Gütersloh.
Grümme, B. 2012, Alteritätstheoretische Religionsdidaktik, in: Grümme, B./Lenhard, H./Pirner, M.L. (Hg.), Religionsunterricht neu denken. Innovative Ansätze und Perspektiven der Religionsdidaktik. Ein Arbeitsbuch, Stuttgart, 119-132.
Habermas, J. 1973, Erkenntnis und Interesse, Frankfurt a.M.
Habermas, J. 1981, Theorie kommunikativen Handelns. 2 Bände, Frankfurt a.M.
Heil, S. 1999, Die Rede von Gott im Werk Ödön von Horváths. Eine erfahrungstheologische und pragmatische Autobiographie- und Literaturinterpretation - mit einer religionsdidaktischen Reflexion, Ostfildern.
Heil, S. 2004, Empirical Research on Religious Education in the German-speaking world - Status and Development, in: Larsson, Rune/Gustavsson, Caroline (eds.), Towards a European Perspective on Religious Education, Författarna, 127-144.
Heil, S. 2006a, Strukturprinzipien religionspädagogischer Professionalität. Wie Religionslehrerinnen und Religionslehrer auf die Bedeutung von Schülerzeichen schließen - eine empirisch fundierte Berufstheorie, Berlin.
Heil, S. 2006b, Was ist und wie erlangen Lehrer/innen religionspädagogische Professionalität? Elemente einer Berufstheorie, in: Jahrbuch der Religionspädagogik 22, Neukirchen-Vluyn, 79-92.
Heil, S. 2007a, „Den garstigen Graben überwinden“. Religionspädagogische Konzepte und Kompetenzen für Religionslehrerinnen und Religionslehrer, in: RU-Kurier 31, 4-9.
Heil, S. 2007b, Wie lässt sich Neues erklären? Religionspädagogik als abduktive Wissenschaft, in: Boschki, R./Gronover, M. (Hg.), Junge Wissenschaftstheorie der Religionspädagogik, Berlin, 238-249.

Heil, S 2008, Professionalitätstheoretischer Zugang zur Handreichung „Theologisch-religionspädagogische Kompetenz“, in: Zeitschrift für Pädagogik und Theologie. Der Evangelische Erzieher 60, 272-281.

Heil, S. 2011, Religionspädagogische Professionalität von Religionslehrerinnen und Religionslehrern. Eine qualitativ-empirische Studie zu Schlussmodi, Kompetenzen und Interaktionsmustern im Unterricht, in: Ziebertz, H.-G. (Hg.), Praktische Theologie - empirisch. Methoden, Ergebnisse und Nutzen, Berlin, 215-235.

Heil, S. 2012a, Abduktive Korrelation - Weiterentwicklung der Korrelationsdidaktik, in: Grümme, B./Lenhard, H./Pirner, M.L. (Hg.), Religionsunterricht neu denken. Innovative Ansätze und Perspektiven der Religionsdidaktik. Ein Arbeitsbuch, Stuttgart, 55-67.

Heil, S. 2012b, Korrelatives Lernen an lokalen religiösen Biographien, in: Emmerling, F./Heil, S./Riebel, T. (Hg.), Zwei Schwestern des Glaubens. Didaktisch-methodische Anregungen zum korrelativen Lernen an lokalen religiösen Biographien für die Sekundarstufe. Sr. M. Franziska Streitel und Sr. M. Julitta Ritz, Würzburg.

Heil, S/Faust-Siehl, G. 2000, Universitäre Lehrerausbildung und pädagogische Professionalität im Spiegel von Lehrenden. Eine qualitative empirische Untersuchung, Weinheim.

Heil, S./Prokopf, A. 2001, „Wann kriegen wir unsere Shell-Studie?” Empirische Forschungsmethoden im RU, in: Katechetische Blätter 126, 398-406.

Heil, S./Ziebertz, H.-G. 2002, Pluralität und Pluralismus, in: Neues Handbuch religionspädagogischer Grundbegriffe, München, 270-274.

Heil, S./Ziebertz, H.-G. 2003, Eine Religionsunterrichts-Stunde - abduktiv erforscht, in: Fischer, D./Elsenbast, V./Schöll, A. (Hg.), Religionsunterricht erforschen. Beiträge zur empirischen Erkundung von religionsunterrichtlicher Praxis, Münster, 103-119.

Heil, S./Ziebertz, H.-G. 2004, Teacher Professionalism in Religious Education, in: Journal of Empirical Theology 17/2, 217-237.

Heil, S./Ziebertz, H.-G. 2005a, Professionstypischer Habitus als Leitkonzept in der Lehrerbildung, in: Ziebertz, H.-G./Heil, S./Mendl, H./Simon, W., Religionslehrerbildung an der Universität. Profession-Religion-Habitus, Münster, 41-64.

Heil, S./Ziebertz, H.-G. 2005b, Kompetenzen der Profession Religionslehrer/in, in: Ziebertz, H.-G./Heil, S./Mendl, H./Simon, W., Religionslehrerbildung an der Universität. Profession-Religion-Habitus, Münster, 65-77.

Heil, S./Ziebertz, H.-G. 2005c, Reflexivität als Schlüsselkompetenz, in: Ziebertz, H.-G./Heil, S./Mendl, H./Simon, W., Religionslehrerbildung an der Universität. Profession-Religion-Habitus, Münster, 78-95.

Heil, S./Ziebertz, H.-G. 2005d, Zur Konzeption von Bildungsstandards für den Religionsunterricht, in: Zeitschrift für Pädagogik und Theologie. Der Evangelische Erzieher 57, 228-234.

Heil, S./Ziebertz, H.-G. 2010, Professionalisierung von Religionslehrerinnen und Religionslehrern, in: Hilger, G./Leimgruber, S./Ziebertz, H.-G., Religionsdidaktik, München, 577-585.

Heil, S./Knörzer, G. 2000, Irrationale Kommunikation? Kriterien zum religionspädagogischen Umgang mit dem Internet, in: Informationen für Religionslehrerinnen und Religionslehrer 29/1, 7-11.

Helmke, A. 2007, Guter Unterricht - nur ein Angebot? Interview mit dem Unterrichtsforscher Andreas Helmke, in: Friedrich Jahresheft XXV, 62f.
Helmke, A. 2009, Unterrichtsqualität und Lehrerprofessionalität. Diagnose, Evaluation und Verbesserung des Unterrichts, Seelze-Velber.
Helsper, W. 2010, Der kulturtheoretische Ansatz: Entwicklung der Schulkultur, in: Bohl, T. u.a. (Hg.), Handbuch Schulentwicklung. Theorie-Forschungsbefunde-Entwicklungsprozesse-Methodenrepertoire, Bad Heilbrunn, 106-112.
Hieke, T. 2012, Körper-Seele-Geist, in: Bibel heute (48/1), 7.
Hilger, G. 2010, Korrelationen entdecken und deuten, in: Hilger, G./Leimgruber, S./Ziebertz, H.-G. 2010, Religionsdidaktik, München, 344-354.
Hilger, G./Leimgruber, S./Ziebertz, H.-G. 2010, Religionsdidaktik. Ein Leitfaden für Studium, Ausbildung und Beruf, München.
Hildebrand-Mallitsch, R. 2012, Lernstände ermitteln Religion. Fragebögen zu 10 Themenfeldern 5./6. Klasse, Buxtehude.
Hofmann, R. 2008, Religionspädagogische Kompetenz. Eine empirisch-explorative Studie zur Evaluation religionspädagogischer Kompetenz von ReligionslehrerInnen, Hamburg.
Höger, C. 2008, Abschied vom Schöpfergott? Welterklärungen von Abiturientinnen und Abiturienten in qualitativ-empirisch religionspädagogischer Analyse, Berlin/Münster.
Hüther, G. [10]2011, Bedienungsanleitung für ein menschliches Gehirn, Göttingen/Oakville.
Hüther, G. [9]2009, Biologie der Angst. Wie aus Streß Gefühle werden, Göttingen.
Jahrbuch der Religionspädagogik 22 2006, Was ist guter Religionsunterricht?, Neukirchen-Vluyn.
Jude, N./Klieme, E. 2010, Das Programme for International Student Assessment (PISA), in: Klieme, E. u.a. (Hg.) 2010, PISA 2009. Bilanz nach einem Jahrzehnt, Münster u.a., 11-21.
Kalbheim, B./Ziebertz, H.-G. 2010, Unter welchen Rahmenbedingungen findet Religionsunterricht statt? Religionsunterricht-Ethik-LER-Religionskunde, in: Hilger, G./Leimgruber, S./Ziebertz, H.-G., Religionsdidaktik, München, 302-320.
Kalloch, C./Leimgruber, S./Schwab, U. 2009, Lehrbuch der Religionsdidaktik. Für Studium und Praxis in ökumenischer Perspektive, Freiburg i.Br., 236-247.
Kaupp, A./Leimgruber, S./Scheidler, M. (Hg.) 2011, Handbuch der Katechese. Für Studium und Praxis, Freiburg i.Br.
Kelle, U./Kluge, S. [2]2010, Vom Einzelfall zum Typus. Fallvergleich und Fallkontrastierung in der qualitativen Sozialforschung, Opladen.
Kiesow, K. 2006, Worauf es mir bei Unterrichtsbesuchen besonders ankommt. Die Perspektive des Fachleiters, in: Jahrbuch der Religionspädagogik 22, Was ist guter Religionsunterricht?, Neukirchen-Vluyn, 31-33.
Kiper, H. 2001, Einführung in die Schulpädagogik, Weinheim/Basel.
Kirchenamt der Evangelischen Kirche in Deutschland 2006, Religionsunterricht. 10 Thesen des Rates der Evangelischen Kirche in Deutschland, Hannover.
Kirchenamt der Evangelischen Kirche in Deutschland 2008, Theologisch-religionspädagogische Kompetenz. Professionelle Kompetenzen und Standards für die Religionslehrerausbildung, Hannover.

Kirchenamt der Evangelischen Kirche in Deutschland 2010, Kerncurriculum für das Fach Evangelische Religionslehre in der gymnasialen Oberstufe, Hannover.

Kirchenamt der Evangelischen Kirche in Deutschland 2011, Kompetenzen und Standards für den Evangelischen Religionsunterricht in der Sekundarstufe I. Ein Orientierungsrahmen, Hannover.

Klicpera, C./Gasteiger-Klicpera, B. 2007, Psychische Störungen im Kindes- und Jugendalter, Wien.

Kliemann, P./Schweitzer, F. 2007, Religion unterrichten lernen. Zwölf Fallbeispiele, Neukirchen-Vluyn.

Klieme, E. u.a. 2003, Zur Entwicklung nationaler Bildungsstandards. Eine Expertise, Bonn.

Klieme, E. u.a. (Hg.) 2010, PISA 2009. Bilanz nach einem Jahrzehnt, Münster u.a.

Klieme, E. u.a. 2010, PISA 2000-2009: Bilanz der Veränderungen im Schulsystem, in: Klieme, E. u.a. (Hg.) 2010, PISA 2009. Bilanz nach einem Jahrzehnt, Münster u.a., 277-300.

Kropač, U. 2010, Konzeptionelle Entwicklungslinien der Religionsdidaktik. Religiöse Praxis zeigen im performativen Religionsunterricht, in: Hilger, G./Leimgruber, S./Ziebertz, H.-G., Religionsdidaktik, München, 65-69.

Krug, J./Luther, S. 2010, Dynamis, in: http://www.bibelwissenschaft.de (Stand März 2012)

Kumher, U. 2008, Schulpastoral und religiöse Pluralität. Ein Konzeptentwurf für die Auseinandersetzung mit religiöser Pluralität, Würzburg.

Kunstmann, J. 2002, Religion und Bildung. Zur ästhetischen Signatur religiöser Bildungsprozesse, Gütersloh/Freiburg i.Br.

Lachmann, R. 2009, Religiöse Bildung: Erziehung zu religiösen Werten im Religionsunterricht, in: Mokrosch, R./Regenbogen, A. 2009, 290-298.

Langer, A./Körber, S. 2008, Schullleben und Schulkultur. Das Praxis-Handbuch für die Grundschule, München.

Lessing, G.E. 1777 (2001), Über den Beweis des Geistes und der Kraft, in: Lessing, G.E., Gesammelte Werke 1774-1778, hg. von Arno Schilson, Frankfurt a.M.

Meyer-Blanck, M. [2]2002, Vom Symbol zum Zeichen. Symboldidaktik und Semiotik, Rheinbach.

Meyer-Blanck, M. 2012, Symbolisierungs- und Zeichendidaktik, in: Grümme, B./Lenhard, H./Pirner, M.L. (Hg.), Religionsunterricht neu denken. Innovative Ansätze und Perspektiven der Religionsdidaktik. Ein Arbeitsbuch, Stuttgart, 43-54.

Mendl, H. 2005, Lernen an (außer-)gewöhnlichen Biografien. Religionspädagogische Anregungen für die Unterrichtspraxis, Donauwörth.

Mendl, H. 2008, Religion erleben. Ein Arbeitsbuch für den Religionsunterricht. 20 Praxisfelder, München.

Mendl, H. 2011, Religionsdidaktik kompakt. Für Studium, Prüfung und Beruf, München.

Mendl, H./Heil, S./Ziebertz, H.-G. 2005, Das Habituskonzept: ein Diagnoseintrument zur Berufsreflexion, in: Katechetische Blätter 130, 325-331.

Meyer, H. 2004, Was ist guter Unterricht?, Berlin.

Michalke-Leicht, W. (Hg.) 2011, Kompetenzorientiert unterrichten. Ein Praxisbuch für den Religionsunterricht, München.

Miller, R. [2]2005, 99 Schritte zum professionellen Lehrer. Erfahrungen-Impulse-Empfehlungen, Seelze.

Mokrosch, R. 2009, Zum Verständnis von Werte-Erziehung: Aktuelle Modelle für die Schule, in: Mokrosch, R./Regenbogen, A. 2009, 32-40.

Mokrosch, R./Regenbogen, A. (Hg.) 2009, Werte-Erziehung und Schule. Ein Handbuch für Unterrichtende, Göttingen.

Naumann, J. u.a. 2010, Lesekompetenz von PISA 2000 bis PISA 2009, in: Klieme, E. u.a. (Hg.) 2010, PISA 2009. Bilanz nach einem Jahrzehnt, Münster u.a., 23-65.

Neudert, H. 2011, Wie kann Schule heute gelingen? Ganztagsschule - das Zauberwort?, in: RU-Kurier 38, 8-14.

Nolting, H.-P. 2002, Störungen in der Schulklasse. Ein Leitfaden zur Vorbeugung und Konfliktlösung, Weinheim/Basel.

Nolting, H.-P./Paulus, P. [3]2004, Pädagogische Psychologie, Stuttgart/Berlin/Köln.

Obst, G. 2008, Kompetenzorientiertes Lehren und Lernen im Religionsunterricht, Göttingen.

Oevermann, U. 1996 Theoretische Skizze einer revidierten Theorie professionellen Handelns, in: Combe A./Helsper W. (Hg.), Pädagogische Professionalität. Untersuchungen zum Typus pädagogischen Handelns, Frankfurt a.M., 70-182.

Oevermann, U. 1998, Professionalisierungsbedürftigkeit und Professionalisiertheit am Beispiel pädagogischen Handelns, Ms.

Olbrich, R. 2011, „Es ist ja bloss Reli". Disziplin gewinnen im Religionsunterricht, in: Informationen für den Religionsunterricht (IfR) 66/2011, 66-71.

Peirce, C.S. 1931ff., Collected Papers of Charles Sanders Peirce (CP), Cambridge/Mass.

Perspektiven der Lehrerbildung in Deutschland 2000, Abschlussbericht der von der Kultusministerkonferenz eingesetzten Kommission, hg. von Ewald Terhart, Weinheim/Basel.

Pfeifer, M. 2011, Götterknabe, Wunderkind: Apokryphe Kindheitserzählungen, in: Katechetische Blätter 136, 433-437.

Pfeufer, M. 2011, Kompetenzorientierung und religiöses Lernen, in: RPZ Impulse 2011, 1-16 (http://www.rpz-bayern.de/dld/RPZ-Impulse-2011_Kompetenzorientierung.pdf).

Pirner, M.L. 2004, Religiöse Mediensozialisation. Empirische Studien zu Zusammenhängen zwischen Mediennutzung und Religiosität bei SchülerInnen und deren Wahrnehmung durch LehrerInnen, München.

Porzelt, B. 2009, Grundlegung religiösen Lernens. Eine problemorientierte Einführung in die Religionspädagogik, Bad Heilbrunn.

Prokopf, A. 2008, Religiosität Jugendlicher. Eine qualitativ-empirische Untersuchung auf den Spuren korrelativer Konzept, Stuttgart.

Putz, G. (Hg.) [2]1999, Meldezeichen. Der Dienst der Kirche in der Schule, Würzburg.

Putz, G. (Hg.) 2008, Im Gleichgewicht. Gebetsübungen für Lehrerinnen und Lehrer, Würzburg.

Rahner, K. [5]1984, Grundkurs des Glaubens. Einführung in den Begriff des Christentums, Freiburg i.Br.

Ratzinger, Kardinal J. 2005, Werte in Zeiten des Umbruchs. Die Herausforderungen der Zukunft bestehen, Freiburg i.Br.

Regenbogen, A. 2009, Zum Verständnis von Werten: Kulturelle Handlungsmuster und individuelle Maßstäbe, in: Mokrosch, R./Regenbogen, A. 2009, 25-31.

Riegel, U. 2010, Religionsunterricht planen. Ein didaktisch-methodischer Leitfaden für die Planung einer Unterrichtsstunde, Stuttgart.

Riegger, M. 2005, Planung und Gestaltung von Religionsunterricht konkret. Elementarisierung umgesetzt anhand der Gleichniserzählung vom barmherzigen Vater und seinen zwei Söhnen für die 3. und 7. Jgst, Donauwörth.

Riegger, M. 2012, Persönlichkeit von Religionslehrerinnen und Religionslehrern. Religionspädagogische Professionalität durch biographische Selbstreflexion, in: Theologische Quartalsschrift 192, 68-92.

Rolff, H.-G. 2010, Schulentwicklung als Trias von Organisations-, Unterrichts- und Personalentwicklung, in: Bohl, T. u.a. (Hg.), Handbuch Schulentwicklung. Theorie-Forschungsbefunde, Entwicklungsprozesse-Methodenrepertoire, Bad Heilbrunn, 29-36.

RPZ Heilsbronn/RPZ in Bayern (Hg.) 2011, Herausforderung Quali. Besondere Leistungsfeststellung zum Erwerb des qualifizierenden Hauptschulabschlusses in den Fächern Evangelische und Katholische Religionslehre, Ansbach.

Sajak, C.-P. 2007 (Hg.), Bildungsstandards für den Religionsunterricht - und nun? Perspektiven für ein neues Instrument im Religionsunterricht, Münster.

Sajak, C.-P. 2011, Bildungspläne-Bildungsstandards-Kompetenzen, in: Michalke-Leicht, W. (Hg.), Kompetenzorientiert unterrichten. Ein Praxisbuch für den Religionsunterricht, München, 34-44.

Schaeffler, R. 1995, Erfahrung als Dialog mit der Wirklichkeit. Eine Untersuchung zur Logik der Erfahrung, München.

Schaeffler, R. 1996, Transzendentale Reflexion und Theologie - Zukunftsmöglichkeiten ihrer Begegnung, Ms.

Schambeck, M. 2006, Mystagogisches Lernen. Zu einer Perspektive religiöser Bildung, Würzburg.

Scheilke, C.T. 2002, Schule-Schulentwicklung-Schulkultur, in: Neues Handbuch religionspädagogischer Grundbegriffe, 348-352.

Schmid, H. 2005, Ein Leitfaden für die Unterrichtsberatung, in: Katechetische Blätter 130, -319-324.

Schmid, H. 2008, Unterrichtsvorbereitung - eine Kunst. Ein Leitfaden für den Religionsunterricht, München.

Schmid, H. 2012, Die Kunst des Unterrichtens. Ein praktischer Leitfaden für den Religionsunterricht, München.

Schön, D.A. 2000, The Reflective Practitioner. How Professionals Think In Action, Aldershot.

Schreijäck, T./Heil, S. 1999, Interkulturelle Kommunikations- und Handlungskompetenz als Herausforderung für eine religionspädagogische Bildungstheorie, in: Schreijäck, T. (Hg.), Menschwerden im Kulturwandel. Kontexte kultureller Identität als Wegmarken interkultureller Kompetenz. Initiationen und ihre Inkulturationsprozesse, Luzern, 515-526.

Schulz, L. 2003, Ermitteln als abduktiver Prozeß, in: Ziebertz, H.-G./Heil, S./Prokopf, A. (Hg.), Abduktive Korrelation. Religionspädagogische Konzeption, Methodologie und Professionalität im interdisziplinären Dialog, Münster, 241-258.

Schweitzer, F. 2003, Elementarisierung im Religionsunterricht. Erfahrungen, Perspektiven Beispiele, Neukirchen-Vluyn.

Schweitzer, F. 2011a, Elementarisierung und Kompetenz. Wie Schülerinnen und Schüler von „gutem Religionsunterricht" profitieren, Neukirchen-Vluyn.

Schweitzer, F. 2011b, Kindertheologie und Elementarisierung. Wie religiöses Lernen mit Kindern gelingen kann, Gütersloh/München.

Schweitzer, F./Englert, R./Schwab, U./Ziebertz, H.-G. 2002, Entwurf einer pluralitätsfähigen Religionspädagogik, Gütersloh/Freiburg i.Br.

Schweitzer, F./Englert, R./Schwab, U./Ziebertz, H.-G. 2012, Welche Religionspädagogik ist pluralitätsfähig? Streitpunkte und weiterführende Perspektiven, Gütersloh/ Freiburg i.Br.

Siller, H.-P. 1991, Handbuch der Religionsdidaktik, Freiburg i.Br./Basel/Wien.

Simon, W. 2005, Theologische und kirchliche Positionen zur Reform der Religionslehrerbildung, in: Ziebertz, H.-G./Heil, S./Mendl, H./Simon, W., Religionslehrerbildung an der Universität. Profession-Religion-Habitus, Münster, 30-39.

Sölle, D. 1973, Realisation. Studien zum Verhältnis von Theologie und Dichtung nach der Aufklärung, Darmstadt/Neuwied.

Spitzer, M. 2005, Das Gehirn. Eine Gebrauchsanleitung, Reinbek.

Strauss, A.L./Corbin, J. 1996, Grounded Theory: Grundlagen Qualitativer Sozialforschung, Weinheim (Basics of qualitative Research. Grounded Theory procedures and techniques).

Vogel, M. 2007, Die Pausenengel. Ein innovatives Konzept zur Streitvermeidung und Gewaltprävention auf dem Pausenhof für Grundschule, Förderschule und Sekundarstufe, Donauwörth.

Wagener, H.-J. 2002, Entwicklung lebendiger Religiosität. Die psychodynamische Basis religiöser Entwicklung - unter besonderer Berücksichtigung des Strukturgenetischen Ansatzes von Fritz Oser/Paul Gmünder, Ostfildern.

Wagner, H.-J. 1998, Eine Theorie pädagogischer Professionalität, Weinheim.

Wernet, A. 2000, Einführung in die Interpretationstechnik der objektiven Hermeneutik, Wiesbaden.

Ziebertz, H.-G. 2002, Grenzen des Säkularisierungstheorems, in: Schweitzer, F./Englert, R./Schwab, U./Ziebertz, H.-G. 2002, Entwurf einer pluralitätsfähigen Religionspädagogik, Gütersloh/Freiburg i.Br., 51-74.

Ziebertz, H.-G. 2010a, Gesellschaftliche und jugendsoziologische Herausforderungen für die Religionsdidaktik, in: Hilger, G./Leimgruber, S./Ziebertz, H.-G., Religionsdidaktik, München, 76-105.

Ziebertz, H.-G. 2010b, Ethisches Lernen, in: Hilger, G./Leimgruber, S./Ziebertz, H.-G., Religionsdidaktik, München, 434-452.

Ziebertz, H.-G./Heil, S./Prokopf, A. (Hg.) 2003, Abduktive Korrelation. Religionspädagogische Konzeption, Methodologie und Professionalität im interdisziplinären Dialog, Münster.

Ziebertz, H.-G./Heil, S./Riegel, U. 2004, Anthropologie des Subjektbezugs im religiösen Lernen, in: engagement 2004/4. Zeitschrift für Erziehung und Schule, 361-371.

Ziebertz, H.-G./Kalbheim, B./Riegel, U. 2003, Religiöse Signaturen heute. Ein religionspädagogischer Beitrag zur empirischen Jugendforschung, Gütersloh/Freiburg i.Br.

Ziebertz, H.-G./Kalbheim, B./Riegel, U. 2004, Religiosität in pluraler Gesellschaft. Daten zur religiösen Orientierung heutiger Jugendlicher, in: Religionsunterricht an höheren Schulen 47, 363-367.

Ziebertz, H.-G./Kay, W. (Eds.) [2]2009, Youth in Europe. Vol. 1: An international empirical Study about Life Perspectives, Münster.

Ziebertz, H.-G./Riegel, U., unter Mitarbeit von Heil, S. 2008, Letzte Sicherheiten. eine empirische Studie zu Weltbildern Jugendlicher, Gütersloh/Freiburg i.Br.

Grundbegriffe

Im Folgenden werden Grundbegriffe definiert, die im Buch durchgängig vorkommen. Sie bilden das theoretische Fundament der jeweiligen Konzepte und praktischen Anwendungen zur Planung, Durchführung und Reflexion von Religionsunterricht. Die aufgeführten Seitenzahlen verweisen auf vertiefende Erklärungen und Entfaltungen der Grundbegriffe.

Abduktive Analyse

Sequenzielles Verfahren der empirischen qualitativen Sozialwissenschaft zur Deutung von Protokollen sozialer Wirklichkeit. Ziel ist es, latente Sinnstrukturen sozialer Wirklichkeit wie z.B. Unterrichtsinteraktionen aufzudecken.
> 205-208

Abduktive Korrelation

Erklärung der heutigen Lebenswelt mittels der christlichen Tradition durch gewagte Hypothesen im Sinne einer „Was ist es?" - Didaktik. Transformierte Zeichen und Bedeutungen der christlichen Tradition werden in der heutigen Lebenswelt aufgedeckt und miteinander in Kommunikation gebracht.
> 22-27; 55f.

Bildungsstandards

Kompetenzanforderungen an Schülerinnen und Schüler in Form von Aussagesätzen, die auf Bildungszielen und Kompetenzmodellen basieren und durch Testverfahren evaluiert werden können.
> 30-36; 38f.; 44

Deduktive Korrelation

Ableitung der heutigen Lebenswelt aus der christlichen Tradition im Sinne einer „So ist es" - Didaktik. Zeichen und Bedeutungen aus der Tradition werden in die heutige Lebenswelt übertragen.
> 22-27

Didaktische Schwerpunkte

Fokussierung des jeweiligen Unterrichts in den Lernbereichen Wissen, Können, Produktiv Denken und Gestalten sowie Werteorientierung.
> 33f.; 44

Elementarisierung

Ein aus fünf Dimensionen (elementare Strukturen, Wahrheiten, Zugänge, Erfahrungen, Lernformen) bestehendes religionsdidaktisches Instrument zur Planung von Religionsunterricht.
> 62-67; 77-87

Fall

Singuläres und raumzeitlich konkretes Ereignis innerhalb einer bestimmten professionellen Domäne. In der Fallstruktur konkretisiert sich die Dialektik von Besonderem und Allgemeinen.
> 203-204

Fides qua - fides quae

Fides qua creditur (Glaube, mit dem man glaubt) bezeichnet den Glaubensvollzug im täglichen Leben, fides quae creditur (Glaube, der geglaubt wird) bedeutet die Glaubenswahrheit als Lehrinhalt. Beide Dimensionen sind aufeinander bezogen.
> 140

Habitus

Stil eines Menschen, der durch die Summe seiner Eigenschaften konstituiert wird und sich in seinem Verhalten ausdrückt. Der Habitus von Religionslehrerinnen und Religionslehrern wird durch die vier Strukturen Routinen, Umgang mit Neuem, Person und Institution auf der Grundlage von Kompetenzen und Reflexivität konstituiert.
> 169-175

Induktive Korrelation

Zuordnung der Lebenswelt zur christlichen Tradition im Sinne einer „So wie“ - Didaktik. Zeichen und Bedeutungen aus der heutigen Lebenswelt werden zur christlichen Tradition hin verlängert.
> 22-27

Kategorisierung

Prozess der Bedeutungszuschreibung von (schulischen) Situationen durch Wahrnehmung und Bewertung. Profis greifen auf vorhandene Kategorien zurück und ordnen Situationen darin ein (induktiv) oder entwickeln neue Kategorien zu neuen Situationen (abduktiv).
> 97-102

Kompetenz

Habituelle Dispositionen, die in einem Bereich geordnet sind und zur Bewältigung einer domänenspezifischen Praxis befähigen sowie die Zuständigkeit für diesen Bereich.
> 14f.; 32; 35-39

Korrelation

Durch religiöse Zeichen oder religiös-existentielle Erfahrungen vermittelte Wechselbeziehung von christlicher Tradition und heutiger Lebenswelt. Korrelation ist ein Grundprinzip der Religionsdidaktik.
> 16-18

Nicht-Schließen

Art und Weise, keine Verbindung der heutigen Lebenswelt mit der christlichen Tradition herzustellen.
> 22-27

Professionalität

Transformation des bisher erworbenen bereichsspezifischen Repertoires auf einen Fall aus der Lebenswelt auf der Grundlage eines Arbeitsbündnisses zwischen Profi und Klienten, um den Fall zu lösen. Professionalität bezieht sich im Unterschied zu den Begriffen Profession (Beruf) und Professionalisierung (Berufswerdung) auf die tatsächliche Handlung von Profis.
> 11-13

Professionelle Problemlösung

Lösung von Fällen durch die zwei Strukturen professionelle Handlung (Fallrekonstruktion und Professionswissen) und professionelle Beziehung (Person und Institution).
> 104-108

Reflexivität

Kompetenz der Rückbindung vorhandener Gedanken, Kategorien und Theorien an Phänomene oder andere Gedanken, Kategorien und Theorien. Reflexivität kann durch die Abfolge Fallaktivierung-Abduktion-Deduktion-Induktion-Strukturhypothese eingeübt werden.
> 162-168

Religiöse Bildung

Selbsttätige und umfassende Erschließung der religiösen Dimension der Wirklichkeit im Zusammenspiel der vier didaktischen Schwerpunkte.
> 30f.

Schlussmodi

Vier Formen des Schlusses auf Zeichen, um ihnen Bedeutung zu verleihen (deduktiv, induktiv, abduktiv, Nicht-Schließen).
> 22-27

Semiotik

Theorie der Zeichen und Zeichenverwendung.
> 18-20

Taxonomie

Sinnvolle Aufeinanderfolge der Teilziele in einer Unterrichtseinheit im Sinne eines aufeinander aufbauenden Lernens. Es können kognitive, affektive, psychomotorische und soziale Taxonomien unterschieden werden.
> 45-48